인공지능 콘텐츠 혁명

인공지능 콘텐츠 혁명

: 인공지능 시대에 콘텐츠 제작자로 살아남기

초판발행 2018년 06월 01일
지은이 고찬수 / **펴낸이** 김태헌
펴낸곳 한빛미디어(주) / **주소** 서울시 서대문구 연희로2길 62 한빛미디어(주) IT출판부
전화 02-325-5544 / **팩스** 02-336-7124
등록 1999년 6월 24일 제10-1779호 / **ISBN** 979-11-6224-078-6 03320

총괄 전태호 / **책임편집 · 기획** 송성근 / **편집** 송찬수
디자인 표지 · 내지 김연정 / **조판** 이은미
영업 김형진, 김진불, 조유미 / **마케팅** 박상용, 송경석, 변지영 / **제작** 박성우, 김정우

이 책에 대한 의견이나 오탈자 및 잘못된 내용에 대한 수정 정보는 한빛미디어(주)의 홈페이지나 아래 이메일로
알려주십시오. 잘못된 책은 구입하신 서점에서 교환해 드립니다. 책값은 뒤표지에 표시되어 있습니다.
한빛미디어 홈페이지 www.hanbit.co.kr / 이메일 ask@hanbit.co.kr

지금 하지 않으면 할 수 없는 일이 있습니다.
책으로 펴내고 싶은 아이디어나 원고를 메일(**writer@hanbit.co.kr**)로 보내주세요.
한빛미디어(주)는 여러분의 소중한 경험과 지식을 기다리고 있습니다.

인공지능 시대에 콘텐츠 제작자로 살아남기

인공지능
콘텐츠 혁명

고찬수 지음

HB 한빛미디어
Hanbit Media, Inc.

추천의 글

영화 〈터미네이터〉를 보고 자란 세대에게 인공지능이란 공포의 대상이다. 혹여라도 누군가가 핵전쟁의 버튼을 누른다면 그것이 정말로 상대방을 쓸어버리기 위해 눌렀든 커피를 마시다가 손이 미끄러져서 잘못 눌렀든, 인간의 손에 의한 결과이기를 바라지, 기계에 의해 운명이 결정되기를 원하는 사람은 없을 것이다. 이 무의식적이고도 즉각적인 공포는 어디에서 비롯되는가? 인간의 운명을 가르는 고차원적인 판단(예를 들어 핵미사일의 버튼을 누르는)을 할 정도의 창의성을 갖춘 존재는 오직 인간뿐이라는 믿음이 깨어지는 데서 나온다.

애초에 기계는 수치를 재고 더하고 빼서 결과를 도출하는 데 쓰이는 것이지 그 결과를 가지고 어떠한 가치판단을 하라고 만든 것은 아니다. 영화 속 인공지능의 녹색 불이 어느새 붉은색으로 바뀌어 우주선이 난장판으로 되는 광경을, 현실에서는 보고 싶지 않은 것이다.

그리고 시간은 흘러 2017년. 다행히 어느 기계도 핵버튼을 누르거나 우주선을 부수지는 않았다. 대신 바둑으로 인간의 최고수를 꺾는 일이 발생했다. 이것은 무엇을 의미하는가? 헐리우드에서는 이 소재를 예로부터 기계에 영혼이 깃든다는 공포의 소재로 써 왔다. 현실의 대한민국에서는 4차 혁명이 코앞이며 다들 자신의 직업이 없어지는 것에 대비하라고 한다.

이 책의 지은이는 간단하게 이렇게 이야기한다. '인공지능이 발전 과정 속에서 창의성을 획득하는 과정일 뿐이며, 그 쓰임새는 여전히 사람의 손에 달려있다'라고.

비단 바둑뿐이랴. 글에서는 인공지능이 현재 각 분야에서 어떻게 쓰이는지 조목조목 정리해준다. 인공지능은 스스로 그림을 그리고, 작곡을 하고, 글을 쓰고, 영화를 만든다. 인공지능이 과연 인간만의 고유한 기능인 창조의 영역에 다다를 수 있느냐는 의구심은 이미 철 지난 화두가 되었다. 문제는 인공지능의 창조성을 어떻게 각 분야에 활용하고 대응하는가에 있다. 특히, 가장 창조성이 중요한 콘텐츠 업계에서 최근 인공지능의 발전 속도는 놀라울 정도다.

인공지능은 네 시간짜리 테니스 경기의 가장 중요한 부분만 (스스로 판단하여) 골라내 하이라이트를 만들기도 하고, 최신 개봉 영화의 예고편을 만들고 있다. 그렇다면 중요한 문제, 영화 예고편을 만드는 일이 직업인 사람은 곧 실직하게 되는 것일까?

지은이는 가까운 시일 내에 그럴 가능성이 충분히 있다고 말한다. 그렇다면 인공지능이 가져오는 미래사회는 실직이 넘쳐나는 암울한 모습일까? 다행히 그렇지는 않을 것 같다. 소가 밭을 갈던 것을 기계가 대신하게 되면서 농부는 좀 더 큰 땅을 경작하게 되었듯, 인공지능은 우리에게 조금 더 다른 차원의 노동을 요구하게 될 것이다. 그것이 무엇인지 예측하고 대비하는 것이 우리의 할 일이다.

미래를 여는 힌트가 이 책에 있다.

_나영석 / 예능PD. <삼시세끼>, <꽃보다 할배>, <윤식당> 등 연출

지은이 글

인공지능과 콘텐츠의 조합에 대한 호기심

방송국에서 일하는 예능 PD가 왜 전혀 상관이 없어 보이는 인공지능에 대한 책을 쓰게 되었을까? 그건 아마도 새로운 분야에 도전하는 것을 즐기는 필자의 성향 때문일 것이다.

필자는 방송사에 예능 PD로 입사한 이후에도 IT 분야에 관심을 가지고 꾸준히 공부해왔고, 새롭게 등장하는 기술이나 트렌드를 방송과 접목하는 것에 흥미를 느껴왔다. 이런 관심이 있었기에 KBS에서 처음으로 시도하는 미래 콘텐츠 사업(웹 드라마, MCN, VR, 드론 등)을 추진할 수 있는 기회도 얻을 수 있었다.

최근 가장 주목받고 있는 미래 기술인 인공지능이 콘텐츠 분야에서도 논의가 시작되자, 필자의 새로운 분야에 끌리는 성향과 미래 콘텐츠 사업 경험이 "인공지능과 콘텐츠"라는 아직은 어색해보이는 두 분야의 조합에 관심을 가지게 만들었다.

인공지능이 우리 사회에 엄청난 영향을 줄 새로운 테크놀러지라는 원론적이고 공허한 이야기보다는, 현업에 종사하는 당사자의 입장에서 우리도 모르게 실생활에 이미 근접해있는, 인공지능의 콘텐츠 분야 활용 사례들을 소개해줄 수 있다면 좋겠다는 생각에서 이 책의 아이디어는 시작되었다.

이론을 배제하고, 활용 사례로 쉽게 소개하자

처음 책에 대한 이야기를 했을 때, 주변 지인들의 반응은 '인공지능이라는 전문적이고 어려운 내용에 관한 책을 쓸 수 있겠냐'는 의구심 어린 놀라움이 대부분이었다.

사실 인공지능의 정확한 원리를 이해하는 것은 결코 쉽지 않았다. 인공지능의 기본 원리를 이해하기 위해서 많은 시간을 공부에 투자했다. 시작부터 어려운 수학공식에 겁부터 났었고, 기본 개념을 습득하기 위해 반복 학습을 해야만 했다.

인공지능은 이미 다양한 분야에서 거론되고 있고, 언론에서도 수차례 다뤄지기도 해서 모두가 알고 있는 것처럼 느껴지지만, 실제로 그 기본 원리에 대해 이해하고 있는 사람은 많지 않다. 필자가 이 책을 쓴다고 했을 때 주변 지인들이 보였던 반응도 이런 이유에서 비롯되었을 것이다.

하지만 이 책은 어렵지 않다. 아니 심지어 인공지능에 대한 기본 지식이 없는 독자들도 인공지능이 콘텐츠 분야에 어떻게 적용되고 있는지, 이용 사례들을 흥미롭게 접할 수 있을 것이다. 물론 인공지능에 대한 기본적인 이해를 가지고 있다면 더욱 흥미롭게 좀 더 많은 정보를 얻을 수 있지만 말이다.

이 책이 인공지능을 다루고 있지만 그동안의 인공지능 관련 서적들과는 다르게 쉽게 읽힐 수 있는 이유는, 원리보다 인공지능의 활용 사례를 소개하는 것이 주요 내용이기 때문이다. 첫 챕터에서 인공지능의 간단한 역사에 대해 언급하고 있고, 마지막 챕터에서 인공지능의 총괄적인 이야기를 정리하고 있지만, 대부분의 내용은 인공지능 기술이 어떻게 콘텐츠 산업 분야에서 활용이 되고 있는가 하는 사례를 소개하는 것에 책의 내용이 집중되어 있다.

스마트폰을 생각해보자. 스마트폰이 어떻게 작동이 되는가 하는 것은 전문가들이 아니면 이해하기가 쉽지 않다. 하지만 이것을 사용하는 소비자들은 이러한 원리를 굳이 알 필요가 없다. 스마트폰에 관한 흥미로운 사용 사례를 이해하기 위해서 스마트폰의 작동 원리를 꼭 알아야만 하는 것이 아니기 때문이다.

인공지능에 관심을 갖는 시작점이 되기를

이 책을 읽게 될 독자들도 마찬가지이다. 이 책을 통해 여러분은 아주 흥미로운 인공지능의 활용 사례를 접하게 될 것이고, 이를 통해서 미래의 인공지능에 대한 인사이트를 얻게 될 것이다. 심지어 인공지능의 원리를 이해하지 못하고 있다고 해도 말이다.

아직은 자신의 생활과는 무관하지만, 미래를 위해서 인공지능을 알아야겠다고 생각하는 독자라면, 이 책은 인공지능의 세계로 첫 발을 내딛는 멋진 체험이 될 것이다. 물론 인공지능에 대한 기본 원리를 이해하고 있는 분이라면 기대 이상의 아이디어를 책 속에서 발견하게 될 수도 있다.

이 책이 좀 더 많은 분에게, 미래의 필수재인 인공지능에 대한 관심을 가질 수 있게 하는 작은 시작이 되었으면 하는 바람이다.

_2018년 5월, 고찬수

목차

Part 1
인공지능, 이미 우리 삶에 들어왔다

Part 2
인공지능, 콘텐츠 산업을 바꾼다

목차

Part 3
인공지능 콘텐츠 시대, 무엇을 준비해야 하는가?

Part
1

인공지능,
이미 우리 삶에
들어왔다

Chapter 1

왜 인공지능 콘텐츠인가?

들어가는 글

2016년 3월 9일, 이날은 전 세계가 경악한 날이다.
〈알파고 vs 이세돌 9단〉의 제1국에서 일반의 예상을 뒤엎고 알파고가 승리를 거두었기 때문
이다.

우주의 원자 수만큼이나 많은 경우의 수를 갖고 있다고 하는 바둑에서 인간의 최고수를 상대로
인공지능이 승리를 함으로써, 정말 인간의 창의성을 넘어서는 인공지능이 가능할 지도 모른다
는 두려움이 인공지능에 대한 경외감과 함께 사람들을 사로잡기 시작했다.
이날의 충격을 한마디로 요약하면, '이제 인공지능이 우리 인간의 모든 것을 대체할 수 있는 날
이 얼마 남지 않았다'는 두려움, 바로 그것이다.

2018년 1월 22일, 아마존의 아마존 고Amazon GO가 미국 시애틀에서 문을 열었다. 이 매장에서
는 계산대 앞에서 계산을 기다리는 대형마트의 모습은 없다. 그렇다. 대형마트에서 물건을 계
산하던 일자리는 가까운 미래에 사라지게 될 것이다. 의사, 법조인, 금융인 등 전문 지식을 바
탕으로 하는 화이트칼라 계층의 일자리도 인공지능으로 대체되면서 서서히 사라질 위기에 놓
였다. 인공지능은 단순 노동이나 전문직 노동을 모두 대체할 수 있는 위력을 보여주고 있는 것
이다. 단순 노동, 전문직 노동을 가리지 않고 로봇과 인공지능의 가격이 인간의 임금보다 낮아
지면 대체될 것이다.

어느 분야든 인공지능이 도입되는 데 인간의 일자리가 줄지 않는다고 이야기하는 것은 사실 거짓이다.

세상에 없는 무언가를 창작하는 능력은 인공지능이 아무리 발전한다고 해도 가질 수 없는 인간 고유의 천부적 능력이라고 믿어왔다. 하지만 불과 몇 년 사이에 인공지능의 콘텐츠 창작 활동에 대한 많은 시도가 이루어지는 환경이 되었다. 로봇 기자가 기사를 작성하고, 연주 로봇이 인간과 함께 협연을 한다. 작곡을 하고, 소설을 쓰고, 그림을 그리고, 게임을 하고, 바둑을 두고, 사람을 가르친다. 음악, 미술, 문학 그리고 영화 등 거의 모든 창작 활동 분야에서 인공지능을 활용하고 있는 것이다. 우리는 이미 거스를 수 없는 변혁의 시대, 콘텐츠 혁명을 마주하고 있다.

창의성이 요구되는 콘텐츠 산업도 더 이상 예외가 아니다. 이것은 우리가 곧 마주칠 현실이고 우리는 이 현실을 인정해야만 한다. 이 책은 이러한 현실을 인정하는 것에서 시작한다.

인공지능과 콘텐츠 산업

"인공지능의 빅뱅을 만들어낸 시작점 알파고, 종점인 오메가는 무엇일까?"

인공지능의 빅뱅을 만들어낸 시작은 '알파고'였다. 알파고는 초일류 IT 기업 구글이 인수한 딥마인드에서 개발했다는 점이 어느 정도 호기심을 일으켰지만 크게 기대하는 전문가는 거의 없었다.

솔직히 말하자면, 대부분의 사람은 인공지능이 바둑에 도전했다는 것에 그리 크게 신경을 쓰지 않았다. 체스 세계 챔피언을 컴퓨터가 이겼다는 오래전 뉴스도 그렇고, 미국의 퀴즈 프로그램에서 IBM의 '왓슨'이라는 이름의 인공지능이 1등을 했다는 뉴스도 그저 가십거리 정도로만 여겼다. 왜냐하면 인공지능이라는 용어가 과장되었다고 생각하고 있기 때문이다. 더욱이 이번 도전은 경우의 수가 수백만 개에 달한다는 바둑이었으니 알파고가 호기를 부리고 있다고 생각하는 정도였다.

KBS MCN '예띠스튜디오'에서 제작한 〈이세돌 9단 VS 알파고〉 바둑 대결 라이브 방송
(https://www.youtube.com/watch?v=VunLUhNP_Aw)

당시 필자는 KBS의 MCN 사업팀에서 온라인과 모바일 전용의 디지털 콘텐츠 제작 업무를 책임지고 있었다. 업무와의 연관성 때문에 IT 분야에 관심이 많았지만, 이 세기의 대국은 결과가 뻔한(당연히, 이세돌 9단이 이길 것이라는) 구글의 마케팅 이벤트라고 생각했다. 그래서 마음만 먹으면 대결의 중계를 라이브 인터넷 방송으로 제작할 수 있었음에도 그렇게 하지 않았다. 대회의 파급력을 오판하고 제1국을 준비하지 않은 필자와 달리 이 대국을 열심히 홍보하고자 했던 구글은 바둑TV와 연계하여 유튜브를 통해 직접 생방송을 진행했으며, 중계를 원하는 곳은 어디든 영상을 활용할 수 있게 했다. 그런데 제1국의 결과가 모두의 예상과는 다르게 이세돌 9단의 패배로 끝나자 알파고에 대한 관심은 그야말로 빅뱅을 일으켰다.

예상치 못한 결과에 놀란 필자는 부랴부랴 유튜브의 협조를 구해 제2국부터 생방송 중계를 시작했다. 대국을 중계하면서 필자는 알파고의 엄청난 위력을 실감하게 되었고, 이때부터 인공지능이 가진 폭발력에 진지하게 관심을 두게 되었다. 그리고 인공지능이 단순히 기술적인 차원을 넘어서 콘텐츠 자체로도 의미 있는 소재라는 착안을 하게 되었고, 이는 자연스럽게 인공지능을 콘텐츠 분야와 접목시킬 수 있는 방법에 대한 고민으로 나아가게 되었다.

2016년 3월 15일, 제5국마저 알파고가 승리를 거두면서 세기의 대국은 알파고의 승리로 막을 내렸다. 대국 전적은 4승 1패였다. 대국은 끝났지만 이 대국은 인공지능의 시대가 왔음을 전 세계에 타전한 혁명적인 사건이었다.

알파고의 승리로 인해 특이점^{Singularity}이 다시금 화제가 되었다. 특이점은 기술의 발전이 인간의 지능을 넘어서면서 인간과 경쟁할 수 있는 시점, 그 순간을 말하는데 이 개념이 사람들에게 널리 알려진 계기는 구글의 기술 부문 이사인 커즈와일이 2005년에 집필한 그의 저서 〈The Singularity Is Near : When Humans Transcend Biology(특이점이 온다 : 기술이 인간을 초월하는 순간)〉를 통해서였다. 이 책에서 그는 2045년이면 인공지능이 모든 인간의 지능을 합친 것보다 강력할 것으로 예측했다. 구글의 임원이 예상한 것이었기 때문에 당시에 일부 사람의 관심을 끌기는 했지만 여전히 대다수의 사람은 인간의 창의성은 신성불가침의 영역이라고 믿었다.

여전히 특이점은 그저 공상 과학 소설 속 상상에 불과한 것이라는 생각이 일반적인 믿음이었던 것이다. 그런데 우주의 원자만큼이나 많은 경우의 수를 갖고 있는 바둑에서 인간의 최고수를 상대로 인공지능이 승리를 함으로써 이런 믿음이 흔들리기 시작한 것이다.

정말 '인간의 창의성을 넘어서는 인공지능이 가능할지도 모른다'는 두려움이 인공지능에 대한 경외감과 함께, 사람들을 사로잡기 시작했다. 산업혁명 초창기 기계에 일자리를 빼앗긴 노동자들이 기계를 부수는 것으로 자신들의 두려움을 나타낸 러다이트 운동이 인공지능의 등장과 함께 다시금 고개를 들고 있는 것이다. 그런데 이런 인공지능에 대한 두려움은 역설적으로 인공지능을 보다 더 많은 사람에게 알리는 와전 효과를 낳게 되어 이제는 인공지능과 거의 관련이 없다고 생각했던 분야의 사람들까지도 인공지능에 관심을 보이고 있다.

사실 인공지능은 이제 막 그 엄청난 가능성을 드러낸 초창기의 모습일 뿐 현실 세계에 적용되어 일반적으로 사용되기까지는 아직 해결해야 할 것이 너무나 많이 있다. 이런 이유로 일부에서는 2018년부터 인공지능 분야의 거품이 꺼지기 시작해 3~5년 후에는 상당수 인공지능 기업이 파산할 것이란 전망을 내놓기도 했다.* 거품 붕괴 속에서도 살아남은 소수의 인공지능 기업들이 실제 돈을 벌고, 경제적 효과를 내는 것은 2025년이나 돼야 가능할 것이라고도 했다. 이런 주장은 현재 불고 있는 지나친 인공지능에 대한 관심과 두려움에 대한 현실적인 분석이라고 할 수 있다. 실제로 인공지능 기술이 현실 분야에 적용되어 영향을 미치는 정도까지는 시간과 투자가 더 필요한 것이 사실이다.

그럼에도 불구하고 지금의 인공지능 열풍은 당분간은 지속될 것으로 전망된다. 최근 개발되어 인공지능의 열풍을 이끌고 있는 딥러닝이라는 알고리즘 기술의 발전 속도가 참여 개발자들조차도 감당하기 어려울 정도로 빠르다는 점 때문에 인공지능의 현실적인 한계를 짧은 시간에 뛰어넘을 수도 있다고 전망하고 있다. 과거 인터넷이 등장과 함께 거품을 겪었고 거품이 꺼지는 과정을 거치며 없어서는 안 될 필수재로 자리를 잡은 것처럼, 잠시 거품이 일어나고 꺼지는 시기를 거치더라도 인공지능 또한 인터넷 그 이상의 필수재가 될 것으로 대부분의 전문가는 예상하고 있다. 인공지능 분야는 이미 두 차례의 빙하기를 겪은 후에 지금의 호황기를 맞이하고 있으므로 혹시 다가올 거품이 꺼지는 시기에의 대응도 잘 견뎌낼 것으로 필자는 생각한다.

....
* 내년부터 인공지능 거품 붕괴…소수만 생존(조선일보, 김난희 기자, 2017.11.16)

필자는 인공지능의 발전에 따른 콘텐츠 분야의 적용에 큰 관심을 두고 있다. 괴물 같은 인공지능 알파고를 가능하게 한 새로운 기술인 딥러닝과 강화학습이라는 알고리즘의 등장은 인공지능의 진화를 너무나 빠른 속도로 만들어 놓았다. 여러 선구자는 과감하게 예술의 영역에까지 도전하고 있다. 음악, 미술, 영화 등 인간의 창의성이 집약된 분야인 콘텐츠 산업에도 인공지능이 굉장히 빠른 속도로 접목되고 있다.

창의성을 바탕으로 창작을 하는 콘텐츠 산업에도 이제는 인공지능의 활용을 고민해야 하는 때인 것이다. 누군가는 인공지능에 밀려나고, 누군가는 인공지능과 함께 더 멋진 미래의 콘텐츠를 만들어낼 새로운 세상이 다가오고 있다.

간단하게 살펴보는 인공지능의 역사

"두 번의 겨울과 세 번의 봄을 거쳐 인공지능은 '딥러닝'의 꽃을 피워냈다."

인공지능Artificial Intelligence이라는 용어가 처음 등장한 것은 1956년 미국의 다트머스 회의Dartmouth Conference에서였다.

인공지능에 대한 폭발적인 관심이 만들어진 〈알파고 vs 이세돌 9단〉의 대국이 2016년 3월이었다는 것을 생각해보면 인공지능은 짧은 역사를 가지고 있는 셈이다. 세상에 개념이 등장한지 겨우 60여 년 만에 우리의 미래를 바꿀 무서운 기술로 인정을 받게 되었으니 처음 이 개념을 만들어낸 존 매카시John McCarthy 교수는 정말 선견지명이 대단하다고 하겠다. 그리고 그런 아이디어를 가능하게 한 우리 시대의 기술 발전 속도는 그야말로 기적적이라는 표현이 적당하다고 본다. 그런데 짧은 시간 동안 비약적으로 발전한 것처럼 보이는 인공지능은 사실 두 번씩이나 외면을 받을 뻔한 위기의 시간이 있었다.

1956년이라면 인류가 만든 최초의 컴퓨터라고 알려진 에니악ENIAC이 세상에 등장한지 겨우 10년이 지난 때였는데, 이때 인공지능이라는 아이디어를 생각했다니 상당히 빠른 발전이 아닐 수 없다. 유추해보건대, 컴퓨터가 작동하는 원리를 발전해 적용한다면 인공지능의 발전도 어렵지 않을 것이라 기대하지 않았을까. 2차 세계대전 이후, 산업의 급격한 발전을 경험했던 인류가 미래를 낙관적으로 봤던 당시의 흐름도 아마 영향을 주었으리라. 새로운 기술에 호의적이었던 세계적 흐름과 인류의 발전에 대한 확신으로 가득 차 있던 당시에는 인공지능도 당장 만들어낼 수 있다고 믿은 것이다.

인공지능의 탄생과 낙관론

인공지능이라는 용어를 세상에 공표했던 1956년 다트머스 회의는 인공지능의 미래에 대한 각 분야 전문가들의 의견을 모은 자리였고, 이후부터 이 회의에 참석했던 사람들이 인공지능의 초창기 발전을 이끌었다. 당시 경제 상황과 컴퓨터 기술의 발전은 이러한 새로운 기술의 미래에 대해 응원하고, 당장이라도 컴퓨터가 체스를 두고 음악을 만들 수도 있을 것 같은 분위기가 조성되는 기반이 되었다.

기존의 알고리즘을 더 발전시킨 이론들이 속속 발표되고, 지금의 챗봇과 비슷한 기능을 가진 'ELIZA'라는 프로그램이 발표되는 등 초창기 인공지능 분야의 선구자들은 어느 정도 성공을 거두었다. 이런 추세로 발전이 이뤄지면 곧 로봇이나 인공지능이 가능할 거라는 생각이 사회 전반에 받아들여지는 분위기가 조성되었다. 물론 당시의 ELIZA 프로그램은 인간의 언어를 이해하고 반응하는 지금의 챗봇과는 비교가 되지 않는 낮은 수준이었지만(학습된 규칙에 따라 문장을 만들어내는 정도) 그런 정도의 모습도 당시에는 처음 접하는 것이어서 사람들을 열광시켰던 것이다.

1968년에 스탠리 큐브릭Stanley Kubrick 감독이 만든 영화 〈2001 오디세이〉에는 당시의 이런 분위기가 잘 드러난다. 당시로는 꽤 먼 미래라고 생각한 2001년에 상당히 강력한 인공지능이 개발되어 상용화될 것이라는 대담한 상상을 이 영화에 담았다. 이 영화는 2001년까지 인간의 능력을 능가하는 지능의 인공지능이 나타날 것이라는 가정 하에 스토리를 전개했는데 이러한 상상을 당시의 사람들은 가능성 있는 흥미로운 이야기로 받아들였다. 또한 이 영화는 인공지능에 대한 두려움을 각인시켰다. 이 영화에서 등장하는 인공지능은 자신에게 주어진 임무를 완수하기 위해서 심지어 인간을 살해하는 일을 벌였는데, 이런 부정적인 인공지능의 모습은 이후로도 여러 할리우드 영화에서 반복적으로 재생산된다.

이 글을 쓰고 있는 이 시점에서, 이 영화에 등장하는 것과 같은 인공지능을 우리의 기술은 아직 만들어내지 못했다. 당시의 인공지능 연구자들이 대부분 확신에 차서 믿었던 2000년대 초반의 인공지능 개발은 너무나 낙관적인 꿈이었던 것이다.

〈2001 오디세이〉는 당시 이런 낙관론이 인공지능 관련 연구자에게만 국한되어 나타나지 않았다는 것을 보여준다. 영화는 제작 당시의 사회상을 반영하기 마련이다. 사회 전반적으로 인공지능에 대한 낙관론이 이처럼 우세했기 때문에 인공지능의 연구에 많은 예산이 투입되었고, 이를 바탕으로 인공지능은 시작과 동시에 빠르게 발전할 수 있었다. 사람들은 인공지능이 곧 엄청난 결과를 만들어낼 것으로 기대했다. 이때가 첫 번째 좋은 시절이었다.

인공지능의 첫 번째 겨울 1970년대

제2차 세계대전 이후의 호황 국면이 서서히 끝나가고 베트남전으로 미국이 어려움을 겪게 되자, 인공지능 분야도 이런 사회적인 분위기의 변화를 피해갈 수는 없었다. 너무나 과도한 낙관주의가 오히려 사람들의 기대를 높여놓았고 그런 기대를 충족시켜줄 만한 획기적인 인공지능의 발전이 이루어지지 않자 이제는 큰 실망감으로 인공지능에 대한 비판 여론이 높아지기 시작한 것이다. 시작과 함께 쏟아졌던 많은 연구와 결과물이 의미 있는 성과를 만들어내지는 못하자 인공지능에 대해 많은 문제점이 있다는 비판들이 학계에서도 쏟아졌다.

인공지능 연구에 많은 자금을 투자하던 미국과 영국이 기대했던 것보다 도출된 연구 성과가 미미하자 실망하여 자금 지원을 중단하기 시작했고, 이런 움직임에 인공지능 연구자들은 당황하기 시작했다. 1970년대는 인공지능 역사에서 '인공지능의 겨울'이라고 쓰인 시기다.

기대하는 수준의 인공지능을 만들어내기 위해서는 컴퓨터가 연산해야 할 경우의 수가 초창기 인공지능 학자들이 생각했던 것보다 너무나 많았기 때문에 '당시의 컴퓨터 능력으로는 인공지능의 기능을 구현하는 것이 사실상 불가능하다'는 결론으로 이어졌다. 인공지능의 미래에 부정적인 여론이 조성되었다.

세계 경제가 어려워진 것도 인공지능이 시련기를 맞은 이유다. 경제가 좋은 시절에는 미래를 낙관적으로 보고 장기적인 투자가 필요하더라도 의미가 있다고 여기면 새로운 기술에 투자하는 것이 쉽다. 하지만 경제가 어려워지면 미래의 투자보다는 당장의 현안을 해결하는 것이 중요해진다. 이 시기에 인공지능은 당장 어떤 결과를 내어놓을 수 없는 먼 미래의 기술로 생각되었고, 우리가 현실에서는 마주칠 일이 없는, 할리우드 영화 속에서나 나타나는 상상 속의 개념, 비현실적인 그 무엇에 불과했다.

이렇게 인공지능에 대한 냉랭한 분위기 속에서 이 분야를 더욱 오랫동안 침묵 속에 잠들어 있게 만든 일이 퍼셉트론Perceptrons에 대한 마빈 민스키Marvin Minsky 교수의 비판이었다. 마빈 민스키 교수의 동창이었던 프랭크 로젠블랫Frank Rosenblatt 교수가 주장한 퍼셉트론은 인공지능 기계학습에 관한 방법론 중 하나다. 이것은 인간의 뇌 속에서 신경망이 작동하는 것을 모방한 것인데, 이 알고리즘을 만들어낸 사람은 이 방식으로 컴퓨터가 인간처럼 언어를 배우고 이해할 수 있으리라 생각했다. 그런데 당시 인공지능 분야에서 가장 권위를 가진 학자였던 민스키 교수가 그의 저서 〈퍼셉트론〉에서 이 방식의 문제점을 수학적으로 논증하면서 인간의 신경망을 모방한 방식은 연구의 가치가 전혀 없는 황당무계한 소리로 치부되었다. 결국, 이 방식은 그 뒤로 한동안 대부분의 인공지능 연구자에게 배척당하고 잊혀지게 되었다.

그러나 지금의 인공지능에 대한 폭발적인 발전과 관심을 만들어낸 딥러닝이 바로 이 신경망 방식을 발전시켜 나온 것이라는 점을 생각해보면 아주 뼈아픈 역사인 셈이다.

다시 찾아온 봄 1980년대 : 전문가 시스템

1980년대 세계 경제의 중심인 미국은 레이거노믹스Reganomics라고 하는 경제 정책을 바탕으로 인위적인 경기 부양을 실시하였고 이런 정책이 일시적으로 미국 경제에 활력을 주었다. 신자유주의 사상을 기반으로 영국과 미국이 친 기업적인 경제 정책을 추진하였고 노동운동이 약화되는 현상을 보였다. 이런 사회적 분위기와 함께 전문가 시스템^{Experts System}이라고 불리는 인공지능 프로그램의 한 형태가 이 당시의 인공지능 연구의 중심이 되었고 세계적인 대기업들에 의해서 채택되었다. 특정 분야의 지식을 인공지능을 통해서 구현해내는 이러한 시스템 연구가 주류 인공지능이 된 것이다.

전문가 시스템은 전문가의 지식에서 파생된 논리 규칙을 사용하여 특정 지식 영역에 대한 질문에 답하거나 문제를 해결하는 시스템이다. 인공지능 연구가, 폭넓은 수준으로 개발하는 것에, 한계를 드러냈기 때문에 이를 회피하여 특정 영역의 지식으로 한정하고 설계를 단순화하여 개발하면 유용한 결과를 얻을 수 있는 것으로 판단했던 것이다. 특히 의료나 법률 등 인공지능이 고부가가치를 만들어낼 수 있는 분야에서 이런 전문가 시스템 인공지능이 활발하게 연구되었다. 의료 분야에서 개발된 마이신^{Mycin}이 당시의 전문가 시스템을 보여주는 대표적인 사례다. 이것은 혈액 감염증과 수막염 치료에 한정된 시스템이지만 인공지능을 병의 진단에 이용한 최초의 사례다. 의료 분야는 전문가(의사)의 경험과 지식 등이 절대적으로 중요한 영역으로, 전문가 시스템이 개발되기에 아주 적합한 분야였기에 의료용 전문가 시스템은 큰 호응을 얻을 수 있었다.

인공지능은 전문가의 영역을 보다 더 효율적이고 저렴하게 해결해주는 새로운 시스템 정도로 받아들여졌다. 당장 기업의 효율성을 높일 수 있는 분야에서는 전문가 시스템이 투자자 입장에서도 먼 미래를 염두에 두지 않고 가까운 시기에 투자금을 회수할 수 있는 멋진 기술로 여겨졌었다.

또 찾아온 겨울 1990년대

다시 찾아온 인공지능의 봄은 그리 오래 지속되지 못했다. 전문가 시스템이 마이신처럼 성공적인 경우도 있지만, 대부분의 전문 영역에서 개발된 전문가 시스템에서는 오래지 않아 여러 가지 문제점이 노출되었다. 전문 영역의 전문가 지식을 컴퓨터가 이해할 수 있도록 데이터베이스화하는 것은 생각처럼 쉬운 일이 아니었던 것이다. 기본적으로 전문가 시스템이란, 인간 전문가로부터 그들의 경험과 학습적 지식을 획득하여 이 중에 데이터로써 의미가 있는 것을 정리하는 작업을 거쳐야 하고, 데이터화한 후에는 컴퓨터가 이해할 수 있는 언어로 다시 변환하여 이를 학습시켜야 하는 과정을 거치는데 이 작업이 상당한 시간과 인력이 필요한 힘든 과정이다. 또한 지속적으로 변하는 전문 영역의 지식 환경에 맞추어 지속적으로 구축한 데이터를 바꾸고 학습시켜야 하는데, 이것도 상당한 시간과 인력, 그리고 투자가 필요하다.

여기에 일부 전문가 시스템에서는 데이터화한 전문 지식에 문제가 있어 엄청난 투자에도 불구하고 원하는 수준의 답을 제공하지 못하는 일이 일어나자 전문가 시스템에 대한 회의론이 고개를 들기 시작했다. 1987년에 발생한 블랙먼데이(주가 폭락 사태)로 인해 다시 미국 경제와 세계 경제가 불황 속으로 빠져들어 간 것도 전문가 시스템의 연구를 축소하는 원인이 되었다.

그런데 이 시기에는 전문가 시스템의 거품이 다소 빠졌으나 인공지능의 새로운 물결은 상당 기간 인공지능 분야의 연구에 긍정적인 영향을 미치게 되었다. 처음 인공지능이라는 용어가 탄생했을 때 기대했던 것에서 조금은 기대감을 낮추고, 컴퓨터가 자동화를 먼저 진행할 수 있는 영역부터 차분하게 연구해나가려는 실용주의적인 모습이 정착된 것이다. 당장 현실에서 의미 있는 기술이 중요한 것이지 거창한 인공지능은 의미가 없다는 공감대가 형성된 것이다. 인공지능을 '약 인공지능'과 '강 인공지능'으로 나누어 인간의 수준 이상의 능력을 가진 강 인공지능은 먼 미래에나 가능한 것으로 판단하고, 가까운 미래에 실생활에서 활용할 수 있는 약 인공지능을 특정 분야의 필요에 의해서 개발하는 경향으로 인공지능 연구가 변화되었다.

봄을 위한 기지개 2000년대 : 데이터과학

IBM의 인공지능 컴퓨터 딥블루Deep Blue가 세계 체스 챔피언이었던 게리 카스파로프Garry Kasparov를 이기고, 미국의 유명 퀴즈 프로그램 제퍼디Jeopardy에서 우승하면서 인공지능이 대중적으로 다시 사람들의 관심을 끌게 되었다. 그렇다고 예전 같은 인공지능에 대한 낙관론은 나타나지 않았다. 당시의 인공지능은 인간처럼 생각하는 것이라기보다는 단지 비슷하게 흉내를 내는 정도였기 때문에 사람들의 열광적인 반응을 이끌어내지는 못한 것이다. 그저 컴퓨터의 성능이 빠르게 좋아지고 있다는 정도의 생각이 사람들 사이에서 공유되는 정도였다고 보면 되겠다.

인공지능이라는 거창한 용어보다는 다소 객관적인 데이터 과학Data Science이라는 용어가 이 분야의 연구자들에게 사랑을 받았다. 데이터를 활용하여 그 속에 존재하는 패턴을 찾아내고 이를 통해서 미래 예측을 하는 지능적인 컴퓨터를 연구한다는 점에서 인공지능과 유사한 영역을 연구하는 것이지만 다소 이상적인 인공지능보다는 데이터 과학이라는 용어가 주는 현실성이 더 사람들을 끌어당겼다.

이런 경향은 스마트폰의 보급과 소셜미디어의 성공으로 인한 정보의 홍수 시대가 오면서 더욱 강화되었다. 빅데이터Big Data라고 하는 용어가 등장하면서 엄청난 양의 비정형화된 데이터를 처리할 수 있는 기술들이 개발되기 시작하였고, 컴퓨터 성능의 빠른 발전이 데이터를 활용한 비즈니스를 탄생시키게 되어 데이터 과학이라는 용어가 더욱 각광을 받게 된 것이다. 트위터나 페이스북의 글을 데이터화하여 현재 사람들의 동향을 알아볼 수 있다는 당장의 현실적인 쓰임 때문에 빅데이터는 사람들의 관심을 받았고, 많은 투자가 이루어지기도 했다. 2008년 미국 대선에서 활용되면서 그 진가를 드러냈고 아마존, 구글 등의 거대 IT 기업이 이 기술을 활용하여 의미 있는 서비스들을 제공하는 등 빅데이터가 데이터 과학의 가장 큰 영역으로 부상하기도 했다.

그런데 당시의 빅데이터 기술은 우리의 실생활에서 많이 사용되는 이미지 관련 활용에는 많은 제약이 있었다. 텍스트 데이터는 그 처리가 어렵지 않았기 때문에 먼저 가능했지만 이미지의 영역은 여전히 컴퓨터가 인간을 능가할 수 없는 영역으로 남아있었다.

세 번째 봄 2010년대 : 딥러닝

딥러닝Deep Learning이라는 용어가 혜성처럼 등장하여 지금의 인공지능 붐을 만들어내기 전까지는 컴퓨터에게 학습시키는 방법은 주로 전통적인 방법의 기계학습으로 이루어졌다. 기계학습Machine Learning은 데이터를 분류하고 분석하여 특징을 뽑아내고, '이런 공통된 특징을 가진 것은 무엇이다'라고 컴퓨터에 학습시키는 것을 말한다. 예를 들어 컴퓨터가 수많은 사진 속의 사과 이미지를 통해 사과의 형태를 분석하고 이를 통해 공통된 사과의 특성을 찾아내는 작업을 먼저 한다. 이렇게 해서 사진 속의 사과가 가지고 있는 공통점을 찾으면 이런 공통점을 가지고 있는 것은 사과라고 컴퓨터에게 알려주는 것이다. 그러면 컴퓨터는 그때부터 이를 기반 지식으로 해서 어떤 사진을 보여주면 사진 속에 사과가 있는지 학습한 공통점을 통해 판단하게 된다. 그래서 그동안의 인공지능은 학습과정(데이터에서 특징을 뽑아내는 작업)에 사람이 관여를 했어야 했다. 그러다 보니 이 과정에서 추출된 공통 특성이 잘못 선택되는 경우에는 의미 있는 결과를 만들어낼 수가 없었다.

그런데 딥러닝은 이런 특징을 뽑아내는 학습을 인공지능이 직접 하도록 하는 방식을 택하고 이러한 점 때문에 그동안의 기계학습 인공지능이 느린 속도로 발전하던 것을 갑자기 엄청난 속도로 발전할 수 있게 만들었다. 이 딥러닝은 1960년대 인공지능의 초창기 시절, 프랭크 로젠블랫 교수가 주창한 퍼셉트론이 발전한 것이다. 오랜 세월 주류 인공지능 연구에서 밀려있던 이 개념이 몇몇 학자에 의해 꾸준히 연구되어지고 발달되다가 빅데이터 시대가 되면서 그 진가를 발휘하게 된 것이다. 이름을 딥러닝이라고 한 것은 기존의 신경망Neural Network에 대한 주류 인공지능 연구자들의 부정적인 생각을 피하고자 했던 것이었는데 이 방식이 여러 연구에서 탁월한 결과를 보여줌으로써 이제는 인공지능 연구의 주류로 떠올랐다. 그리고 약 인공지능에서 머물러있던 연구를 강 인공지능수준으로까지 가능하도록 만든 것도 딥러닝의 등장으로 만들어진 돌파구 때문이다.

컴퓨터 게임의 발전에 따라 보다 더 빠른 동영상 처리를 위해 개발 된 GPUGraphics Processing Unit가 딥러닝 방식의 데이터 처리에 효율적인 결과를 나타내게 되고, 소셜미디어에서 확보된 엄청난 양의 빅데이터 기술이 지금의 딥러닝을 가능하게 만든 기반이 되었다. 이미지 인식률이 딥러닝을 통해 획기적으로 개선되자 카메라를 활용한 동작 인식 기능 분야도 활발한 연구가 이루어지고 있고, 이를 통해 자동차의 자율 주행이 가까운 미래에 가능해질 수도 있게 되었다.

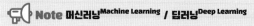

Note 머신러닝 Machine Learning **/ 딥러닝**Deep Learning

기계학습이라 불리는 머신러닝은 인공지능을 학습시키는 것을 통칭하는 것이며, 딥러닝은 머신러닝의 여러 가지 방법 중에 하나이다. 딥러닝은 인간의 뇌가 작동하는 방식인 신경망을 모방하여 만들어졌다. 전통적인 머신러닝은 사진 속에서 사과 이미지를 찾아내는 앞선 사례처럼 학습 과정에 사람이 개입하지만, 딥러닝은 학습 과정에 사람이 개입하지 않는다. 알파고가 승리를 거둘 수 있었던 것은 스스로의 학습을 통해 어느 누구도 알려주지 않은, 어느 누구도 생각하지 않은 수를 알파고가 생각해내었기 때문이다.

인공지능을 학습시키는 알고리즘은 수학 공식으로 이루어져 있는 복잡한 수식의 집합이다. 쉽게 설명하기 위해서 아주 단순한 수학 공식인 "$y=5x+4$"라는 함수를 인공지능이 학습한다고 가정해 보자. 이 함수를 컴퓨터가 이해할 수 있는 언어로 프로그래밍해서 입력을 주는 것이 컴퓨터가 작동하는 방식이다. 그런데 머신러닝은 이 함수를 인공지능에 입력하는 대신에 x값과 y값을 인공지능에게 입력해준다. 만약 x와 y를 (1, 9), (2, 14), (3, 19), (4, 24)라고 인공지능에게 입력하면 인공지능은 이 4가지 입력을 가지고 함수 "$y=5x+4$"를 유추해서 만들어내는 것이다. 이 인공지능이 제대로 학습하였는지를 확인하기 위해서는 x=5 그리고 x=6일 때 값을 찾도록 하고, 인공지능이 찾아낸 값이 맞으면 인공지능의 학습이 잘된 것으로 판단할 수 있게 되는 것이다. 예에서처럼 단순한 함수가 아니라 글자나 이미지를 인식하는 경우에도 원리는 이것과 비슷하다. 하지만 상당히 복잡한 학습 과정이 이루어지게 되고, 학습이 제대로 이루어졌는지 평가하는 것도 어렵다. 또한 학습의 결과가 원하는 수준으로 나오는 것도 너무나 어려운 일이다. 입력된 정보를 가지고 원하는 최적의 결과에 가장 근접한 값을 만들어내는 알고리즘을 찾는 작업이 머신러닝이라고 하겠다.

딥러닝은 인간 뇌 세포의 뉴런이 정보를 받아들여 판단을 하는 방식인데, 정보(x) 값을 여러 층으로 계속 입력하여 다층의 레이어를 거친 정보 값이 뉴런 구조를 통과하면서 최적의 값을 찾아내도록 하는 것이다. 최근 이미지 인식 관련 인공지능 알고리즘으로 월등한 결과를 보여주면서 인공지능이 가지고 있던 한계를 극복할 방식으로 주목을 받으며 인공지능의 황금기를 이끌고 있다.

물론 딥러닝이 인공지능의 유일한 해법은 아니며, 기존의 기계학습에서 인간이 개발한 많은 알고리즘이 최근에는 딥러닝과 함께 사용되면서 더욱 좋은 결과를 내고 있다. 이제는 데이터를 분석하여 미래를 예측하는 것에서 세상에 없었던 새로운 것을 창조해내는 수준으로까지 인공지능이 발전하고 있는 단계이다.

인공지능의 창작은 어디까지 가능한가?

"인간만이 갖고 있다고 믿어온 창의성 영역에도 인공지능은 진입하고 있다."

처음 인공지능에 대한 꿈을 꾼 선구자들은 인공지능이 사람과 소통하는 것을 상상했다. 하지만 창의성 영역은 인공지능에게 기대를 하지 않았던 부분이었다. 인간이 만든 인공지능은 거의 모든 분야에서 인간을 뛰어넘을 수는 있지만, 세상에 없는 무언가를 창작하는 능력은 가질 수 없다는 것이 보편적인 우리의 생각이었다. 인간이 설계하고 학습시킨 것을 빠르고 효율적으로 실행하는 것이 컴퓨터나 인공지능의 역할이었던 것이지, 무엇인가를 창조하는 일은 기대 밖의 일이었다.

그러던 것이 불과 몇 년 사이에 인공지능의 창작 활동에 대해 많은 논의가 이루어지는 환경으로 급변하였다. 음악, 미술, 문학 그리고 영화 등 거의 모든 창작 활동 분야에서 인공지능의 활용이 최근의 추세가 되어버렸다. 딥러닝으로 기존의 인공지능이 가지고 있었던 한계를 뛰어넘어 버리자 어디가 한계인지를 시험하는 듯 인공지능 연구자들은 하루가 다르게 새로운 기술을 쏟아내고 있고, 이를 이용한 새로운 창작물이 끊임없이 탄생하고 있다.

한국언론진흥재단의 오세욱 선임연구원은 〈AI 시대 인류에게 필요한 것: '질문'과 '탐구'〉라는 논문에서 인공지능이 창작한 사례를 표로 보여주며, 불과 1년 전에는 사람들 대부분이 인간의 감성, 창의력, 비판력이 요구되는 일 또는 작업을 인공지능이 대체하기는 어려울 것이라고 답했지만 이제는 인간의 감성, 창의력 등이 가장 많이 요구되는 미디어 창작 영역에도 인공지능이 진격하고 있다고 쓰고 있다.[*] 물론 그는 인공지능의 창작물들이 아직까지는 아름다움, 독특함, 미학 양식 등을 이해하고서 새롭게 창작물을 만든 것이 아니라 기존의 창작품을 충분히 학습한 후에 여기서 발견된 패턴을 추출하고 이 특성을 변주하여 창작물을 만든 것이기 때문에 인간의 창작물과는 다른 기계적 방식의 창작물이라는 의견을 나타내고 있다.

사례	생성 장르	학습데이터	작동방식과 특징
퀼, 워드스미스, 연예뉴스 로봇 등	텍스트 뉴스	과거 기사	데이터로 치환 가능한 미리 지정된 내용의 기사를 자동 작성
위비츠, 우칫 등	영상 뉴스	이미지 및 영상 DB	영상을 새로 만드는 것이 아니라 요약된 텍스트 뉴스에 맞는 영상을 자동 매칭
현인강림賢人降臨	철학 책	책 2권	인공지능만으로 자동 작성 *일부러 교열 안 함
컴퓨터가 소설을 쓰는 날	소설	소설 1,000편	사람이 줄거리 틀을 짜고 인공지능이 적합한 문장 완성 * 인공지능 80%, 인간 20%
WHIM 프로젝트	내러티브	웹 검색 자료 수집	짧은 문장 생성 후 사람의 피드백 평가 반영
이아무스Iamus	클래식 음악	과거 클래식 음악 테마	사람이 악기 종류와 곡의 길이를 선택하면 자동 생성
플로 컴포저Flow Composer	현대 음악	13,000여 곡	사람이 선택한 곡 스타일에 맞춰 자동 생성 후 사람이 다시 편곡
딥비트Deepbeat	랩 가사	12,500곡의 랩	사람이 선택한 특정 주제에 따라 기존 랩 가사 짜집기 * 과거 기사 답습 문제
선스프링Sunspring	영화 대본	과거 SF 영화 대본 수십 개	등장인물 이름만 사람이 정하고 나머지는 자동 생성 * 이해할 수 없는 내용 전개

....
* AI 시대 인류에게 필요한 것: '질문'과 '탐구' (신문과방송 2017년 3월호 통권 555호, 오세욱, 2017. 3. 15.)

뉴스의 개인화와 추천을 위한 인공지능

뉴스 콘텐츠 제작사들도 최근 큰 관심을 보이고 있는 뉴스 개인화와 추천 인공지능은 그동안 플랫폼 사업자에게 의지해 오던 콘텐츠 제작사들이 자신들의 영향력을 회복하고 확대하기 위하여 필요한 부분이라고 여기고 있다. 회원에 대한 정보를 활용하여 2차적인 부가가치를 생산하는 추천 서비스는 자신들이 제작한 뉴스 콘텐츠를 더 많이 소비하도록 하는 것뿐 아니라 소비자들이 원하는 뉴스에 대한 정보를 획득하여 앞으로 소비가 더 많이 될 뉴스 콘텐츠를 생산할 수 있도록 하는 것에도 필요한 핵심 역량이다. 누가 소비자와 접점을 가지고 있느냐가 추천 서비스에 의해 좌우될 수 있으므로 플랫폼 사업자나 콘텐츠 생산자 모두 이 부분에 대한 중요성을 인식하고 있으며, 자신이 이 부분을 통제할 수 있기를 희망하고 있다. 콘텐츠 사업자들에게 인공지능 추천 서비스를 대행해주는 사업이 앞으로 더욱 발전하게 될 것이다.

인공지능을 가진 로봇 기자

로봇 기자에 의한 기사 자동 작성은 그 수요가 앞으로 더욱 폭발적으로 늘게 될 것이다. 개인화된 뉴스에 대한 소비 욕구가 더욱 늘어나게 될 것이고, 이런 욕구를 만족시킬 수 있는 로봇 기자들의 기사는 시장의 확대를 가져오고 뉴스 시장 자체를 변화시킬 것으로 보인다. 로봇 기자가 기존의 기자를 대체하는 효과뿐 아니라 그동안 없었던 새로운 뉴스 시장을 만들어 뉴스 산업 자체가 크게 확장되는 현상을 우리는 보게 될 것이다. 예를 들어 지금은 프로야구 2군에 대한 기사를 쓸 수 없는 것이 현실이다. 소비자의 수가 적어 기자들이 기사를 쓸 경우에 수익성이 전혀 없기 때문에 기사를 작성하지 못하고 있다. 그래서 지금은 2군 야구에 관심이 있는 소비자도 이런 기사를 소비할 수가 없다. 하지만 로봇 기자가 데이터를 가지고 자동으로 수천 개의 기사를 쓸 경우에는 관심을 가진 사람이 소수인 분야의 뉴스도 생산이 가능하고 이를 소비하는 소수의 소비자들에 의해서 새로운 작은 시장들이 무수히 생길 것이다. 이 분야에 롱테일의 법칙이 적용되며 뉴스 시장 자체가 몇 배 더 커질 수도 있는 것이다.

페이스북 vs 언론사

"플랫폼 사업자도 언론처럼 콘텐츠 편집에 관여하고 있다."

2017년 5월 미국의 뉴욕에서 열린 국제뉴스미디어협회^{INMA}의 총회에서는 의미 있는 사건이 일어났다.* 이 사건으로 노르웨이의 일간지 아프텐포스텐^{Aftenposten}의 페이스북 관련 기사가 전 세계적으로 크게 조명을 받았다. 베트남전 관련 기사에 쓰인 오래된 사진이 문제의 발단이었다. 이 사진이 페이스북의 필터링 알고리즘에 의해 걸러져서 기사가 삭제되자 이 노르웨이 신문사가 페이스북의 조치에 반발한 것이다.

페이스북의 자동 알고리즘 시스템에 의해 삭제된 사진이 그 역사성과 언론으로서 가치를 인정받아 '여자 아이의 나체'라고 하는 알고리즘 상 삭제 내용을 포함하고 있음에도 불구하고 결국 게재가 허용되었다. 뉴스 가치에 대한 판단에서 페이스북의 알고리즘과 아프텐포스텐의 편집장은 견해 차이를 보인 것인데 이 사건은 인간의 판단이 승리를 거둔 셈이다. 사실 이 사건은 순수하게 페이스북의 인공지능 알고리즘이 삭제를 판단한 것이라고 볼 수 없는 점들이 많이 보이지만 그런 정치적인 이야기는 접어두기로 하고 언론과 인공지능이라고 하는 부분에 초점을 맞춰서 논의해볼 경우 의미 있는 논쟁들을 생산해낼 수 있는 사건이라고 하겠다.

노르웨이의 일간지 편집장은 이 기사에서 페이스북의 마크 저크버그^{Mark Zuckerberg}에게 자신의 일간지가 페이스북 페이지에 게재한 사진이 페

---

* 페이스북 '필터 버블'…네이버는? (동아일보. 이명건 기자, 2017-08-01)

이스북 측에 의해서 일방적으로 삭제된 것을 항의하고 있는데, 이는 국내의 언론 상황에서도 가끔 일어나는 일이다. 이 사진이 큰 화제가 된 것은 미국의 베트남전 참전을 신랄하게 비판하는 기사에 사용된 아래의 사진이 벌거벗은 여자 아이라는 페이스북의 게재 금지 내용을 포함하고 있다는 점이다.

아프텐포스텐^{Aftenposten}의 〈#Dear Mark〉 기사
www.aftenposten.no/meninger/kommentar/i/G892Q/Dear-Mark-I-am-writing-this-to-inform-you-that-I-shall-not-comply-with-your-requirement-to-remove-this-picture

상식적인 생각을 가진 사람이라면 대부분 페이스북이 가지고 있는 어린 여자 아이의 누드 사진을 금지하는 알고리즘에 대해 반대하지는 않을 것이다. 하지만 객관적인 사진의 내용보다도 그 사진이 함유하고 있는 더 큰 의미를 우리 인간은 알고 있다는 것이 이 논쟁의 핵심일 것이다. 인간이 가진 판단 능력을 그 어떤 컴퓨터도 대체할 수 없다는 일반적인 사람들의 믿음이 이 사건에도 녹아있다.

게다가 언론사가 아닌 페이스북이 결국은 뉴스의 편집에 관여하고 있다는 진실도 함께 보여준다. 플랫폼을 제공하고 있기 때문에 게재되는 콘텐츠에 대한 책임을 전혀 지지 않을 수는 없다. 그러므로 결국은 자신의 플랫폼에 게재되는 콘텐츠에 최소한의 규칙을 정하게 되고, 이런 알고리즘으로 인해 사실상 페이스북은 언론사의 데스크가 하는 편집을 하고 있는 것이다.

이는 국내의 네이버나 다음 같은 포털들도 같은 상황이다. 특히 국내의 언론 환경은 많은 규제를 동반하기 때문에 그 책임을 피하기 위해 포털들이 자신들을 중립적이고 기계적인 플랫폼으로 포지셔닝하려는 모습을 보이고 있다. 페이스북도 이 사건에서 이런 중립적인 플랫폼의 자세를 유지하려고 하였다. 특정 사진에 대해 게재를 하거나 또는 하지 않는다는 판단을 페이스북 직원이 내리게 되면 페이스북도 언론사의 역할을 하고 있다는 것을 인정하게 되는 일이고, 이는 언론사가 가진 책임을 가져야 하는 부담감을 지우게 된다.

전 세계에서 통제할 수 없을 정도로 많은 콘텐츠가 한꺼번에 페이스북에 게재되는데 이를 다 사람이 개입해서 판단할 수는 없다. 결국은 기계적인 방법으로 그리고 이제는 인공지능을 사용해야만 가능한 일이 되었다. 결국 페이스북은 자신이 언론의 역할을 일정 정도 하고 있다는 것을 받아들였고, 그렇다면 그 책무를 다하기 위해서 보다 고도의 판단을 할 수 있는 인공지능의 도입은 당연한 수순일 것이다. 이는 국내의 포털들에게도 시기의 차이는 있겠지만 비슷하게 적용될 가까운 미래의 현실이다.

네이버나 카카오 등 국내의 뉴스 소비 플랫폼을 장악하고 있는 포털들도 페이스북과 아프텐포스텐의 사건 같은 논쟁에 직면해있다.* 카카오보다는 주로 네이버에 대한 국내 언론사들의 비판이 거센데, 그 이유는 네이버의 뉴스 시장 점유율이 거의 독점 수준에 육박하고 있기 때문이다. 네이버가 독점하고 있는 온라인/모바일 뉴스 시장에서 언론사들은 네이버에게 중립적이고 객관적인 플랫폼으로 남기 위한 제대로 된 노력을 해달라고 끊임없이 이야기하고 있는 중이다. 네이버가 자의적으로 뉴스 기사의 위치를 결정했다는 점을 부각하면서 양보를 얻어내고자 하고 있는데, 이러한 비난에 대해 네이버는 인공지능이 100% 뉴스 편집을 하는 방안으로 이런 의혹을 해소하겠다고 밝혔다. 지금의 뉴스 편집에는 20%의 부분을 사람이 개입하고 있는데 이 부분을 완전히 줄여서 중립적인 인공지능에게 맡기겠다는 것이 네이버의 복안인 셈이다. 하지만 언론학자들은 이런 네이버의 주장에 대해 인공지능의 알고리즘이 어떻게 구성되는지를 정확하게 외부에 밝혀야만 그 알고리즘의 중립성에 대해서 받아들일 수 있다고 얘기하고 있으며, 일부는 인공지능에게 뉴스 편성을 맡기는 부분은 오히려 뉴스 가치에 대한 평가를 제대로 할 수 없게 만들어버릴 수 있다고 우려하고 있다.

사실 언론인들이 페이스북 같은 디지털 미디어 플랫폼에 대해 걱정하는 대부분의 논의는 인공지능의 고도화로 해결이 가능할 것으로 예상된다. 물론 지금 수준의 인공지능 알고리즘으로는 정보의 편식이나 기계적인 판단으로 인한 어의없는 삭제 같은 우려스런 사건들이 자주 일어날

....

* AI로 뉴스 배열하겠다는 네이버…학계 '자체 개편 의미 없다' (머니투데이, 김세관/이해인 기자, 2017.12.07)

수밖에 없다. 하지만 인공지능의 필터가 더 고도화되면서 이런 부분은 조금씩 개선될 것으로 보인다.

전 세계적으로 많은 언론사에서 디지털 환경에 보다 적극적으로 대응하면서 변화를 주도해보려고 노력하고 있는 것이 사실이지만, 지금의 디지털 언론 환경을 주도하고 있는 것은 페이스북이나 네이버 같은 미디어 플랫폼이다. 뉴스 소비자들에게 다가가기 위해서 언론사들은 어쩔 수 없이 페이스북이나 네이버를 이용해야만 했다. 그리고 디지털 플랫폼은 너무나 빠르게 끊임없이 진화하고 있으며 소비자들에게 새로운 서비스를 쏟아내고 있다. 언론사들의 노력은 그저 이런 움직임을 쫓아가는 수준에 머무르고 있다는 것도 인정해야만 하는 현실이다. 이런 언론 환경에서 다른 곳에 비해 더 적극적인 추진력을 보이고 있는 언론사들도 있는데 이들은 사실상 언론사에서 IT 기업으로의 전환과 같은 수준의 변화를 보여주고 있다. 이제 IT 기업의 DNA를 이식 받은 언론사들이 하나둘 그 진가를 발휘하게 되면 플랫폼과의 미래 주도권을 두고 생사를 가르는 혈투가 벌어질 것이다.

필터링 인공지능

"인공지능으로 가짜 뉴스를 골라낸다."

인터넷 사용 시에 부정행위나 불건전한 내용을 방지하기 위해 특정한 정보를 차단하는 것을 일반적으로 필터링^{Filtering}이라고 하는데, 최근에는 추천에서 주로 사용되는 협업 필터링^{Collaborative Filtering} 등과의 구분을 위해 콘텐츠 필터링^{Contents Filtering}이라는 말을 쓰고 있다. 메일을 사용할 때 스팸 메일을 구별하기 위하여 특정 단어가 포함된 메일을 알고리즘에 의해 자동적으로 스팸 처리하는 것이 주로 사용되어 왔다. 그런데 컴퓨터가 인식하기 쉬운 텍스트 형식의 정보는 이런 필터링 작업이 수월하였지만 인터넷에서 사용되는 콘텐츠의 방식이 점차 사진이나 영상으로 변화하면서 필터링 또한 이에 맞춰 발전해야만 했고, 최근에는 인공지능이 음란 동영상의 차단을 위해 적극적으로 사용되고 있다.

네이버는 2017년 7월 음란 사진을 필터링하는 인공지능 'X-eye'를 적용한다고 발표했다.* 이 인공지능은 음란 사진이 네이버에 업로드될 경우 실시간으로 판단하여 검색에 노출되지 않도록 차단하는 기능을 가졌다고 한다. 네이버는 인공지능 X-eye의 훈련을 위해서 그동안 축적된 방대한 이미지를 형태별로 분류해 10개월 동안 AI를 학습시켰다고 하는데, 네이버 발표에 의하면 X-eye는 최근 버전에서 4백만 장의 이미지(정상+음란물) 필터링을 내부 실험한 결과 98.1%의 높은 적중률을 나타냈다고 한다. 그동안 음란물이나 유해 콘텐츠를 걸러내는 방법으로 사용되었던 기계학습에 의한 유해 콘텐츠 필터링 알고리즘의 경우에는 정확도가 높지 않기 때문에 악의적으로 변경한 콘텐츠에 대해서는 속수무책이었다. 결국 유해 콘텐츠 필터링 작업에는 최종적으로 항상 사람의 판단이 필요했고, 이를 위해 많은 인력을 투입해야 했던 것이다. 인공지능이 기존의 유해 콘텐츠 필터링 시스템과 근본적으로 다른 것은 딥러닝 기술의 적용으로 정확도가 높아진 것뿐 아니라 사용할수록 학습되기 때문에 더욱 효과가 높아진다는 점에 있다. 네이버의 홍보 블로그에 따르면 이 인공지능은 CNN_{Convolutional Neural Network}이라고 불리는 딥러닝 기술을 사용했다고 한다.**

....

* 네이버, 음란 이미지 인공지능으로 막는다 (한국경제, 백민제 기자, 2017-07-31)
** AI를 활용한 실시간 성인이미지 필터링 시스템, 네이버 X-eye (네이버, 2017. 7. 27)
http://searchblog.naver.com/221060761342

CNN이라는 딥러닝 기술은 최근 이미지 인식 분야에서 각광받고 있는데, 정확한 이해를 위해서는 수학적인 지식과 함께 컴퓨터 공학적인 이해가 필요하기 때문에 문과 출신이고 방송사의 예능 PD인 필자는 원리를 이해하는 정도로만 알고 있다. 좀 더 깊은 이해를 원하는 분들은 47쪽 두 번째 각주의 주소로 방문해서 차분하게 글을 읽어보면 어느 정도는 이해할 수가 있을 것이다.

앞으로 이 책에서는 콘텐츠의 각 분야에서 실험적으로 적용되고 있는 인공지능을 소개하면서 간단하게 어느 기술이 사용되었는지를 이야기하는 정도로만 쓰일 예정이다. 원리 정도만을 이해하고 있는 필자가 자세한 인공지능 관련 기술을 소개하는 것은 바람직하지 않다고 생각되므로 여기서는 인공지능이 앞으로 콘텐츠 분야에서 어떻게 적용되고 발전할 것인지에 대한 부분에 집중하려 한다.

페이스북은 인공지능을 활용해서 그동안 자신들을 괴롭혀오던 가짜 뉴스 문제를 해결하려는 움직임을 보이고 있다.* 2016년 미국의 대선 과정에서 가짜 뉴스에 대한 이슈가 크게 부각되었고, 국내에서도 최순실 관련 사건과 박근혜 대통령 탄핵 관련 뉴스 그리고 대통령 선거 과정에서 가짜 뉴스가 사회 문제로 등장했다. 사실 가짜 뉴스는 어느 시대에나 있어왔지만 디지털 미디어의 발달과 SNS의 보편화로 누구나 쉽게 기사 형태의 가짜 뉴스를 만들어서 SNS상에 유통시킬 수 있게 된 것이 가짜 뉴스가 폭발적으로 증가를 하는 데 기반을 제공했다. 그리고 디지털 미디어 시장에서 뉴스의 클릭이 광고 수익과 직결되는 구조가 이런 가짜 뉴스의

* 페이스북, 인공지능으로 '가짜 뉴스' 잡는다. (중앙일보, 백수진 기자, 2016.12.04)

급격한 팽창에 가장 큰 기폭제가 되었다. 자극적인 가짜 뉴스를 통해 클릭 수를 높이고 이것으로 수익을 극대화하는 악순환이 디지털 미디어 시장에 나타난 것이다. 여기에 이런 가짜 뉴스를 자신들의 정치적인 용도로 악용하는 사례까지 더해지면서 그 폐해가 심각한 수준으로 치달았다. 보수와 진보의 이념 논쟁이 치열했던 국내의 대통령 선거 기간은 이러한 가짜 뉴스를 악용하는 가짜 언론사들이 넘쳐나는 환경을 제공하기도 했다.

또 하나 가짜 뉴스의 폐해를 더욱 심각하게 만든 것은 바로 필터 버블Filter Bubble이라고 불리는 뉴스의 편식 현상이었다. 유권자들이 자신의 성향에 맞는 뉴스만을 소비하는 현상을 보였기 때문에 가짜 뉴스가 더욱 기승을 부린 것이다. 이제 가짜 뉴스를 정확하게 가려낼 제대로 된 시스템에 대한 고민은 너무나 중요해졌다. 그런데 수많은 뉴스가 주로 페이스북 같은 SNS를 통해 유통되고 있기 때문에 그중에 가짜 뉴스를 골라내는 작업은 인공지능의 도입 없이는 거의 불가능한 상황이다. SNS상의 모든 뉴스를 다 검열할 수는 없는 노릇이고, 만약 시도하려 한다고 해도 거의 불가능한 정도로 수많은 뉴스가 생산되어 유통되고 있다. 사람이 가짜 뉴스를 판단할 경우 이미 큰 폐해를 끼치고 나서야 가짜 뉴스라는 것을 알게 되고, 그 뒤에 취한 조치들은 그 효력이 거의 무의미한 상황이 될 것이라는 점에서 인공지능의 도입은 큰 도움이 될 것으로 기대를 모으고 있다.

추천 인공지능

"뉴스 소비자가 좋아할 만한 콘텐츠를 인공지능이 추천한다."

유해한 내용의 콘텐츠나 가짜 뉴스를 차단하는 것과 함께 특정한 콘텐츠를 뉴스 소비자에게 추천하는 분야도 꽤 오래전부터 디지털 미디어 플랫폼에서 연구되어 왔다. 카페나 블로그를 운영하는 사람에게 네이버의 검색에 잘 나오는 방법 같은 것은 솔깃한 내용인데 이런 것들은 그 플랫폼의 추천 알고리즘을 분석해서 이를 역이용하는 것이다.

각각의 미디어 플랫폼은 수없이 많은 콘텐츠 중에 소비자가 좋아할 만한 것을 찾아내서 추천해주는 시스템을 보유하고 있다. 네이버 검색 같은 경우에도 '서울'이라는 단어를 검색할 때 어떤 콘텐츠가 나오는가 하는 것은 네이버 검색이 가지고 있는 알고리즘에 의해 그 우선순위가 정해진다. 그러므로 알고리즘을 이해한다면 우선순위가 높은 부분을 자신의 콘텐츠에 잘 배치하는 것으로 검색 노출의 최상단을 차지할 수가 있다.

그런데 이 알고리즘이 알려지면 모두가 다 이에 맞추어 자신의 콘텐츠를 만들기 때문에 그 효용 가치가 줄어들게 된다. 그래서 플랫폼 사업자들은 끊임없이 알고리즘을 업데이트하고 이를 외부에 비밀로 하고 있다. 이런 이유로 검색의 결과라든지, 추천되는 결과를 분석해서 알고리즘을 유추하고 있으며, 이를 마케팅에 활용하는 것이 지금의 세태이다.

네이버는 현재 AiRS^{AI Recommender System}라는 이름의 인공지능 기반 추천 시스템을 뉴스 추천에 사용하고 있는데, 이름이 AiRS인 것은 공기와 같이 항상 이용자 곁에서 유용한 콘텐츠를 추천해드린다는 뜻으로 붙였다고 한다.* AiRS는 협업 필터링 방식과 함께 추천의 질을 더 높이기 위해 딥러닝 기술의 일종인 RNN을 사용한다.

협업 필터링은 소비자가 콘텐츠를 소비하는 패턴을 분석하여 비슷한 관심을 가진 다른 사람들이 본 콘텐츠를 추천하는 방식인데, 비슷한 관심사를 가진 사람들을 그룹핑하고 이들이 많이 본 콘텐츠를 우선적으로 선택해서 추천한다.

RNN^{Recurrent Neural Network}은 보통 순환형 신경망 기술이라고 부르는데 앞에서 얘기한 CNN이 보통 이미지 인식 분야에서 많이 사용되는 것처럼, 이 기술은 음악, 문자열, 동영상 등 순차적인 정보의 인공지능 학습에 주로 사용된다. RNN으로 콘텐츠 소비 순서까지 분석해내어 가장 적합한 콘텐츠를 추천하는 능력을 학습시키기 위한 것이다.

네이버와 함께 카카오톡이라는 막강한 메신저 앱을 통해 한국의 IT 시장을 양분하고 있는 카카오도 역시 뉴스 콘텐츠 추천에 인공지능을 사용하고 있다. 카카오는 2014년 5월 포털 다음과 합병한 후 1년이 지나서 다음 모바일 뉴스에 국내 최초로 인공지능 뉴스 추천 알고리즘을 루빅스^{RUBICS}라는 이름으로 적용시키기 시작했다. 루빅스는 Real-time User Behavior Interactive Content recommender System을 뜻한다고 한다.**

카카오는 뉴스 추천 분야에서 네이버보다 먼저 인공지능을 활용하여 뉴스 소비를 촉진시키려고 시도했으나 기술만으로는 네이버가 가진 시장 점유율을 어떻게 할 수는 없었던 것 같다. 그럼에도 불구하고 다음 모바

---

* 인공지능 기반 추천 시스템 AiRS를 소개합니다. (네이버 다이어리, 2017. 2. 16)
** [카카오AI리포트] 카카오I 추천엔진의 진화 (카카오 추천기술파트, 성인재, 2017.10.31)

일 뉴스 앱에 적용된 이 인공지능은 2017년부터 PC쪽에도 적용되었고 카카오는 뉴스 이외의 콘텐츠에도 인공지능 추천 시스템을 적극적으로 활용하는 정책을 추진 중이다. 카카오의 뉴스 추천 알고리즘 중에 주목할 만한 것은 열독률 지수DRI : Deep Reading Index라고 하는 지표를 사용하고 있다는 것이다. 클릭 수가 많은 기사라도 낚시성 제목으로 단순히 클릭만 많이 한 경우도 있기 때문에 이를 걸러내기 위한 방안으로 열독률이라는 개념을 알고리즘에 포함시킨 것이다. 특정 기사의 길이나 동영상과 이미지 포함 여부 등의 형태를 분석해서 평균 체류 시간을 정하고 이 체류 시간과 실제 기사를 읽은 시간을 비교하여 가중치를 부여하는 방식으로 실제 소비자들에게 좋은 반응을 받은 뉴스를 선별해내는 것이다.

거대 IT 기업 이외에도 여러 업체에서 뉴스 추천 인공지능을 연구하여 사업화를 하고 있는데 그중 국내 스타트업으로 두각을 나타내고 있는 기업인 데이블Dable이 있다. 2015년 창업하여 벌써 국내 유수의 언론사들과 계약을 맺고 그들의 웹페이지와 모바일 페이지에 뉴스 추천을 하고 있다. 언론사들 입장에서는 뉴스 콘텐츠를 네이버나 카카오에 올려서 노출을 극대화하는 것이 가장 쉬운 방법일 것이다. 하지만 플랫폼의 영향력이 점점 거대해지면서 자신들의 뉴스 콘텐츠가 플랫폼 기업의 부속품처럼 되어가는 현실을 그대로 받아들이기에는 국내 언론사들의 과거 영화가 너무나 대단했다. 게다가 이런 추세가 지속된다면 언론사로서의 생존 자체도 위협을 받을 수 있다는 우려가 팽배해져 있기도 하다. 그래서 일부 언론사들이 먼저 자체적으로 자신들의 홈페이지나 모바일 페이지 강화에 나서고 있고, 여기에 데이블의 추천 기술을 적용하는 것을 검토한 것이다. 데이블은 이런 언론사들이 필요로 하는 뉴스 추천과 광고 시스템을 보유하고 상당히 많은 언론사와 협업을 진행 중이다. 하지만 데이블 역시 국내 언론사들이 보여주고 있는 퇴행적인 행태로 인해 많은 언론사들과 작업하는 것에 비해 수익적인 면에서 아직은 어려움이 많은 것으로 보인다. 블로터와의 인터뷰에서 데이블의 이채현 대표는 "개인화 서비스가 치고 올라오고 있고 해외 언론사는 직접 개발까지 하는 상황이다. 내부 개발이 어렵다면 스타트업과 협업하는 것도 방안이라고 생각하는데 이 부분에 대한 생각이 부족해 아쉬웠다"고 말했다. 또한 "네이버 의존도를 낮추려면 언론사가 더 좋은 서비스를 독자들에게 제공해줘야 하는 역할이 있다고 본다."고도 했다.*

언론사들이 뉴스 추천 서비스에는 관심을 보이지만 이를 통해 당장의 수익이 발생하는 것이 아닐 경우에는 소극적인 태도를 보이거나 심지어는 갑의 자세로 일관하는 자세를 보이는 것은 사실 어제 오늘의 이야기는 아니다. 언론사의 담당자 입장에서 생각해보면 사내에서 추천 시스템을 도입하여 당장 효과를 보이지 못하면 경영진에서는 이에 대한 조급증을 바로 보일 것이라는 것은 회사 분위기로 언제나 느끼고 있기 때문에 자신의 직을 걸지 않고는 과감한 도입을 자신이 직접 결정하기는 어렵다. 경영진의 디지털 인식이 그래서 언론사의 디지털 추진에 필수적인 부분인 것이다. 당장은 별 효과가 없는 것처럼 보이더라도 1년 이상의 장기적인 투자가 지속되어야만 언론사의 디지털 전환은 그나마 효과를 만들어낼 수가 있다. 그리고 그 효과가 의미 있는 정도로 업계에서 두각을 나타내기 위해서는 적극적이고 과감한 투자가 필요하다. 국내 언론사들의 상황이나 분위기에서는 이런 결정을 할 수 있는 경영진이 사실상 거의 없기 때문에

....
* 개인별 뉴스 추천했더니 1인당 PV 15% 늘었어요. (블로터, 이성규, 2015.08.20)

디지털 전환에 대해 흉내는 내고 있지만 여전히 소극적인 투자로 미래를 점차 잃어가고 있는 것이 우리의 진정한 현실인 셈이다.

네이버는 국내 언론사들과 긴장 관계를 유지하고 있다. 국내에서 포털이 자리를 잡던 초창기부터 뉴스는 포털에 콘텐트 소비자들을 붙잡아 두는 기본적인 서비스였다. 그 당시에는 언론사가 우위의 입장에 있었고 언론사들은 자신들이 잘 알지 못하는 새로운 세계인 인터넷에 수동적인 진출과 작은 소득이라는 두 개의 이득을 얻을 수 있다는 것에 만족하면서 그 이외의 큰 의미를 두지는 못했다. 하지만 네이버 같은 포털은 시대의 변화를 빠르게 포착했고 플랫폼으로서의 지위를 갖추게 되자 그 위력을 발휘하기 시작했다. 지금은 네이버의 뉴스 서비스 정책에 따라 국내의 모든 언론사들이 끌려다니는 형상이 되었다. 종이 신문 독자의 지속적인 감소와 젊은 세대의 모바일 콘텐츠 소비 형태라는 거대한 변화는 더욱더 디지털 플랫폼의 위력을 강화했고 언론사들은 남아있는 정치적인 힘을 이용하여 이를 저지하는 것에 주력하고 있다. 디지털 변환의 중요성을 주창한 몇몇 언론사의 실험이 단기적인 처방으로는 아무런 소용이 없다는 것을 보여주는 것으로 끝나자 이에 대한 반동이 대부분의 언론사에서 일어나고 있고, 구시대의 유물을 이용하여 지금의 경영층은 자신들의 임기 기간 안에만 별일 없이 버틸 수 있기를 바라며 새로운 도전을 거부하는 모습을 보여주고 있는 것이다. 회사 최고 책임자의 디지털에 대한 이해와 전폭적인 지지 그리고 구성원들의 참여가 언론사들이 새로운 시대에 살아남을 수 있는 최선의 방법이지만, 당장 효과를 낼 수 있는 정치력을 활용하는 것에만 신경을 쓰는 안타까운 상황이 한국의 언론 환경을 점차 더 어렵게 만들고 있다.

기성 언론의 이러한 퇴행적인 형태가 새로운 대안 언론의 등장으로 이어진 것은 당연한 일이었다.[*] 종이 신문이 아니라 PC와 스마트폰을 플랫폼으로 기존의 언론과는 다른 뉴스 콘텐츠를 제작하는, 새롭고 작은 언론사들이 온라인/모바일 시대의 뉴스를 새롭게 정의해가고 있는 중이다. 모바일에 적합한 카드 뉴스 제작이 일반화되었고 팟캐스팅 같은 오디오 형태의 뉴스 콘텐츠가 소비자들의 변화를 잘 잡아내며 성공했다. 오디오 형태의 팟캐스팅은 인공지능 스피커의 흥행과 함께 최근 각광 받는 콘텐츠 형태가 되면서 앞으로의 활약이 기대되는 분야이기 때문에 기성 언론사들의 높은 벽을 넘을 기대주가 될지 궁금하다.

언론사의 인공지능 활용

"언론이 인공지능을 제대로 활용하려면 데이터 전문가와 손을 잡아야 한다."

언론의 새로운 길을 만들어내고자 등장한 국내의 대안 언론들은 아쉽게도 대부분 디지털 시대의 소비자에 맞는 뉴스 콘텐츠를 어떻게 만들 것인가 하는 제작의 문제에 집중하고 있다. 디지털 혁신의 가장 큰 부분인 유통에서의 변혁에는 자원의 한정으로 인해 소규모의 대안 언론이 적극적으로 참여할 수가 없는 것이 현실이다. 그리고 여기에 뉴스 생산자로서의 제작자에 대한 사고방식이 여전히 과거 언론사들과 다르지 않다는 점 또한 더 큰 변화를 만들어내는 것에 장애 요인이 되고 있다.

---

[*] 저널리즘의 미래-대안 플랫폼에 얹을 대안 콘텐츠 고민해야 할 때 (미디어오늘, 김유리 기자, 2015-05-21)

해외에서 성공한 새로운 분야의 스타트업들은 그 분야의 전문가와 디지털 시대의 핵심 자산을 다루는 데이터 전문가가 함께 손을 잡고 일을 추진하는 것이 일반적이다. 그런데 우리의 문화는 아직 이런 이종의 분야 전문가가 함께 일을 하는 것에 익숙지 않은 데다가 여전히 데이터 과학의 효과를 단기적인 관점으로 바라보는 시각이 업계에서 사라지지 않고 있다. 과거의 생각과 시스템에 길들여져 있는 기성 언론의 시각으로는 새로운 전문가인 데이터 과학자가 언론사에서 중추적인 일을 담당한다는 것이 받아들여지지 않고 있는 것이다.

구글은 2017년 7월 영국의 뉴스 통신사 PA^{Press Association}에 우리 돈으로 9억 원이 넘는 돈을 인공지능을 활용한 로봇 기사 작성 프로그램을 위해 투자했다. 그런데 실제로 이 프로젝트에서 가장 큰 역할을 하는 회사는 인공지능 스타트업인 Urbs media이다.* 이 신생 기업의 홈페이지에 가서 회사 소개 동영상을 보면 아주 쉽게 이해할 수 있게, 회사가 탄생한 배경을 알려준다. 기사를 쓰는 기자가 데이터 과학자와 손을 잡고 여러 지역에 맞춤 뉴스를, 인공지능의 힘을 빌려 쓰려고 한다는 취지로 자신들의 사업을 설명하고 있다. 이 프로젝트는 주로 정부 등의 공공 데이터베이스를 이용해서 로봇 기자가 확보한 정보를 일반적인 기자들이 사용하는 자연스러운 언어로 변환하고 이를 기사화하는 내용으로 2018년부터 본격적으로 시도될 예정이다. 그런데 이 기사 작성 과정에 여전히 기자가 인공지능과 함께 중추적인 역할을 하고 있다. 뉴스 제작에서 인공지능이 기자의 일자리를 빼앗기보다는 기자가 더 좋은 기사를 더 많이 쓸 수 있도록

....

* http://www.urbsmedia.com/

잘 이용할 수 있는 멋진 도구라는 점을 보여주고자 하는 목적도 숨어 있음을 미루어 짐작할 수 있겠다.

공공 데이터를 기사화하기 위해서는 자연어 생성^{Natural Language Generation}이라는 인공지능 기술이 필요하다. 대부분의 공공 데이터는 도표나 전문 용어로 정리되어 있다. 이걸 일반 뉴스 소비자가 바로 이해하는 것은 상당히 어렵다. 그래서 정부 발표에는 보도자료라고 하는 기사화가 바로 가능한, 기자들을 위한 준비물이 포함되어져 있다. 그러다 보니 솔직히 대부분의 정부 발표에 대해 많은 언론사는 이 보도자료를 기반으로 기사를 작성한다. 이런 이유로 기사의 내용이 유사하게 된다. 뉴스 소비자의 관심사와 사는 지역 그리고 연령에 따라 정부의 발표 내용 중에 관심이 있는 사항이 다 다르겠지만 대부분의 뉴스는 보도자료 안에 들어있는 내용 이상을 발견하기가 어렵다. 만약 담당 기자가 그 분야에 전문 지식이 있고 관심과 시간이 아주 많다면 따로 발표된 자료의 데이터를 다 점검해서 기사를 쓸 수는 있지만, 현실적으로 쉬운 일은 아니다. 그런데 자연어 생성 기술로 인해 이런 문제를 해결할 수 있는 방안이 만들어지고 있는 것이다. 데이터를 일반적인 기사 작성에 사용되는 언어로 자연스럽게 바꾸는 작업이 인공지능 기술로 가능하게 된 것이다.

미국의 인공지능 스타트업인 Automated insights에서 개발한 자연어 생성 인공지능인 'Wordsmith'는 현재 세계적인 뉴스 통신사인 AP^{Associated Press}에서 사용되고 있고, 야후와 미국의 프로 농구 구단인 올랜도 매직에서도 이 기술을 활용하여 수익을 높이고 있다고 한다.[*]

---

* https://automatedinsights.com/ (Automated insights 홈페이지)

From data to clear, insightful content

Wordsmith automatically generates narratives on a massive scale that sound like a person crafted each one.

증권 데이터로 인공지능 기사 작성(그림 출처: Automated insights 홈페이지)

위의 그림은 Automated insights 홈페이지에서 인공지능 자연어 생성 솔루션인 Wordsmith를 시각적으로 설명하기 위해 제작한 것이다. 우리가 로봇 기사라고 부르는 인공지능이 단순히 주어진 데이터만 가지고 뉴스 소비자들이 읽는 뉴스를 생산할 수 있는 이러한 시스템은 점차 일반화되고 있는 추세이다. 언론사들이 이런 인공지능 시스템을 받아들이는 방법은 두 가지다.

하나는 언론사에서 직접 디지털 전문가를 채용하여 이러한 뉴스 제작 인공지능을 개발하는 것이다. 국내에서는 테크홀릭이라는 인터넷 언론사가 가장 먼저 '테크봇'이라고 명명된 로봇 기자를 개발하여 기사를 쓴 것으로 알려져 있지만, 기성 언론사에서 도입한 것은 2016년 1월 21일 파이낸셜뉴스가 최초이다. 〈코스피 4.29포인트 하락, 1840.53포인트 거래 마감〉이라는 기사가 그 주인공이다.* 길이가 아주 짧은 단순한 사실 기사인데, 이 기사의 마지막 부분엔 다음과 같은 글이 쓰여있다.

> "이 기사는 파이낸셜뉴스와 협업으로 서울대학교 이준환/서봉원 교수 연구팀이
> 개발한 기사 작성 알고리즘 로봇이 실시간으로 작성한 기사입니다.
>
> robot@fnnews.com IamFNBOT **기자**

이처럼 로봇 기자가 쓴 기사들의 등장은 그 본질적인 이유가 원가 절감이다. 현재 사람이 작성하는 기사들 중에 상당수는 모든 언론사들이 다루는 비슷비슷한 사건들을 전하는 내용이다. 이런 기사들은 이제 인공지능이 보다 더 효율적으로 만들어낼 수가 있다. 그렇다면 사람은 어떤 일을 하는가? 이제 기자들에게 요구되는 것은 보다 심층적인 기사를 취재하는 능력인 것이다. 인공지능이 아직은 만들어내지 못하는 창의적 기사만이 지금의 기자들에게 앞으로도 일자리를 지속시켜줄 것이다. 물론 더 먼 미래에는 인공지능이 조금 더 창의적인 기사도 만들어낼 수 있을 테니 기자들은 데이터 과학이라는 분야에 대한 이해를 쌓아서 인공지능과 함께 협업으로 기사를 작성하는 능력을 갖추어야 할 것이다.

언론사가 직접 인공지능을 개발하는 방법 이외에 앞에서 언급한 Wordsmith 같은 뉴스 제작 인공지능 시스템을 도입하여 활용하는 방법도 있다. 이 솔루션을 보유한 Automated insights에서도 이런 인공지능 기능을 원하는 회사라면 어디서나 사용할 수 있도록 API 형태로 사업을 하고 있다.

---

* 코스피 4.92포인트 하락, 1840.53포인트 거래 마감 (파이낸셜뉴스, IamFNBOT 기자, 2016.01.21)

뉴스 제작 인공지능 Wordsmith API(그림 출처: Automated insights 홈페이지)

마치 돈을 주고 컴퓨터 프로그램을 구입하여 사용하는 것과 흡사한 형태인데 이런 방식이 작은 규모의 언론사 입장에서 도입이 더 수월할 것이다. 데이터 전문가를 채용하고 장기간의 개발 기간을 들여 자신만의 뉴스 제작 인공지능 시스템을 만들어내는 것은 자금력의 여유가 있는 일정 규모 이상의 언론사에서나 가능한 일이기 때문이다. 그런 점에서 중견 언론사인 파이낸셜뉴스의 인공지능 기사 작성 로봇에 대한 투자는 더욱 의미가 있는 일이라 생각된다. 대부분의 국내 언론사들은 이미 제작이 된 기사들을 더 많은 독자들이 볼 수 있도록 추천하는 시스템을 가진 외부 회사에 기대어 디지털 전환이라는 작업을 하는 것에도 힘겨워한다. 이런 일반적인 국내 언론계 상황을 고려해본다면 앞으로 이런 투자가 많아질 것이라 예단하기는 어렵지만 그래도 일정 기간 이후에 파이낸셜뉴스의 실험이 어느 정도의 효과를 만들어낸다고 하면 커다란 변화가 한꺼번에 일어날 수도 있지 않을까 기대해본다.

뉴스 제작을 인공지능이 하는 것은 아니지만 챗봇을 활용하여 뉴스 소비자들과 소통하고 그들이 원하는 뉴스를 전달하는 방식도 활용되고 있다. 카카오톡이나 페이스북 메신저처럼 요즘 대부분의 사람이 소통에 사용하는 메신저에서 인공지능이 마치 사람이 답변을 하는 것처럼 질문에 응대하고 원하는 정보를 제공하는 서비스를 챗봇이라고 한다. 채팅을 하는 로봇이라는 뜻으로 아주 쉽게 일반 소비자들과 접점을 만들 수 있다는 점에서 대부분의 전문가가 미래의 핵심 서비스 중 하나로 꼽고 있기도 하다.

인공지능 챗봇은 주로 모바일 상거래에서 사용되고 있는데, 페이스북 메신저를 이용한 챗봇을 미국의 유명 뉴스 전문 방송사인 CNN이 사용하면서 언론사의 챗봇 사용에 대한 기대감이 높아졌고 뒤를 이어 미국의 유명 언론사들이 챗봇 서비스를 하고 있다. 하지만 국내에서는 한글 버전의 문제 때문일 수도 있을 것 같은데, 아직까지는 챗봇의 성능이 좋지 않아서 이를 써본 사람들의 평가는 대부분 부정적인 상황이다. 챗봇이 인공지능으로 쓰면 쓸수록 그 성능이 좋아지기 때문에 빠른 시일 안에 의미 있는 유통 수단으로 자리를 잡을 것으로 다들 예측하고 있지만, 아직은 뚜렷한 성과를 보이는 곳이 없다. 참고로 국내에서 페이스북 메신저 챗봇을 처음 만든 언론사는 잘 알려져 있지 않은 통일뉴스라는 곳이다.* 페이스북 메신저에 들어가 여러 언론사에서 만들어둔 챗봇을 사용해본 필자도 대부분의 경우에 원하는 답변을 듣지 못했다. 어렵지 않게 페이스북 메신저를 통해 만들 수 있도록 API가 개방되어 있는 데다가 이 메신저를 사용하는 인구가 워낙 많기 때문에, 잘 활용된다면 의미 있는 결과를 만들어낼 수가 있을 텐데 2017년 12월에 사용해본 결과는 많이 아쉬운 수준이다.

....
* 통일뉴스, 국내 언론사 최초로 페이스북 메신저 '챗봇' 도입(통일뉴스, 2016.7.20.)

뉴욕타임즈는 5월 31일 자사의 독특한 직책인 Public Editor를 폐지한다고 밝혔다.* 이 직책은 뉴욕타임즈의 편집 부문과 독립된 위치에서 기사 오류나 문제점을 파악하고 독자의 목소리를 적극적으로 수용하여 언론의 투명성과 책임성을 강화한다는 목적으로 2003년에 신설되었는데 이제는 수많은 SNS 팔로워와 온라인 구독자의 댓글에 대응하는 것이 필요한 시대이기 때문에 이 직책이 더 이상 사람의 힘으로는 수행할 수 없는 것으로 판단한 것이다. 그래서 뉴욕타임즈는 구글의 인공지능을 적용하기로 하였고 'Perspective'라는 이름의 인공지능이 이 업무를 대신하게 되었다. 뉴욕타임즈의 이러한 조치는 시대적 요구에 의한 언론사 조직의 변화라는 큰 의미를 담고 있다. 기사의 품질을 높이는 방안과 디지털 뉴스의 유료화로 돌파구를 찾으려 했던 것에서 뉴스 소비자들이 원하는 시대정신을 가장 잘 반영하는 방안에 대한 고민이 반영된 결과라고 하겠다. 또한 로이터Reuters는 뉴스 트레이서News Tracer라는 인공지능 툴을 개발하여 트위터, 페이스북 등 소셜미디어에서의 이슈들을 찾아내고 여기서 뉴스를 발굴하고 있다.

워싱턴포스트

"IT 기업의 DNA를 신문사에 성공적으로 이식시킨 대표적인 사례"

워싱턴포스트는 뉴욕타임즈 그리고 월스트리트저널과 함께 미국의 3대 일간지로 불리던 전통의 신문사다. 그런데 2013년 미국의 거대 IT 기업

---

* New York Times picks an AI moderator over a Public Editor (Engadget, Andrew Tarantola, 2017.5.31)

아마존에 매각되었다. 이 사건으로 워싱턴포스트는 디지털 시대에 제대로 적응하지 못한 신문사의 상징처럼 되었다. 아마존은 온라인 서점으로 시작해서 지금은 미국 최고의 IT 기업으로 칭송받는 시대의 아이콘이다. 이 회사를 창업한 제프 베조스는 미국의 애플사를 세운 스티브 잡스를 이어 미국 IT 업계의 살아있는 전설로 인정받고 있는 인물이다.

처음 아마존이 이 전통의 신문사를 인수한다고 했을 때 대부분의 사람은 기대와 함께 우려를 나타냈다. IT 기업이 언론사를 경영한다는 것에 대한 알 수 없는 거부감이 많은 언론인에게서 드러났다. 신문사 내부에서의 디지털 개혁 작업이 대부분의 언론사에서 별다른 성과를 거두고 있지 못하는 상황에서 아마존이 새로운 길을 만들 수도 있다는 기대감도 물론 있었다지만 말이다.

2015년 아마존은 워싱턴포스트를 주변의 찬사를 한 몸에 받는 멋진 모습으로 만들어냈다. 불과 2년 만에 워싱턴포스트는 그동안 디지털 전환에 가장 앞서있다고 평가를 받아왔던 뉴욕타임즈의 홈페이지 방문자 수를 넘어섰다. 그 비결은 IT 기업의 DNA를 신문사에 성공적으로 이식시킨 것이었다. 뉴스를 마치 아마존의 쇼핑몰 상품처럼 맞춤형으로 제작하려 노력했고 이를 위한 실험을 주저하지 않았다. 소비자들이 좋아하는 뉴스가 무엇인지를 알아내기 위해서 하나의 기사를 여러 가지 버전으로 작성하여 유통시켜보고, 이것으로 어떤 콘텐츠를 독자가 좋아하는지를 결정하는 과정을 거쳐 뉴스 제작에 소비자들의 실질적인 목소리를 반영하였다. 그동안 편집장과 기자 위주로 제작되던 뉴스를 소비자에게 맞추어 제작한 것이 주효했던 것이다.

대다수의 언론 종사자의 기대와는 다를 수 있지만, 워싱턴포스트는 기존의 언론사가 아니라 뉴스 콘텐츠 제작사이자 이제는 IT 기업으로 체질이 변화해가고 있는 중이다. 2015년 워싱턴포스트에는 200명이 넘는 IT 관련 인원과 50여 명의 IT 개발자가 뉴스 편집국의 기자와 함께 일하고 있다. IT 회사로 완벽한 변신을 꾀한 것이다.[*] 이처럼 현존하는 기성 언론사 중에 디지털 체제로의 변환에 가장 성공했다고 여겨지는 워싱턴포스트가 어떤 인공지능 기술을 활용하고 있는지를 살펴보면 언론사의 미래에 대한 단초를 얻을 수도 있을 것이다. 아래는 워싱턴포스트가 인공지능 기술을 자사의 시스템에 적용하여 서비스하고 있는 것들이다.

클래비스 Clavis

워싱턴포스트에서 개발한 뉴스 콘텐츠 추천 알고리즘이다. 뉴스 소비자가 읽은 기사의 키워드나 문장을 분석해서 독자가 관심 가질 것으로 판단이 되는 관련 기사를 읽은 기사의 하단에 제시해준다. 워싱턴포스트를 인수한 아마존이 가장 강점을 보이던 도서 추천 엔진에서 착안해 클래비스 알고리즘을 개발했다. 언론사의 입장에서 뉴스 콘텐츠를 상품으로 보고 온라인에서 상품을 판매하던 시스템을 발전시켜 이를 뉴스 소비자에게 지속적인 실험으로 적용한 이 방법은 지금까지의 결과로는 상당히 성공적인 것으로 평가되고 있다.

....
* 워싱턴포스트, 광고 추천도 아마존 기술로 (블로터, 이성규, 2015.04.17)

헬리오그라프 Heliograf

뉴스 제작 인공지능으로, 데이터를 바탕으로 스스로 기사를 작성하는 로봇이다. 2016년 브라질 리우 올림픽에서 간단한 기사 작성을 위해 도입된 이래로 수백 개의 기사를 온라인과 모바일로 제공하고 있다. 워싱턴포스트의 블로그와 트위터, 페이스북, 그리고 아마존이 보유한 음성 인공지능 알렉사의 뉴스 서비스를 통해서도 유통되고 있다.[*]

헬리오그라프가 작성한 워싱턴포스트 기사

아크 Arc

〈워싱턴포스트〉의 CMS Content Management System 인 아크는 제작자들이 기사를 작성하고 이를 유통시키는 데 사용하는 저작 도구이다.

---

* The Washington Post experiments with automated storytelling to help power 2016 Rio Olympics coverage (워싱턴포스트 홍보 블로그, 2016-08-05)

워싱턴포스트 아크^{Arc} 홈페이지(https://www.arcpublishing.com/)

이제는 대부분의 언론사에서 기사를 작성하는 시스템이 컴퓨터 기반이기 때문에 이러한 기사 편집 툴의 사용이 일반적이다. 워싱턴포스트는 자체 개발한 이 시스템을 사용하면서 좋은 성과를 얻게 되었고, 이를 바탕으로 다른 언론사에 이 시스템을 판매까지 하고 있다. Los Angeles Times, 캐나다의 Globe and Mail, 뉴질랜드의 New Zealand Herald 등의 신문사들이 워싱턴포스트 아크를 구입하여 사용하고 있다. 이 사용 계약은 시스템을 사용하는 정도에 따라 수익이 달라지도록 계약이 체결되었는데, 큰 신문사들로부터는 한 달에 최소 1만 달러에서 15만 달러까지의 수익을 얻는다고 한다. IT 회사가 아닌 신문사가 이런 시스템을 개발하여 다른 언론사에 판매하고 여기서 수익을 만들어내는 사례는 워싱턴포스트가 최초인 것이다. 이로써 워싱턴포스트는 언론사이자 IT 개발회사로 성공적인 두 가지 사업을 동시에 진행하는 미래의 청사진을 그려가고 있다.* 그리고 이 시스템 판매를 아예 독립적인 사업으로 추진하기 위해 별도의 페이지를 제작하여 이를 통한 수익 창출도 시도하고 있다.**

중국 뉴스 분야 인공지능

"미래 뉴스 미디어의 모습을 보여주는 중국의 뉴스 플랫폼에 주목하자."

중국의 IT 업계는 세계적인 기술력을 확보하고 있으며, 여기에 10억이 넘는 인구라는 어마어마한 시장을 바탕으로 미국에 이어 제2의 IT 강국으로 성장했다. 이런 중국의 무서운 성장은 인공지능 분야에서도 그 빛을 발하고 있어서, 국가의 검열이 강하기로 소문난 언론사들에서도 인공지능을 활용하여 새로운 사업 기회를 만들어보려는 신선한 시도들로 전 세계의 이목을 집중시키고 있다.

최근 들어 급성장 중인 중국의 뉴스 앱 진르터우탸오今日頭條의 성공 비결은 뉴스 콘텐츠의 육성을 위해 큰 투자를 한 것이 주효했는데, 이렇게 확보된 뉴스 콘텐츠를 소비자에게 정확하게 전달하기 위해서 인공지능 기술을 적용하고 있다. 이 뉴스 앱은 2016년 말 기준 이용자 수가 6억 명을 넘어섰다고 하고, 매일 7800만 명이 기사를 보고 댓글을 단다고 하니 가히 그 규모는 상상을 초월한다.***

----

* The Washington Post Is A Software Company Now (Fastcompany, Harry Mccracken, 2017.11.17)
** https://www.arcpublishing.com/ (아크 홈페이지)
*** 광고로 1조 7000억 원을 버는 중국 뉴스 앱 (중앙일보, 차이나랩 이승환, 2017.04.07)

이런 폭발적인 성장의 비결은 콘텐츠 차별화에 기인한다. 중국은 정부의 검열, 감시가 심한 사회이며 특히 뉴스 콘텐츠에 대한 검열, 감시가 심하다. 그러다 보니 기성 언론이 쏟아내는 뉴스 기사들은 대부분 정부의 입맛에 맞게 정리된 것들이다. 이런 중국의 뉴스 콘텐츠 상황에서 중국 뉴스 소비자들이 가지고 있는 참신한 이야기에 대한 갈증을 풀어줄 뉴스 콘텐츠를 1인 창작자들에게 발굴하게 한 전략이 성공을 거둔 것이다.

그러나 1인 창작자들로부터 차별화된 뉴스 콘텐츠를 확보하더라도 원하는 독자를 제대로 찾아서 서비스하지 못한다면 아무 소용이 없을 것이다. 진르터우탸오는 인공지능을 이용하여 엄청난 양의 뉴스 콘텐츠를 원하는 뉴스 소비자에게 적절하게 노출한다. 1,300명이 넘는 직원 중에 800명 정도가 엔지니어라고 하니 사실상 언론사라기보다는 IT 업체인 셈이다. 이 앱에 가입할 때 SNS 계정을 이용하도록 하는데 이를 통해 얻은 가입자 정보를 바탕으로 어떤 뉴스를 소비할 것인지를 판단하는 알고리즘을 갖고 있다. 여기에 인공지능을 적용하여 소비자가 사용하면 할수록 더욱 정교한 추천을 하고 있는 것이다. 이런 시스템으로 기성 언론사의 뉴스 콘텐츠와 1인 창작자의 뉴스 콘텐츠를 소비자의 기호에 따라 차별 없이 노출하고 있다는 점이 큰 매력으로 부각되고 있다.

가입자 평균 체류 시간은 2017년 말 기준으로 76분이다. 이는 중국의 앱 중에서 위챗을 제외하고는 가장 높은 체류 시간이다. 광고 수입으로 엄청난 돈을 벌고 있는 진르터우탸오는 3가지가 없는 뉴스 플랫폼으로 불린다.* '사설이 없고, 기자가 없으며 편집장이 없다'고 하는데 사실, 이러면

....

* 100% 개인 맞춤형에 가입자 6억 명…대형 언론사 쓰러트린 중국 뉴스앱 (조선비즈, 오광진, 2017.05.12.)

뉴스 플랫폼일 수는 있지만 언론사라고 부를 수는 없을 것이다. 마치 네이버가 만든 뉴스 앱 같은 것이라고 볼 수 있을 텐데 어쩌면 이것이 미래 뉴스 미디어의 모습일지도 모른다는 생각도 든다. 한국의 언론사들이 네이버나 카카오 같은 플랫폼의 예속에서 벗어나고자 여러 가지 방안을 모색 중인데 중국도 역시 언론사들이 이런 뉴스 플랫폼에 의존하는 모습이 나타나고 있는 것이다. 언론사들이 워싱턴포스트의 예처럼 적극적으로 변혁을 받아들이지 않는다면 지금의 추세로 보아서는 새롭게 등장하는 IT 거물들의 뉴스 플랫폼에 예속되는 미래가 당연한 것인지도 모르겠다. 소비자는 이제 새로운 플랫폼에서 참신한 뉴스 콘텐츠를 찾아 움직이고 있는데, 여전히 이런 변혁 속에서도 변화에 소극적인 모습을 보이는 언론사들의 행태는 끓는 물속에 들어있는 개구리 같은 모양새다.

진르터우탸오 이외에 중국에서 많은 사용자를 확보하고 있는 모바일 뉴스 앱은 중국의 3대 IT 기업인 텐센트의 텅쉰신원과 중국 미디어 그룹인 봉황망의 '이디엔즈쉰'이다. 이디엔즈쉰도 진르터우탸오처럼 뉴스 콘텐츠를 독자에게 추천하고 있는데 그 방식이 약간 다르다.* 진르터우탸오는 뉴스 소비자의 클릭을 기반으로 소비자 기호를 알아내는 데 반해, 이디엔즈쉰은 뉴스 소비자가 검색하는 것에서 기호를 뽑아낸다고 한다. 인공지능 추천 알고리즘도 어떤 것에 가중치를 두고 설계하느냐에 따라 그 결과가 크게 달라지기 때문에 최근에는 진르터우탸오에서 사용하는 방식에 대한 관심이 높아지고 있다.

....
* 중국 뉴스 어플 순위 (성선, 2016.11.11)
https://blog.naver.com/PostView.nhn?blogId=seongsyeon&logNo=220858696468&proxyReferer=&proxyReferer=https%3A%2F%2Fwww.google.co.kr%2F

그런데 중국의 인공지능 기술 수준이나 인공지능에 대한 관심도에 비하면, 이런 뉴스 추천 인공지능 이외에 중국의 언론 분야에서 인공지능이 적극적으로 사용되고 있는 사례는 많지가 않다. 인공지능을 미래 먹거리로 생각하고 어마어마한 돈을 투자하고 있는 바이두의 경우에도 뉴스 부분에 대한 연구는 눈에 띄지 않고 있다. 그런 가운데 중국 인터넷 3대 기업 중 하나인 텐센트가 뉴스 제작 분야의 인공지능을 개발하여 2015년부터 사용해왔다는 점은 독특하다. 텐센트는 2015년 자신이 보유한 큐큐QQ닷컴을 통해 뉴스 기사 작성 인공지능 '드림라이터Dreamwriter'를 공개했다.* 물론 현재 미국이나 유럽에서의 인공지능 뉴스 제작 시스템에 비하면 그 후 사용에 대한 이야기가 많지 않은 점 또한 사실이지만 그래도 눈여겨볼 만한 지점이다.

----

* End of the road for journalists? Tencent's Robot reporter 'Dreamwriter' churns out perfect 1,000-word news story - in 60 seconds (South china morning post, Reporters Beware, 2015.9.11)

파이낸셜뉴스 인공지능 기사 작성

국내에서도 서울대학교 이준환 교수 연구팀이 개발한 기사 작성 인공지능 알고리즘 '야알봇'이 야구 경기 관련 기사를 작성하여 페이스북 페이지로 2015년부터 공개하고 있고, 국내 신문사로는 최초로 파이낸셜뉴스에서 이준환 교수팀의 협력을 얻어 인공지능 로봇 기자가 작성한 경제 기사를 보도하고 있다. 야구는 데이터를 많이 생산하는 스포츠다. 때문에 많은 데이터를 자연어로 변환하고 기사를 작성하는 것이 다른 스포츠에 비해 용이했다. 마찬가지로 금융 관련 뉴스도 금융 데이터를 자연어로 변환하고 이를 기사화한다는 점에서 로봇 기자가 최초로 도전하기에 적합한 분야였기에 시도되었다고 본다. 해외에서는 지진 등의 자연재해나 올림픽 같은 스포츠 뉴스가 처음 시도된 뉴스였는데 우리는 금융 관련 뉴스가 처음 보도된 인공지능 로봇의 기사였다.

[로봇저널리즘] 코스피 4.92포인트 하락, 1840.53포인트 거래 마감

👤 IamFNBOT 기자　ⓧ 입력 : 2016.01.21 15:27 | 수정 : 2016.01.21 18:07

코스피가 전날보다 4.92포인트(-0.27%) 하락한 1840.53포인트로 거래를 마쳤다. 이날 개인과 외국인이 각각 287억원, 2971억원어치를 동반 순매도하며 지수 하락을 이끌었으며, 기관은 3120억원을 순매수했다. 시가총액 상위 종목 중에는 오른 종목이 더 많았는데, 삼성전자(-0.62%), 한국전력(-1.94%) 삼성전자우(-1.14%)가 하락한 반면, 현대차(0.37%), 맵스리얼티1(0.49%) 삼성물산(0.68%) 등은 상승세를 보였다. 업종별로는 음식료업이 0.06%, 화학이 0.42%, 기계가 2.03% 상승했으며, 섬유의복이 -0.22%, 종이목재가 -0.57%, 의약품이 -1.49% 하락했다.

코스닥은 전날보다 3.84포인트(-0.57%) 하락한 665.84포인트로 거래를 마쳤다. 이날 개인과 외국인이 각각 249억원, 37억원어치를 동반 순매수하고, 기관은 259억원을 순매도했다. 시가총액 상위 종목 중에는 내린 종목이 더 많았는데, 셀트리온(0.09%), 바이로메드(3.69%) 컴투스(4.55%)가 상승한 반면, 카카오(-0.98%), CJ E&M(-1.74%) 동서(-3.16%) 등은 하락세를 보였다. 업종별로는 하락한 업종이 더 많았는데, 숙박.음식이 0.0%, 운송이 0.1%, 섬유/의류가 13.59% 상승했으며, 건설이 -6.19%, 유통이 -1.32%, 금융이 -1.01% 하락했다.

"이 기사는 파이낸셜뉴스와 협업으로 서울대학교 이준환/서봉원 교수 연구팀이 개발한 기사 작성 알고리즘 로봇이 실시간으로 작성한 기사입니다."

robot@fnnews.com IamFNBOT 기자
※ 저작권자 ⓒ 파이낸셜뉴스. 무단전재-재배포 금지

파이낸셜뉴스의 국내 최초 인공지능 로봇 작성 기사

이 로봇 기사와 관련하여 이준환 교수팀에서 인터뷰한 내용을 종합해보면 인공지능을 활용하여 기사를 자동 생성하는 데는 5단계가 필요하다고 한다.[*]

1단계. 데이터 수집

아무리 좋은 알고리즘을 가진 인공지능이라도 입력되는 정보가 적절하지 않으면 좋은 결과를 만들어낼 수가 없다. 데이터 수집을 일일이 사람이 할 수는 없기 때문에 대부분의 경우에 온라인이나 특정 정보원에서 자료를 통째로 긁어온다. 보통은 자료를 수집하는 프로그램인 크롤러[Crawler]를 이용하여 자료를 수집하는데, 미리 설정해둔 시간마다 실시간으로 자료를 가져온다.

> 파이낸셜뉴스는 한국증권거래소의 공개된 데이터를 사용하여 자동 기사를 작성하는 데 활용했다.

2단계. 이벤트 추출

많은 데이터 중에 기사로 가치가 있는 것들을 '이벤트'라는 이름으로 선별하는 작업을 진행한다. 데이터는 가공되지 않는 수많은 정보의 집합이기 때문에 그중에 기사의 대상으로 의미가 있는 것들을 골라내는 작업은 중요하다. 어떤 데이터가 이벤트로 의미가 있는가는 미리 입력해둔 기준에 따라 선별되는데, 특정 데이터가 기존의 데이터와 확연하게 다른 경우이거나 중요도가 높은 변수의 변화 등이 미리 입력해둔 기준에 의해 자동적으로 걸러져서 선별된다. 미리 입력해두는 기준이 결국은 기사의 질을 결정하는 첫 번째 관문이기 때문에 이벤트를 판단하는 알고리즘은 너무나 중요한 부분이다.

....

[*] 로봇 기자는 인간 기자 대체재 아닌 조력자 (블로터, 오종환/이준환 교수, 2016.03.30)

이벤트 1 : 2016년 1월 21일 코스피 지수 1840.53으로 전날대비 4.92포인트 상승
이벤트 2 : 개인 투자자 287억 원 순매도
이벤트 3 : 외국인 투자자 2971억 원 순매도
  :
이벤트 N : 코스닥 금융 업종 −1.01% 하락

3단계. 핵심 이벤트 감지

데이터에서 선별된 이벤트 중에서도 더 중요한, 그 기사의 포인트 이벤트를 찾아내는 것은 기사의 제목을 결정하는 것과 유사하다. 그날 증권시장에서 일어난 수많은 사건 중에 기사로써 의미가 있는 특정한 사건들을 이벤트라는 이름으로 골라내고 이렇게 골라진 이벤트 중에 제목으로 보일 수 있는 가장 중요한 이벤트를 '핵심 이벤트'라고 해서 찾아내는 작업이 이어진다. 이 작업은 미리 설정해둔 기준에 따라 이벤트들에 각각 가중치를 부여하여 가장 높은 점수를 받은 이벤트를 핵심 이벤트로 결정한다.

〈이벤트 1 : 2016년 1월 21일 코스피 지수 1840.53으로 전날대비 4.92포인트 상승〉
: 가장 높은 가중치를 받아 핵심 이벤트로 결정

4단계. 무드 감지

핵심 이벤트가 결정된 뒤에 이 이벤트를 어떤 제목으로 뽑아낼 것인가는 기계적인 느낌을 없애고 사람이 글을 쓴 것처럼 자연스럽게 보이기 위해서 상당히 중요하다. 삼성 주식의 가격이 10 포인트 올랐다고 하는 이벤트가 핵심 이벤트로 결정되었다고 했을 때 이 사건을 기쁜 느낌으로 쓸 수도 있고, 슬픈 느낌으로 쓸 수도 있다. 그리고 안타깝게 전달하는 글이 될 수도 있고 놀라움을 표현하는 기사로 쓸 수도 있는데 이런 기사의 톤을 결정하는 것이 기계적인 글을 더욱 감성적으로 보이게 한다. 무드 감지를 위해서

는 인공지능이 단순히 핵심 이벤트를 이해하는 것뿐 아니라 엄청난 양의 축적된 경제 데이터를 학습하여 전반적인 경제에 대한 정보를 획득하고 이를 각각의 이벤트에 적용하여 판단할 수가 있어야 한다.

> 금융 기사이기 때문에 아주 건조한 객관적인 무드로 결정

5단계. 기사 작성

이제 결정된 핵심 이벤트와 무드에 따라 미리 준비된 다양한 템플릿 문장 중에 적합한 문장을 선별하고 조합하여 사람이 읽을 수 있는 글로 완성하면 자동으로 기사가 작성된다. 템플릿은 주어와 목적어 등을 비워둔 채 일반적으로 사용되는 문장의 나머지 부분을 만들어주는 것으로 이 빈 곳에 데이터를 분석하여 얻은 결과를 집어넣는 방식으로 기사를 쓰게 된다. 최근에 딥러닝을 적용한 좀 더 자연스러운 자연어 처리 능력이 발달하고 있기 때문에 시간이 갈수록 실제 사람이 쓴 기사와 같은 수준으로 작성될 것으로 예측된다. 영어에 비해 한국어에 대한 연구가 아직은 적어서 자연스러운 문장을 만들어내는 것에 한계가 있다는 부분도 생각해봐야 할 대목이다.

> "#{@name}은 #{@point} 하락(상승)한 #{@point}로 마감했다" 같이 미리 정해진 문장 템플릿을 사용하여 자연스러운 기사를 작성한다.

Chapter 3

스포츠

들어가는 글

이미 미국 시장에서 인공지능은 거의 모든 주요 프로 스포츠에 영향을 주고 있다. 데이터가 중요시되었던 야구뿐 아니라 농구, 미식축구, 골프 등 프로 시장이 형성되어 있는 스포츠 종목에서는 예외 없이 인공지능을 적용한 시도들이 이어지고 있다.

경기력 향상을 위한 인공지능

야구의 세이버매트릭스처럼 스포츠에서 기록 정보를 활용하여 경기력을 극대화하고자 하는 노력은 특히 프로 경기에서 과감한 투자를 진행할 수 있도록 해주었다. 전술적으로 어떤 선수가 어떤 시간에 어느 포지션에서 어떤 역할을 하는 것이 가장 합리적인가 하는 판단을 과거에는 감독의 감(물론 이 '감'이라는 것은 감독이라는 인간 개인이 수 년 동안 스포츠 경기의 경험에서 얻어진 축적물의 결과이므로 이 안에 정보가 다 녹아져 있는 개념이라고 할 수도 있다. 우리가 감이라고 믿는 것이 사실은 우리의 경험 속 정보들을 우리의 뇌가 축적하여 가장 합리적이라고 판단한 작용의 결과물이라고 하는 것이 옳겠다)에 의해서 이루어졌다면 이제는 편견이 강하게 작용할 여지가 있는 인간 개인의 판단보다는 오랜 시간 축적된 정보를 인공지능이 데이터 처리하여 얻은 가장 확률이 높은 경우의 수로 대체하는 노력들이 점차 많은 스포츠 관계자들에 의해서 받아들여지고 있는 것이다. 여기에 전략적으로 어떤 선수를 스카우트하고 누구를 내보낼 것인지 하는 문제와 선수를 부상에서 보호하기 위한 선수 개개인의 신체 정보를 획득하여 분석하는 부분까지도 세심하게 인공지능의 손길이 미치고 있다.

팬 서비스 차원의 인공지능

스포츠의 관중은 제2의 선수로 스포츠 산업에서 정말 중요한 부분이다. 팬들은 이제 TV 너머로 선수들의 경기를 지켜보는 것에서 벗어나 더 많은 접촉을 원하고 있고, 이러한 스포츠팬들의 욕구를 해결해주는 좋은 수단으로 인공지능이 활용되고 있다. 스포츠 경기와 이 경기장에서 활약 중인 선수들의 모든 것을 데이터화해서 스포츠팬들에게 제공하는 것은 팬과의 접촉을 보다 더 긴밀하게 만들어주고 있으며, 과거에는 제공하지 못했던 새로운 정보들이 데이터를 인공지능으로 재가공하는 것으로부터 만들어지고 있다. 이를 통해 팬들은 스포츠를 더 가까이 여기게 되고 보다 많은 상호 작용을 할 수 있게 되므로 스포츠가 개인화되고 맞춤화되는 경향을 띠게 될 것이다. 이러한 과정을 통해 스포츠 구단은 더욱 많은 팬을 확보할 수 있게 될 것이다. 챗봇 같은 인공지능 대화형 서비스의 도입이 점차 늘고 있는 추세는 이러한 경향을 보여주고 있는 것이다.

새로운 수익원의 창출

현재 스포츠에서 적용되고 있는 인공지능은 아직은 대부분 파일럿 단계의 수준이다. 그러므로 이를 통해 명확한 효과가 발생하는 것은 조금 더 시간이 필요해보인다. 인공지능을 적용한 효과를 만들어내기 위해서는 장기간의 투자가 필요하다. 하지만 지금 투자하지 않으면 앞으로의 미래가 없다는 것을 스포츠 구단을 운영하는 사람들은 직감적으로 느끼기 때문에 과감한 투자(특히 미국의 프로 스포츠 영역에서)가 이루어지고 있다. 선수의 움직임이나 공의 이동을 정확하게 파악하기 위한 컴퓨터 비전 기술은 이제 상당한 수준의 동작 인식이 가능하도록 만들어주는 정도까지 발전했다. 그리고 선수들의 움직임으로부터 공격 성공률이나 수비 성공률 그리고 선수의 부상 가능성에 대한 예측까지도 가능한 인공지능의 적용이 이루어지고 있다. 이런 인공지능 기술은 향후 거의 모든 스포츠 분야에 적용될 것이고 먼저 이러한 기술을 선점한 기업과 구단은 미래의 결실을 모두 차지하게 될 것이다.

머니볼 : 야구와 데이터 그리고 인공지능

"데이터를 바탕으로 한 합리적인 의사결정, 20연승의 신화를 쓰다."

2011년 겨울, 〈머니볼^{Moneyball}〉이 국내에서 개봉했다. 미국 메이저리그(프로야구)에서 있었던 실화를 바탕으로 한 이 영화는 당대 최고 인기 배우인 브레드 피트가 오클랜드 애슬레틱스의 단장 역할로 주연을 맡았다. 이 영화는 독특한 소재로 흥미를 끌었다. 스포츠 관련 영화들이 대개 위기를 극복하는 인간 승리를 보여주는 데 반해 이 영화는 야구에서 데이터가 얼마나 중요한 것인가를 역설하고 있다.

야구는 기록 경기라고 한다. 타율이나 평균자책점 등 확률로 선수의 능력을 평가하는 지수가 다른 스포츠에 비해 월등히 많이 사용된다. 이렇게 많은 기록 정보가 야구를 보는 재미를 더욱 높여준다는 것은 필자도 생각했던 바다. 그러나 이 영화에서 단장이 데이터 과학자를 팀의 수석코치로 임명하여 팀의 전략을 세우는 데에 데이터를 적극적으로 활용하는 모습은 꽤나 충격적이었다. 야구도 전략을 세울 때, 데이터로 가장 합리적인 판단을 할 수 있다는 영화 속 단장의 뚝심은 참 대단했다. 대부분의 팀 관계자가 그를 비웃었지만 그는 결국 결과로 자신의 생각이 옳았다는 것을 보여준다. 아무도 데이터의 힘을 믿지 않았을 때 그 진가를 발견하고 자신의 소신을 밀어붙인 단장의 뚝심이 참 대단하게 느껴졌다.

우리가 익숙히 알듯이 대다수의 주변 사람과 다른 자신만의 믿음, 소신, 신념을 끌고나가는 것은 쉬운 일이 아니다. 또한 그것을 증명하는 것은 더욱 그렇다. 사람은 모두 자신의 믿음이 틀린 것이되는 상황을 원하지 않는다. 그래서 자신과 다른 생각을 강하게 밀어붙이는 사람을 경계하고 위험한 인물로 간주한다. 이 영화에서도 마찬가지다. 단장에게 주어진 시간은 많지 않다. 그마저 주어진 시간 동안에도 주위에서는 끊임없이 비난을 쏟아낸다.

이 영화로 세상에 널리 알려진 세이버메트릭스^{Sabermetrics}라는 용어는 야구를 데이터로 판단하여 관람하는 사람들이 만들어낸 것인데 이를 오클랜드 애슬레틱스 단장 빌리 빈이 야구 경기에 적용해서 좋은 성적을 내자 유행하게 된 것이다. 1971년 야구 통계를 연구하자는 취지로 만들어진 SABR(http://sabr.org/)라는 모임에서 그 유래를 찾을 수 있는 이 용어가 미국의 야구 경기의 모습을 바꾸어버리는 역할을 하게 된 것이다.*

야구에서 감독의 전략은 창의적인 것이다. 감독은 수많은 시간 동안 야구라는 스포츠에 직접 참여하여 경험을 쌓고 그런 긴 시간 속에서 지혜를 얻은 사람이다. 감독의 전략에 경기를 보는 사람들이 감탄을 하고 그의 위대함을 칭송하기도 한다. 그런데 이런 인간의 창의성보다 데이터를 기준으로 한 기계적인 판단이 더 합리적인 결과를 만들어낼 수 있다는 생각은 불온한 생각으로 간주되는 것이 당연했다. 그런데 그 불온한 생각이 옳을 수도 있다는 불길함이 결과로 나타나게 된 것이다. 데이터의 중요성을 모두가 다 인지하는 순간 야구에서 데이터는 마치 공기나 물처럼 당연한 것이 되어버린다. 이제 야구는 데이터를 가지고 전략을 세우는 것이 당연한 스포츠가 된 것이다.

야구 이외의 다른 스포츠들도 대부분 정도의 차이는 있겠지만 수많은 데이터를 양산해낸다. 데이터로 선수를 평가하고 기록으로 경기의 결

....
* 야구 데이터 분석 #3. 세이버메트릭스의 발전 (NC소프트 공식블로그, 임선남, 2017.6.19)

과를 예측한다. 기록이 없는 스포츠는 마치 주인공이 없는 드라마처럼 재미가 없다. 경기 결과를 경기가 시작되기 전에 예측하려면 당연히 정보와 기록이 있어야만 가능하다. 아무런 예측도 없이 스포츠 경기를 관람한다는 것은 지루하기 짝이 없는 일이 될 것이기에 스포츠에서 기록과 정보는 사람들의 흥미를 유발해내는 원천으로 기능을 한다.

　이처럼 기록과 정보가 중요한 스포츠는 당연하게도 데이터 과학이 다른 콘텐츠 분야에 비해 보다 더 적용되기 용이한 분위기를 가지고 있다. 미국의 메이저리그^{Major League Baseball}는 2006년부터 투수와 타자의 경기 당시의 기록을 바로 측정하여 이를 관중과 TV 시청자에게 제공하는 서비스를 도입하였고, 2015년부터는 'Statcast'라는 이름의 인공지능이 결합된 시스템으로 마치 관객들이 전자오락 게임을 보듯이 야구 경기를 즐길 수 있도록 하고 있다.*

　Statcast는 30개 야구 구장에 설치된 동영상 인식 장비와 함께 고해상도 광학 카메라를 사용하여 선수들의 움직임과 관련된 모든 데이터를 수집하고 분석한다. 이 기술은 야구공의 위치와 움직임 그리고 운동장의 모든 선수들의 움직임을 정확하게 추적하여 이를 데이터화하기 때문에 투수와 타자의 모든 경기 상황을 파악하여 이를 정보화하고 이러한 정보를 실시간으로 제공한다. 방송사도 Statcast를 사용하여 경기 중인 선수들의 상황을 시청자에게 보여주고 있고, MLB의 홈페이지인 mlb.com 사이트에도 Statcast 페이지를 마련하여 여기서 모든 기록을 다 제공하고 있다.

* Baseball's Player-tracking Statcast System Debuts (IEEE Spectrum, Joshua J. Romero, 2015.4.23)

Statcast를 활용한 TV 방송 화면 (그림 출처 : MLB.com)

Statcast를 활용한 야구 중계는 마치 컴퓨터 화면으로 전자오락을 하는 것과 같은 흥미 요소를 TV 시청자에게 선사하고 있는 것이다. 최근 10대들을 중심으로 e-스포츠에 대한 관심이 폭발하고 있는 시대적인 상황도 스포츠에 이러한 인공지능 기술이 접목되고 있는 이유 중 하나일 것이다.

스포츠 뉴스와 관련해서, 세계적인 뉴스 통신사인 AP가 미국의 마이너리그에 관한 기사를 인공지능 로봇에게 맡겼다는 소식이 있다.* 이 기사에 따르면 AP는 오토메이티드 인사이츠Automated Insight 사의 인공지능 소프트웨어와 MLB의 공식 통계 자료 제공 사업자인 MLBAMMLB Advanced Media의 데이터를 활용해 마이너리그 경기에 관한 기사를 작성하기 시작했다고 했다. 총 13개에 달하는 마이너리그 기사를 사람이 모두 쓰는 것은 어려운 일이기 때문에 인공지능 기자는 AP의 기자가 처리하지 않는 기사를

* The Associated Press is using AI to write Minor League Baseball articles (Dailymail, Stacy Liberatore, 2016.6.30)

중심으로 기사를 자동 생성하는 것이다. 야구팬들의 다양한 관심사를 충족시켜주기 위한 뉴스 콘텐츠 제작에 인공지능을 도입하여 인건비 부담을 낮추면서도 그동안 담아내지 못하던 경기의 뉴스까지도 완벽하게 처리할 수 있다는 점에서 뉴스 제작사와 뉴스 소비자 모두에게 효용을 극대화할 수 있는 방안이 될 것으로 보인다.

농구

"야구에서 시작된 세이버메트릭스, 농구에도 적용되다."

농구는 기록 경기인 야구에 비해서 선수의 개인기가 중요시되는 스포츠이지만, 스포츠는 역시 정보를 바탕으로 승부를 예측하는 묘미가 있기 마련이다. 야구의 세이버메트릭스의 영향으로 농구를 데이터로 즐기려는 시도가 나타났고, 그 결실이 바로 APBRmetrics^{Association for Professional Basketball Research Metrics}이다. APBRmetrics는 프로 농구 연구 협회를 의미하는 약어에 '매트릭스'를 조합하여 만든 말이다.

2004년에 APBRmetrics의 아버지로 불리는 딘 올리버^{Dean Oliver}가 프로 농구팀 시애틀 슈퍼소닉스^{Seattle SuperSonics}의 컨설턴트로 고용되면서 NBA 팀에 고용된 첫 번째 농구 분석 전문가가 되었다.* 그리고 2017년 말 현재 Oklahoma City Thunder, Golden State Warriors, Houston Rockets, Dallas Mavericks, Philadelphia 76ers, San Antonio Spurs 등이 농구 분석 전문가 팀을 운영하고 있다.

....
* 위키피디아 APBRmetrics
http://en.wikipedia.org/wiki/APBRmetrics

APBRmetrics의 분석 기법에 인공지능 기술을 적용한 카메라로 얻은 영상 정보와 GPS 기술을 이용하여 선수들의 모든 움직임을 다 포착하여 데이터화할 수 있게 되었고, 이런 정보를 실시간으로 처리하여 인공지능 기술을 거치면 선수의 행동에 대한 예측이나 문제점 등을 파악할 수 있게 되었다.

STATS의 SportVU (그림 출처 : https://www.stats.com/basketball/)

이런 첨단 기술을 보유하여 스포츠 분야에서 사업을 하고 있는 STATS라는 회사는 'SportVU'라는 시스템을 이용하여 농구 경기의 데이터를 획득하고 분석한다. 농구 경기장에 설치된 6개의 카메라 시스템을 사용하여 선수와 공의 실시간 위치를 추적하고 이를 데이터화하는데, 여기서 얻은 선수와 공 그리고 심판의 움직임에 대한 정보를 기존에 STATS의 데이터베이스에 저장되어 있는 엄청난 양의 농구 경기 정보와 결합시켜 활용 가능한 살아있는 농구 경기 정보를 제공하는 시스템이다. 이 정보를 활용하여 팀의 성과를 향상시키고, 더 합리적인 전략과 작전을 세우는 기초 자료로 이용할 수가 있는 것이다.

탄도 미사일 추적을 위해 개발된 기술을 기반으로 하는 SportVU는 원래 유럽 축구 경기를 위해 먼저 소개되었는데, 이를 농구 경기와 NBA 경기장에 더 잘 맞는 시스템으로 변환하고 몇 년 간의 테스트 기간을 거쳐서, 결국 2013/14 시즌에 29개 NBA 경기장에 설치되었다.

TV 영상에 구현이 된 Second Spectrum 인공지능 기술

마이크로소프트의 전 CEO 발머는 NBA 팀인 로스앤젤레스 클리퍼스Los Angeles Clippers의 구단주이다. 2014년에 이 구단을 인수하여 운영하고 있는 그는 로스앤젤레스에 본사를 둔 스타트업인 Second Spectrum과 함께 인공지능을 이용해서 획득한 정보와 통계를 시각화하고 이를 시청자들이 재미있게 볼 수 있도록 애니메이션화하여 TV 방송에 적용하려는 계획을 가지고 있다.* 사실 그동안은 앞에서 얘기한 STATS의 SportVU 시

....

* Steve Ballmer shows how AI and data will enhance NBA broadcasts for fans (Geekwire, Tayor soper, 2017.5.30)

스템을 미국의 프로 농구인 NBA에서 이용하고 있었는데, Second Spectrum의 새로운 시스템이 Sportradar라는 세계적인 스포츠 데이터 관리 회사와 함께 그 자리를 바꿔버렸다고 한다.

　　STATS의 SportVU와 비슷한 기술처럼 보이지만 Second Spectrum의 인공지능 기술은 선수들의 경기 정보를 획득하고 이를 가공하여 의미있는 데이터를 만드는 것과 함께 이를 TV 화면에 시각화하는 것에 더 중점을 두고 있다.

　　프로 스포츠 경기는 대부분의 관중이 TV를 통해서 경기를 시청하기 때문에 경기 중인 선수 움직임이나 통계 등이 TV 화면에 어떻게 잘 표현되어질 수 있는가가 농구에서도 가장 큰 재미 요소라고 할 수 있는데 이 기술은 그런 점에서 스포츠팬들이 열광할만해 보인다. 인공지능 기술의 적용으로 스포츠를 TV로 즐기는 시간이 더욱 흥미로워지고 있다 하겠다.

축구

"게임 당 생성되는 140만 개의 데이터로 경기력을 향상시킨다."

전 세계에서 가장 큰 인기를 누리고 있는 축구도 역시 데이터를 활용하여 경기력을 높이려는 시대의 흐름을 따라가고 있다. 특히 프로축구 시장이 발달한 유럽에서의 움직임이 활발하다. 1990년대 말부터 축구 경기에 데이터 분석 시스템을 제공하는 전문 회사들이 생겨났고 상당수의 구단에서 이런 첨단 스포츠 데이터 과학을 받아들이고 있다. 물론 아직까지도 많은 감독이 데이터에 의해서만 전략을 세우고 의견을 결정하는 것에는 회의감을 드러내고 있지만 보조적인 역할로써의 기능에 대해서는 대부분 인정하는 상황이다.

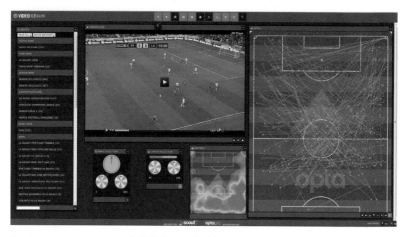

Opta에서 만든 분석 툴 OptaPro (그림 출처 : Opta 홈페이지)

영국의 20개 프로 축구리그인 프리미어 리그 경기장에는 모든 선수를 추적할 수 있는 8-10개의 디지털 카메라가 장착되어 있다. 이 카메라를 통해서 매초 22명의 플레이어에 대해 10개의 데이터가 수집되어 게임당 140만 데이터가 생성되고 있다.* 영국의 프로축구 구단들은 여기서 제공되는 엄청난 데이터와 이를 가공한 정보를 제공받아 경기력을 더욱 향상시키는 노력을 하고 있는 것이다. Prozone**과 Opta 같은 스포츠 데이터 전문 관리 회사들이 이러한 시스템을 개발하여 각 구단의 과학적인 의사 결정과 합리적인 판단을 돕고 있다.

Prozone을 인수한 STATS에서도 이와 유사한 'Edge'라는 스포츠 데이터 분석 인공지능 소프트웨어를 출시하였다. STATS의 홈페이지에 가면 STATS Edge는 인공지능을 활용함으로써 코치 및 분석가가 게임 내에

* Is Big Data the next big thing in soccer? (HPC Today, The Editorial Team, 2016.7.22.)
** 2015년 Stats에게 인수되었음 : http://www.newswire.co.kr/newsRead.php?no=790939

서 신속하게 클립을 찾고 복잡한 패턴을 분석할 수 있게 하여 팀의 강점과 약점을 평가하는 프로세스를 간소화하는 프로그램이라고 홍보하고 있다. 이 회사도 축구 경기장에 카메라를 설치하고 이를 통해서 선수들의 모든 움직임을 추적해서 이를 데이터화하는 시스템을 보유하고 있는 것이다. 이 시스템은 프랑스 프로축구 연맹Ligue de Football Professionnel, 이탈리아 프로축구 1부 리그Serie A, 카타르 스타 리그Qatar Stars League 그리고 중국의 슈퍼 리그 Super League에서 사용되고 있다.

STATS의 카메라 추적 시스템 (그림 출처 : STATS 홈페이지)

브라질 월드컵에서 우승한 독일팀은 훈련 기간 동안 아디다스의 'mi-Coach'라는 제품을 착용하고 축구 경기를 했다. 독일팀은 이 장치를 통해 선수들의 심장 박동수, 거리, 속력 그리고 가속도와 같은 신체 상태와 관련된 데이터를 수집하고 이를 바로 iPad에서 볼 수 있도록 하는 시스템을 운영했던 것이다. 또한 독일의 세계적인 소프트웨어 회사 SAP가 개발한 축구 경기 분석 인공지능 시스템 'Match Insights'를 사용하여 경기력 향상을 꾀했다. 경기장에 설치한 카메라에서 선수들의 움직임 정보를 획득하고 이를 상대팀의 동작과 비교하여 우위를 점할 수 있도록 하는 시스템이다. 물론 이런 것들 때문에 꼭 독일이 우승했다고 예단할 수는 없지만 이제는 축구 경기를 하는 그 순간에도 바로 상대 팀과 우리 팀 선수의 상태를 파악하고 이에 맞게 전략을 세울 수 있는 환경이 만들어졌다는 것은 이를 활용하는 측이 다른 상대를 압도할 수 있다는 것을 의미한다.

　　스포츠는 사실상 스포츠 도박과 분리해서 생각하기 어려울 정도로 이 시장은 너무나도 커졌다. 축구 분야 인공지능 중 축구 경기를 보고 돈을 거는 스포츠 도박에 관한 인공지능을 개발하고 있는 회사도 있다. 영국의 스포츠 도박 회사인 Stratagem은 축구 경기의 결과를 인공지능 기술을 이용해서 예측 가능하도록 하려는 프로젝트를 추진 중이다. 이 회사의 CEO, Koukorinis는 "10만 경기를 관람하면 거기에 패턴이 있습니다. 이러한 패턴을 찾아 돈을 벌어드립니다."라고 주장한다.* 현재 이 회사는 전 세계에 퍼져있는 경기 분석가들을 활용하여 정보를 얻고 있는데 미래에는 인공지능을 활용하여 축구 경기를 실시간으로 분석하고 이를 통해 어떤 팀이 이길 수 있는지에 대해 다른 도박꾼들보다 더 정확한 예측을 만들어내려고 하고 있으며, 이 기술로 큰돈을 벌게 될 거라고 장담하고 있다고 한다.

----

* This startup is building AI to bet on soccer games (The Verge, James Vincent, 2017.7.6)

골프

"캐디를 대체할 인공지능 골프 캐디 서비스 앱의 출현"

골프장에서 캐디라는 직업을 사라지게 할 수도 있을 인공지능 골프 캐디 서비스 앱이 있다.

Arccos Caddie 소개 홈페이지 이미지

'Arccos Caddie'라는 이름으로 출시된 이 인공지능 서비스는 마이크로소프트의 클라우드 서비스인 'Azure'를 이용하여 Arccos Caddie를 사용하는 사람들이 남긴 6100만 개 이상의 샷에 관한 데이터와 골프를 치는 장소의 예측된 풍속, 강수량, 기온 등 4만 가지 이상의 코스, 그 코스가 위치한 곳의 기상 정보를 활용하여 최적의 선택을 선수에게 추천해준다.*

---

* Arccos and Microsoft Introduce Golf's First Artificial Intelligence Platform, Arccos Caddie (Arccos 블로그, Coleman McDowell, 2017.5.12)

골프장의 캐디가 추천해주는 골프채 선택이나 골프를 치는 방향 등을 이 인공지능 앱이 대신해줄 경우에 캐디 비용을 절약할 수가 있기 때문에 사업성이 있다는 생각을 하고 이 앱을 개발한 것이다. 골프를 치는 나라마다의 경기 방식에 따라 이 인공지능 앱의 성공 여부가 달라질 수도 있겠지만 오히려 사람이 조언해주는 것보다도 더 정확한 전략을 인공지능이 제시해줄 수가 있기 때문에 장기적으로는 큰 변화를 만들어낼 것으로 보인다.

미식축구

"관객의 흥미를 배가시킬 수 있는 정보를 시각화하여 보여준다."

미국의 프로 미식축구 단체인 NFL은 2013년에 Zebra Technologies와 계약을 맺어 유니폼에 RFID 태그를 삽입한 후 선수들의 움직임을 추적하고 이 데이터로 정보를 뽑아내는 서비스를 처음 도입했다. 그리고 2018년부터는 아마존의 클라우드 서비스인 AWS를 활용하고 Stats의 넥스트 젠 스태츠Next Gen Stats 서비스를 도입하여 보다 더 정확한 경기 관련 정보를 획득하려고 하고 있다. 이번 시즌부터는 미식 축구공의 내부에도 칩을 넣어서 더 의미 있는 데이터가 모아질 예정이라고 한다.

넥스트 젠 스태츠는 선수들이 입는 경기복의 RFID(전자 태그)를 통해 선수들의 실시간 위치, 속도, 가속 데이터 등을 모은다. 이 데이터는 클라우드 기반 기계학습(머신러닝)을 통해 빠르게 실시간으로 분석되며 이 중에 주요 데이터는 경기장 내 스크린, NFL 미디어, 중계방송, 기타 디지털 플랫폼에 실시간으로 표시된다. 또한 넥스트 젠 스태츠는 과거부터 현재까지 모아놓은 미식축구 경기 데이터를 바탕으로 특정 선수와 팀의 다양한 통계를 생성하여, 각 선수의 공간을 만드는 역량과 쿼터백 보호 능력 등 미식축구 관객의 입장에서 흥미를 배가 시킬 수 있는 정보를 시각화하여 보여준다.*

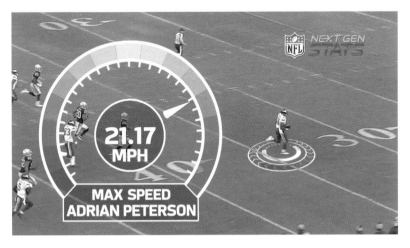

Next Gen Stats 서비스가 적용된 TV 방송 화면

---

* Amazon continues sports push, partners with NFL to power 'Next Gen Stats' with AWS (Geekwire, Tayor soper, 2017.11.29)

골든 스테이트 워리어

미국 프로농구 NBA 2016–2017 시즌 우승팀인 골든 스테이트 워리어Golden State Warriors는 현재 가장 핫한 인기 구단 중 하나이다. 2015–2016 시즌의 준우승에 이어 작년에 우승팀이 된 이 구단이 화제가 되기 시작한 것은 2010년 구단주가 된 조 레이콥Lacob 때문이다. IT 전문 벤처 투자자이기도 한 그가 이 팀을 인수할 당시에 골든 스테이트 워리어는 만년 하위 팀이었다. 그러던 것이 불과 몇 년 만에 NBA 최고 팀으로 탈바꿈했고, 그 변화의 원인 중에 인공지능 기술이 적용된 SportVU가 큰 역할을 하였던 것이다.

SportVU는 탄도 미사일을 추적하는 기술을 기반으로 농구 경기장의 선수 모두의 움직임을 6대의 카메라로 모두 포착한다. 그런데 이 시스템 알고리즘을 개발한 연구팀의 일원인 라지브 마헤스와렌Rajiv Maheswaran은 TED 강연에서 SportVU가 만들어내는 초기 데이터는 본질적으로 일련의 움직이는 점들에 불과하다고 말하고 있다.[*] 이 움직이는 점들에서 의미가 있는 농구 경기의 정보를 만들어내는 것이 데이터 분석가들이 하는 일인 것이다. 이 시스템을 사용하고 있는 구단은 '골든 스테이트 워리어Golden State Warriors'만이 아니다. 그리고 점차 많은 팀에서 이 시스템을 사용하고자 한다. 그 의미는 단순히 이 시스템을 설치하여 데이터를 얻는 것만으로는 원하는 것을 얻지 못한다는 것이다. 여기서 얻어진 데이터를 가공하여 원하는 정보를 획득할 수 있는 데이터 분

---

[*] The Math Behind Basketball's Wildest Moves (Rajiv Maheswaran, TED Talks, 2015. 7. 6.)
  https://www.youtube.com/watch?v=66ko_cWSHBU

석 전문가들이 필요하고, 이렇게 얻어진 정보를 어떻게 감독 이하 코칭 스탭이 활용을 하는가가 결국은 가장 중요한 부분이다. '골든 스테이트 워리어는 SportVU를 경기장에 설치한 후 2년 동안은 데이터 분석 전문가를 고용하지 않았다.* 그리고 그 2년 동안은 팀의 성적이 큰 변화를 보이지 못했다. 2013년부터 데이터 분석을 제대로 사용하기 시작했고 그 후에 승률이 높아지면서 지금과 같은 최고의 팀으로 체질을 완벽하게 변신시켰다는 것이다.

SportVU는 NBA와 계약을 맺고 있기 때문에 모든 팀은 다른 팀 선수들의 가공하기 전 데이터를 서로 공유할 수 있다. 그 누구도 다른 팀보다 가공 전의 데이터에서는 우위를 가지고 있지 못하기 때문에 결국은 이 데이터를 어떻게 가공하는가 하는 것이 각 팀에 소속되어 있는 데이터 분석 전문가에 의해 결정되고 이렇게 만들어진 정보를 어떻게 효율적으로 사용하는가는 감독에게 달려있다. 결국 인공지능 시스템을 모두가 사용하게 된다면 누가 더 같은 시스템으로 좋은 결과를 내는가가 중요해지기 때문에 결국은 사람이 가장 중요한 자산이 된다. 물론 지금은 모두가 사용하지는 않기 때문에 데이터 분석 팀을 보유한 팀들이 대체적으로 좋은 성적을 내고 있다. 분석 팀은 농구 선수들의 움직임 하나하나가 기록되어져 있는 데이터를 가공하여 그 선수의 공격과 수비에서의 가치를 숫자로 표현하고, 각 선수의 포지션에 따른 성공률도 실시간으로 분석하여 보여준다. 이런 선수들의 움직임을 인식하고 데이터화하는 것뿐 아니라 데이터를 분석하는 데도 인공지능이 적용되어 그동안은 그 어떤 인간도 보지 못했던 경기의 모든 장면을 놓치지 않고 분석하고 있는 것이다.

----

* 골든 스테이트 워리어가 NBA 최강팀 된 비결은? (ZDnet Korea, 김우용 기자, 2016.6.5)

인터넷과 IT 기술이 초창기에는 기업의 경쟁력을 결정하는 중요한 요소였지만, 지금은 거의 모든 기업들이 이것을 사용하고 있기 때문에 이제는 전기나 물처럼 꼭 필요한 것이지 경쟁력을 높여주지는 못하는 상황이 되었다. 물론 사용하지 않는 기업은 이제 도태되어 사라지는 운명을 맞는다. 전기나 물을 사용하지 않고는 기업이 운영될 수 없는 것처럼 말이다. 결국 인공지능도 이러한 역사를 그대로 진행하게 될 것이다. 초창기인 지금은 먼저 사용하는 사람에게 엄청난 힘이 되면서 경쟁력을 높여주게 될 것이다. 그리고 5년 이후 모두가 사용하게 된다면 그때는 또 하나의 필수 사회간접자본이 탄생하게 될 것이다.

물론 인공지능도 이것을 개발한 개인이나 회사에 따라 다른 알고리즘을 사용하기 때문에 어느 것을 적용할 것인가에 따라 그 결과는 또 큰 차이를 낼 수 있다. 지금은 일부 회사들만이 이 분야를 독점적으로 진행하고 있기 때문에 선택의 여지가 많지 않지만 인공지능이 활발하게 사용되면서 수익성이 확보될 경우에는, 많은 후발 주자들이 이 시장에 뛰어들게 될 것이다. 그때는 어떤 회사의 인공지능이 더 뛰어난 알고리즘을 가지고 있는지에 따라 서로 경쟁하는 시장이 될 것이다. 지금은 인공지능을 활용할 것인가 아닌가를 선택하는 인공지능의 초창기 시장이기 때문에 초기 리스크를 감수하고 투자를 한 회사들이 초기 시장의 폭발적 성장에 따른 이득을 모두 가져가게 될 전망이다.

Chapter 4

TV

들어가는 글

TV 산업은 그동안 거대 방송사와 미디어 그룹에 의해서 보수적으로 운영되어져 왔고, 인터넷의 혁명적인 변화에도 불구하고 최고의 미디어로서의 영향력을 훼손당하지 않는 등 막강한 힘을 아직까지도 발휘하고 있다. 인터넷이 미디어로서 점차 그 영향력을 확대하고 있고 TV 사업자들도 자신들의 사업의 확장을 위한 도구로 인터넷을 받아들이고는 있지만 영상이 가진 독창적인 영역을 침범당하고 있지는 않고 있는 것이다.

하지만 인공지능 시대가 다가오면서 TV 사업자들도 이 새로운 변화에 대해서는 미리 준비를 하는 모습을 보이고 있다. 인터넷 혁명을 만들어낸 통신사나 IT 기업들에 비해 TV 사업자나 제작사들이 인공지능을 주도적으로 펼쳐가기에는 여러 가지 어려움이 있지만, 그럼에도 불구하고 지금의 변화는 먼저 받아들이지 않으면 경쟁력을 잃게 되는 중요한 시기가 될 수도 있다는 것을 인지하고 있는 것이다.

방송사들의 인공지능 활용

BBC는 마이크로소프트와 손을 잡고 음성 지문 기술을 이용하는 모습을 보여줌으로써 시청자들에게 인공지능을 활용하는 선도적인 기업임을 어필하고, NHK는 방송 제작 과정에 영상 인식과 음성 인식 기술을 적용시켜서 제작자들이 보다 더 효율적으로 프로그램을 만들 수 있도록 하는 등 세계적인 방송사들이 인공지능을 TV 산업에 적용하고자 노력을 기울이고 있다. NHK, 컴캐스트 같은 자금력이 있는 거대 방송사에서는 자체적으로 인공지능 개발 인력을 두고 자신들만의 기술을 개발하여 이를 소비자에게 서비스하는 형태로 인공지능을 적용할 것이다. 하지만 대부분의 방송사는 BBC가 선택한 방식처럼 IT 기업이나 대학과의 협업을 통해서 인공지능 서비스를 개발하는 방향으로 인공지능 분야에 발을 들이게 될 것으로 보인다. 국내에서도 방송사들이 네이버나 카카오 등의 인공지능 선두 기업들과 협업 관계를 만들어 나가면서 새로운 방송 서비스와 프로그램을 개척해내는 것이 필요하다고 생각한다.

TV 산업 모든 분야로의 인공지능 확산

인공지능은 방송의 기획, 제작, 편성 그리고 마케팅 분야에까지 그 효율성을 무기로 점차 영역을 넓혀나갈 것으로 보인다. 시청자의 정보를 가공하여 맞춤형 편성이나, 성공 가능성이 높은 프로그램 제작 등 방송사의 경쟁력을 높여주는 방향으로 먼저 적용될 것이며, 초창기에는 시청자들의 데이터를 어떻게 획득하여 의미 있는 정보로 가공할 것인가가 중요하게 대두될 것이다. 넷플릭스의 추천 서비스가 방송사나 OTT 사업자에게 일반적으로 받아들여지고, 이런 추천 서비스가 편성에 영향을 미쳐 방송 전 분야로 인공지능 도입이 확산되는 순서로 인공지능이 방송 산업에 뿌리를 내릴 것이다.

이런 확산은 결국 가장 창의적 영역으로 분류되었던 영상 연출이나 촬영 그리고 편집에도 인공지능이 도입되도록 할 것이고, 시청자에게는 보다 더 품질 좋은 TV 프로그램이 서비스되겠지만 방송 산업 종사자들에게는 인공지능 시대에 자신의 역할에 대한 재정립을 요구받게 되는 상황이 펼쳐질 것이다. 창의적인 분야에서도 인공지능을 활용하는 능력이 필요한 시점이 오는 것이다.

영국 BBC의 인공지능 활용

"BBC, 인공지능 활용에 가장 적극적인 선두 방송사"

BBC는 전 세계 공영방송의 롤모델이다. 디지털 전환과 온라인 전략에서도 앞장서서 의미 있는 정책을 실천하는 모습을 보여주었다. 그러나 전 세계적인 공영방송의 위기와 미국이 주도하고 있는 온라인 비디오 혁명으로 인하여 최근에는 BBC의 선도적인 위상이 흔들리는 모습으로 비춰진다. 그럼에도 불구하고 새로운 디지털 영역에서 BBC의 움직임은 늘 주목할만한 가치가 있다. 최근 들어 인공지능과 관련하여 BBC는 다양한 실험을 차분하게 진행하고 있는데 그중 가장 눈에 띄는 것은 음성 인식 기술을 이용한 TV 시청이다.[*]

BBC는 미국의 마이크로소프트와 손을 잡고 iPlayer에 음성 인식을 활용하여 시청자의 목소리로 TV가 작동하고 명령을 수행하는 인공지능 프로젝트를 진행 중이다. 비밀번호를 입력하는 대신에 시청자가 자신의 목소리로 명령하면 TV가 반응하게 된다. 그리고 목소리의 주인공이 전에 시청했던 프로그램을 추천할 수도 있다. 단순히 음성 인식을 하는 것이 아니라 목소리로 사람을 구분할 수도 있는 음성 지문 기술을 적용하고 있는 것도 특징이다.

한국에서도 KT가 '기가지니'라는 이름으로 비슷한 서비스를 진행하고 있는데, 여기에는 음성 인식 기술만이 적용되어 있기 때문에 사람을 구별하여 맞춤 서비스를 제공하지는 못한다. 중국의 샤오미나 폭풍그룹

---

[*] Microsoft and BBC experiment with an iPlayer TV service that listens to you(TheVerge, Tom Warren, 2017.8.2)

의 TV도 인공지능을 적용하여 구현하고 있다. 이러한 음성 인식 인공지능은 미국의 IT 기업인 아마존이 에코^{Eco}라는 인공지능 스피커를 시장에서 성공시킴에 따라 전 세계의 선두 기업들 대부분이 채택하고 있는 서비스이다.

www.youtube.com/watch?time_continue=30&v=87hcMGXgX8I
BBC iPlayer의 음성 지문(Voiceprint) 소개 (그림 출처 : 유튜브)

BBC가 독특한 것은, 이러한 인공지능 기술의 개발과 적용이 대부분 IT 기업이나 통신사들에 의해서 이루어지고 있는 데 반해 BBC는 콘텐츠 제작사이자 방송사로서 이 분야에 주도적인 참여를 하고 있다는 점이다. 이뿐만이 아니라 BBC는 인공지능을 활용한 프로그램 추천도 실험하고 있으며, 간단한 현장 이벤트 중계 프로그램의 카메라 연출을 인공지능으로 진행할 만큼 인공지능의 활용에 적극적이다.

2017년 10월에는 영국의 8개 대학과 함께 BBC를 인공지능으로 변화시키고자 하는 커다란 계획을 발표하였다.* 이 인공지능 협력 사업의 목적을 BBC는 4가지로 이야기하고 있는데 첫째는 BBC 시청자에 대한 이해 증진이고, 둘째는 BBC 내부 직원에 대한 인공지능 학습이다. 인공지능을 이용하여 시청자를 분석하고, 이러한 분석 결과에 따라 프로그램을 제작하기 위한 환경을 만들기 위해서 내부 직원들을 대상으로 인공지능 학습을 추진하는 것이다. 내부 직원들이 인공지능에 대한 기본 지식이 없을 경우는 인공지능을 적극적으로 도입하는 것에 장애가 될 수가 있기 때문에 직원들에 대한 교육은 변화를 위한 기반을 위해서도 중요한 시작이다. 셋째는 제작자를 보조할 인공지능 설계, 그리고 넷째는 미래의 콘텐츠에 대한 기획이다. 인공지능으로 제작자들이 더 좋은 프로그램을, 더 효율적인 방법으로 만들려는 목적과 함께 새로운 시대에 맞는 프로그램을 기획하기 위해 인공지능 기술을 활용하고자 하는 것이다.

일본 NHK의 스마트 프로덕션

"국내 방송 업계가 생각하는 인공지능의 활용 수준을 보여주는 NHK"

일본의 공영방송 NHK의 방송기술 연구소는 매년 5월에 NHK Open House 행사를 진행한다. 이 자리에서 자신들이 연구해 개발한 최신 방송 기술을 방송 전문가와 일반인에게 소개하는데, 최근의 행사에서는 인공지능 관련 기술들이 눈에 많이 띄고 있다.

....
* BBC and UK universities launch major partnership to unlock potential of data(BBC, 2017.10.19)
  http://www.bbc.co.uk/mediacentre/latestnews/2017/bbc-uk-universities-partnership

NHK 방송기술 연구소 Open House 2017 안내 페이지

　　일본의 NHK에서는 인공지능을 활용한 방송 제작 시스템을 'AI-Driven Smart Production'이라는 명칭으로 부르고 있다. 인공지능이나 차세대 제작 기술을 활용하여 방송 프로그램을 제작하는 시스템을 총칭하여 스마트 프로덕션^{Smart Production}이라 하고 제작의 흐름도를 다음과 같이 설명하고 있다.*

....

＊ Smart Production

　https://www.nhk.or.jp/strl/open2017/tenji/1_e.html

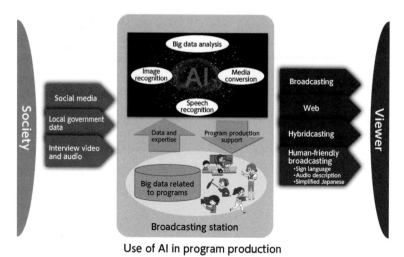

Use of AI in program production

인공지능 활용 TV 프로그램 제작 흐름도 (그림 출처 : NHK 방송기술 연구소)

위의 그림에서 알 수 있듯이 일본 NHK 방송기술 연구소에서는 인공지능을 창작의 주체로 보기보다는 인간 제작자가 프로그램을 만들 때 이를 보조해주는 역할로 인공지능을 받아들이고 있다. 이미지 인식이나 음성 인식을 통해 보다 스마트한 방송 제작 환경을 만들 수 있다는 것이 이들의 생각인 것이다. 이 그림을 소개하는 페이지에서 스마트 프로덕션을 3가지 내용으로 설명하고 있다. 첫째는 소셜미디어와 지방 정부 등으로부터 자동으로 데이터를 모아서 이를 인공지능으로 분석하는 빅데이터 분석이다. 방송 제작 전문가들이 이 시스템의 도움으로 제작을 더 용이하게 할 수 있도록 한다는 계획을 가지고 있다. 둘째는 인식 기술을 통한 제작자 보조 역할이다. 음성 인식을 통해 인터뷰한 영상의 내용을 텍스트화하고, 이미지 인식을 통해 영상에서의 메타 데이터를 쉽게 뽑아내는 역할로 제작자를 돕는다는 계획이다. 셋째는 제작된 영상물을 콘텐츠 소비자들이 쉽게 이용할 수 있도록 다른 형태의 콘텐츠로 변환하는 기술을 연구 중이다.

아마도 국내의 대부분 방송사나 영상 제작자가 생각하는 영상 제작 분야의 인공지능은 지금 이 정도 수준이다. 하지만 인공지능이 단순히 영상 제작자의 제작 편의성을 높여주는 정도에 그치게 된다면 그동안의 다른 제작 기술들과 사실상 큰 차이가 없는 기술이 된다. 인공지능이 그동안의 다른 첨단 기술들과 다르게 사람들의 관심을 집중시키고 있는 것은 이것이 그동안 우리가 접해왔던 기술들과는 전혀 다른 혁명적인 변화를 가져다줄 것으로 예상되기 때문이다. 4차 산업혁명이라는 용어가 사용되고 있고, 이런 혁명적인 변화가 이 시대에 가능하다고 다들 믿는 것은 인공지능이 그동안 우리가 만들어온 그 어떤 기술들과도 전혀 다른 새로운 기술로 가까운 미래에 우리의 현실 생활을 송두리째 변화시킬 것이라고 예상하기 때문이다.

인공지능 TV 채널 편성

"인공지능을 사용하여 영상을 처리하는 전문기업의 등장"

BBC나 NHK 같은 공영방송사들이 인공지능에 관심을 두고 미래의 변화에 대비하고 있는 것처럼 대부분의 TV 콘텐츠 산업 관련 기업들은 인공지능이 적용된 새로운 방식에 호기심을 가지고 지켜보고는 있다. 그러나, 직접 개발에 참여할 수 있을 정도의 여유를 가지고 있지는 못한다. 그래서 이들은 필요한 인공지능 기술을 외부 회사로부터 지원을 받아 적용해보고자 하는 니즈를 갖고 있다. 이런 요구가 있기 때문에 전문적으로 동영상 처리에 인공지능을 적용하여 메타 데이터를 자동으로 추출하거나 제작자들이 원하는 부분을 처리해주는 영상 처리 인공지능 전문기업이 미국 등 선진 시장에서 속속 등장하고 있다. 베리톤Veritone이나 픽셀Piksel 같은 회사들이 그런 일을 진행하는 업체인데 방송이나 영화 현장에서 적극적으로 협업을 고민하고 있기도 하다.

인공지능을 사용하여 영상을 처리하는 전문기업의 등장은 TV 콘텐츠 시장이 기존의 방송사 중심에서 OTT 사업자로 그 중심축이 이동하고 있는 것과도 무관하지 않다. OTT 사업자는 새로운 인공지능 기술을 적극적으로 자신들의 셋탑에 탑재하여 사업을 추진할 수 있기 때문에 이러한 전문기업들이 사업을 벌일 토대가 되고 있다.

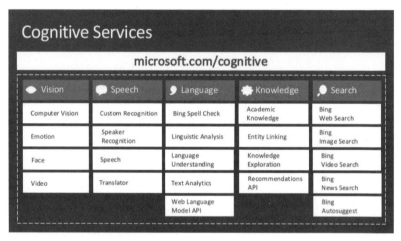

Microsoft 인공지능 Azure의 API 서비스

언론의 관심을 받고 있는 신생 OTT 기업 중에 인공지능을 활용하여 채널 편성을 개인 맞춤형으로 하고 있는 업체도 있다.* Zone TV는 어린이를 위한 14개의 주문형 비디오 채널을 출시하는데 편성 담당자가 이

---

* Zone TV aims to use artificial intelligence to program TV channels (LA Times, Meg James, 2017.8.2.)

채널의 프로그램들을 편성하는 것이 아니고 인공지능을 이용하여 각각의 소비자에게 맞는 영상을 제공한다. Zone TV는 이 프로젝트를 위해 오얄라^{Ooyala}라는 인공지능 영상 전문 업체와 손을 잡았다. 이 업체는 마이크로소프트의 'Cognitive Services'라는 인공지능 API를 이용하여 Zone TV가 하고자 하는 인공지능 채널 편성을 하고 있다. 이를 위해서 Zone TV가 보유하고 있는 TV용 프로그램을 인제스트하고 마이크로소프트의 인공지능을 이용해서 메타데이터를 추출한다.

여기에 음성을 문자화하여 프로그램의 정보를 자동으로 태깅해주기도 한다. 이런 과정을 거쳐 셋탑에 탑재되어 있는 인공지능이 소비자의 선택을 바탕으로 각각의 시청자에게 맞는 프로그램을 편성해주는 것이다. 이런 방식의 인공지능 사업은 앞으로 우리가 인공지능을 어떻게 이용하게 될 것인지를 보여주는 좋은 사례라고 생각된다.

페이스북, 구글, 아마존, 마이크로소프트 같은 세계적인 IT 기업들은 거대 자본과 최고의 인력을 독점하여 인공지능 분야에서 이미 독과점적인 지위를 확보해나가고 있다. 이들의 사업은 인공지능을 API 형태로, 마치 소프트웨어를 판매하는 것처럼, 사용 권한을 전 세계의 회사들에게 파는 것이다. 가까운 미래에는 이들 기업의 인공지능을 빌려 쓰지 않는 기업은 경쟁력을 확보하지 못하고 도태되어 버릴 환경이 조성될 것이고, 이들은 전기나 물 같은 필수재를 독점적으로 보유하고 있는 기업이 될 것이다. 그리고 이들의 인공지능을 누가 더 적절한 아이템에 잘 사용하는가에 따라 새로운 사업이 탄생하게 될 것이고, 미래의 부가 쌓이게 될 것이다.

인공지능을 활용하여 시청자를 더 잘 이해하고, 맞춤형 프로그램을 개인화하여 편성하려는 시도는 신생 기업뿐 아니라 기존의 방송 거물들에게서도 나타나고 있다. 미국 최대 케이블방송사 컴캐스트[Comcast]는 X1이라는 이름의 음성 리모컨을 이용하여 시청자의 의도를 파악하고, 이에 맞추어 고객 지향의 서비스를 제공하려는 시도를 하고 있다.*

컴캐스트 음성 리모컨 X1 (그림 출처 : 컴캐스트 소개 영상)

이미 3천만이 넘는 미국 가정에 보급되어 있는 컴캐스트의 셋탑에 인공지능 기능을 업데이트하여 시청자의 만족도를 올린다면 먼저 시장을 선점하고 있는 다른 경쟁자들과 대등한 위치에서 사업을 추진할 수 있을 것이라는 계산을 하고 이러한 투자를 진행하고 있는 것이다. 음성 리모컨을 통한 TV 통제는 단순히 시청자들의 편의성을 고려한 것이 아니라, 이를 이용하는 소비자들의 시청 패턴을 분석하여 인공지능으로 정교한 프로그

....

* Comcast: How AI, machine learning, DevOps, and a bit of hardware may make it a smart home platform (ZDNet, Larry Dignan, 2017.10.23)

램 추천을 만들어내려는 계획이 내포되어 있는 것이다. 이렇게 얻어진 시청자들의 요구는 자연스럽게 프로그램 편성과 제작에 반영된다. 편성은, 사실 단순히 프로그램을 시간순이나 공간적으로 배치하는 것에서 끝나는 것이 아니라, 방송 채널의 브랜드나 방송 효과 분석 등 다양한 TV 방송 시스템 전체를 아우르는 역할을 담당하는 일이다. 그러므로 시청자에 대한 분석 정보를 획득하는 것은 편성 업무의 기본이다.

인공지능 기술은 TV 편성을 변화시키는 것뿐 아니라 TV 산업의 가장 큰 수익원인 광고에도 변혁의 바람을 몰고 올 전망이다. 프로그래매틱 광고Programmatic Ads는 특정 TV 프로그램의 이용자를 자동으로 분석한 후에, 이 프로그램의 시청자에게 맞춤형 광고를 자동적으로 붙이는 광고 기법을 말한다. 온라인과 모바일 광고에서는 이러한 방식의 광고가 점차 일반화되어가는 추세이지만, 여전히 TV 광고는 기존의 방식이 고수되고 있는 경향이 강하다. 특히 국내의 방송 광고 시장은 규제가 강한 환경이기 때문에 논리적으로 효율적인 프로그래매틱 광고가 안착되기에는 쉽지 않은 분위기다. 하지만 점차 TV 광고 시장의 규제가 사라지고 있고, 광고주들이 광고 효과 분석에 의한 광고 집행을 중요하게 생각하고 있기 때문에 이런 광고 기법이 빠른 시일 내에 정착될 것으로 보인다. 여기에 인공지능의 도입은 더욱 정확한 분석과 예측이 가능하도록 해줄 것이므로 인공지능을 이용한 프로그래매틱 광고는 쉽게 받아들여질 것이다.

그동안 TV 광고에 대한 효과를 정확히 측정하는 것이 어려웠고, 광고 결과에 대한 통제력도 많이 떨어지는 것이 사실이었다. 하지만 그럼에도 불구하고 TV 광고의 영향력은 그 어떤 매체에 비해서도 강력하다는 것이 일반적인 통설이고, 효과 조사에서도 압도적인 우위를 나타내고 있다.

또한 TV 광고는 다른 매체의 광고와 결합되었을 때 효과가 극대화된다는 연구 결과들이 많이 나오고 있는 추세이기도 하다. 이런 이유로 TV와 다른 디지털 매체를 함께 결합하여 광고 집행을 하는 방식이 현재는 가장 각광을 받고 있다. 여기에 인공지능까지 적용되면 TV의 프로그래매틱 광고가 효과를 측정할 수 있을 정도로 더욱 정교해질 것이고, 결국 TV를 중심으로 한 디지털 매체 혼합형 광고 집행이 더욱 증가할 것으로 예측된다.

인공지능 콘텐츠 추천

"인공지능 추천 시스템의 가치를 증명해보인 넷플렉스"

넷플릭스는 이제 동영상 콘텐츠 업계에서 혁신의 상징이 되었다. 이 회사의 성공 스토리는 워낙 잘 알려져있어서 다시 언급할 필요는 없을 것 같고 여기서는 인공지능과 관련된 부분들만을 살펴보겠다.

넷플릭스의 성공을 이야기할 때 가장 많이 이야기되고 있는 것은 추천 시스템이다. 추천은 개인화 서비스와 관련이 깊다. 그 서비스를 이용하고 있는 사용자에 대해 정확하게 이해를 해야만 추천이 가능하기 때문에 이것의 시작은 소비자 개인의 정보를 얻어내는 것이다. 그런데 이 정보를 소비자들에게 직접 물어보는 방법으로는 얻기가 어렵다. 그런 방법을 사용하게 되면 당장 소비자들은 짜증을 내고 다른 서비스로 이동한다. 그러면 어떻게 정보를 얻어야 할까?

소비자들로부터 자신의 정보를 제공하는 것이라는 인지를 하지 못하게 하면서 정확한 정보를 모아야만 의미 있는 추천 서비스가 가능하다. 그래서 일반 소비자를 상대로 하는 B2C 사업을 하는 기업에는 소비자들의 정보를 획득하는 각자의 방식이 존재하는데, 넷플릭스는 사용자의 기본 정보와 함께 그의 사용 이력을 기반으로 맞춤형 서비스에 필요한 정보를 얻고 있다. 사용자가 어떤 영화를 봤고, 그 영화에 평점 몇 점을 주었는가와, 같은 영화를 본 다른 사람들이 이 영화에 평점을 어떻게 주었는지 하는 데이터를 가지고 넷플릭스만의 추천 방식을 만들어내었다.

기본적인 추천 시스템은 협업 필터링과 콘텐츠 기반 필터링을 기반으로 한다.* 협업 필터링이란 소비자의 행동 정보를 분석하여 그 소비자와 비슷한 성향의 사람들을 찾고 그들이 좋아했던 것들을 추천하는 기술이다.

한 소비자가 어떤 영화나 동영상을 보았다면 같은 영화를 본 다른 소비자들이 평점을 높게 준 다른 영화를 그 소비자에게 추천하는 방식이므로, 이 추천 기술은 소비자들의 검색이나 구매 내역 정보를 분석한다. 아마존이 온라인 쇼핑몰에서 물건을 구매하는 소비자들에게 추천하는 방식을 발전시켜온 것이 다른 분야로도 확산되면서 이 방식은 추천 서비스의 기본이 되었다. 그런데 이 방식은 소비자가 여러 명이고, 오랫동안 서비스를 이용해서 많은 정보가 축적되어 있지 않으면 적용하기 어려운 단점도 가지고 있다. 그래서 콘텐츠를 분석하는 콘텐츠 기반 필터링이 추가된다.

콘텐츠 기반 필터링은 특정 소비자가 본 영상을 분석하여, 이 영상 콘텐츠와 유사한 영상을 그 소비자에게 추천하는 방식이다. 영상 콘텐츠를 분석해야 하기 때문에 다소 복잡한 방식의 알고리즘이 적용되어 협업 필터링에 비해서 적용이 쉽지 않다.

---

* 콘텐츠 추천 알고리즘의 진화 (방송 트렌드 & 인사이트 2016. 04+05 VOL. 05, 서봉원 교수)

넷플릭스는 추천 시스템이 자신들의 강점으로 작용할거라 판단하고 소비자들이 만족할만한 추천 시스템을 개발하는 데 투자를 아끼지 않았다. 앞에서 예를 든 기본적인 추천 시스템을 위한 기술 이외에 다른 회사에 비해 더 높은 만족도를 낼 수 있는 추천 알고리즘을 만들어내기 위해 100만 달러의 상금을 건 넷플릭스 프라이즈Netflix Prize라는 대회를 개최하기도 했다. 이러한 투자와 관심 때문에 넷플릭스는 다른 경쟁 기업들과 차별화되는 자신들만의 강력한 추천 시스템을 확보하였고, 이를 토대로 전 세계 시장에서 승승장구하는 모습을 보여주고 있다.

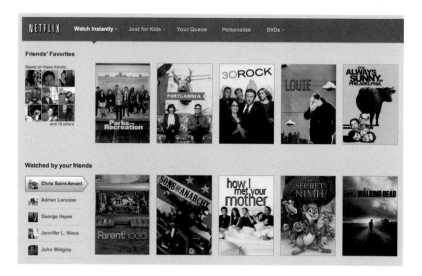

넷플릭스 추천 화면 (그림 출처 : 넷플릭스)

넷플릭스의 인공지능 기술 적용은 콘텐츠의 추천에 국한되지 않는다. 인공지능을 이용한 동영상 압축 최적화 'Dynamic Optimizer'를 개발하여 효율적으로 영상을 스트리밍하고 있다. 일반적으로 동영상은 특정 화질로 압축되어 서비스된다. 반면, 인공지능을 이용한 동영상 압축 최적화 기술은 영상의 특성을 구간마다 분석하여 압축의 정도를 최적화

할 수 있기 때문에 소비자에게 전달되는 영상이 가장 효율적으로 보이는 것이다. 인공지능 기술로 회사의 비용도 절감하면서 소비자 만족도도 높이는 최적의 방안을 찾아가는 것이 넷플릭스가 생존하는 최선의 비법인 것이다.

TV 광고 제작 대결 : 인간 vs 인공지능

"창의적 아이디어로 창작의 가능성을 보인 인공지능"

일본에서 인공지능을 활용하여 제작된 광고가 화제를 모은 적이 있었다. McCann Erickson이라는 글로벌 광고 회사에서 사람들의 관심을 얻고자 인간과 인공지능의 대결이라는 다소 선정적인 이벤트를 진행한 것이다.*

유명한 TV 작가인 미수루 쿠라모토Mitsuru Kuramoto가 제작 책임자가 된 팀과 인공지능이 제작 책임자인 팀, 이렇게 두 팀이 각각 입 안을 10분 동안 시원하게 해주는 'Clorets mints'라는 제품의 TV 광고를 만들도록 하였고, 이를 일반 소비자들이 평가하여 어떤 광고가 더 잘 만들었는지 대결하도록 한 것이다. 물론 이때 어떤 광고가 인공지능이 만든 것인지 알려주지 않았기 때문에 이 대결은 사람들의 호기심을 끌기에 충분했다.

마치 예능 프로그램의 아이템 같은 이 대결은, 사실 광고 영상의 제작 중에 컨셉과 아이디어 부분에 대한 대결이라고 보는 것이 합당하다. 사실

---

* CHECK OUT THE FIRST AD FROM MCCANN JAPAN'S 'AI CREATIVE DIRECTOR' (AdAge, Angela Doland, 2016.6.6)

인공지능은 이 대결에서 제작을 직접한 것이 아니었다. 광고 제작의 컨셉과 제작 아이디어를 인공지능이 제공하고, 촬영이나 편집 등의 제작은 인공지능과 팀을 이룬 영상 전문가들이 진행했다. 이 인공지능은 일본의 TV 광고 특히 광고 대회에서 수상한 작품들에 대해 학습을 받았고, 이를 바탕으로 이 광고의 컨셉과 아이디어를 만들어냈다고 한다.

인간 vs 인공지능 광고 제작 대결 이벤트 이미지

한 팀의 작품은 개가 하늘을 날아다니는 내용이고, 다른 한 팀의 작품은 여자 서예가가 맨발로 글을 쓰는 것이었는데, 일본 소비자들은 개가 하늘을 날아다니는 것이 좋다는 의견이 많았다고 한다. 그리고 나중에 대결의 결과가 발표되었는데, 인간이 컨셉과 아이디어를 낸 광고 작품이 승리했다고 한다. 결과를 모르고 두 광고를 모두 본 나는 사실은 인공지능 팀이 만든 것이 훨씬 세련되고 멋지다고 생각했었다(아래 광고 영상 링크를 보고 판단해보자).*

인간 팀이 만든 것은 재미있는 분위기를 표현했다면, 인공지능 팀의 작품은 시원한 분위기를 멋지게 표현하고 있다. 재미있는 광고가 소비자

....

* https://www.youtube.com/watch?v=8cWHxd3k4gs (인공지능 팀이 만든 광고 영상 링크)
  https://www.youtube.com/watch?v=wMQ1AHB2XhQ (인간 팀의 광고 영상 링크)

들에게는 더 좋은 반응을 받았을 수는 있지만 제품이 가진 시원한 느낌을 표현한 것으로 인공지능의 컨셉과 아이디어도 아주 훌륭했다고 본다.

인공지능이 주도한 팀에서 낸 컨셉이나 아이디어는 사실 그동안 인간이 만들어온 TV 광고들을 열심히 학습해서 비슷한 흉내를 낸 것에 불과하다고 볼 수도 있다. 아직까지는 인공지능의 수준이 그동안 우리 인간이 축적해온 생각들을 그저 모방하는 것이라고 평가절하할 수도 있다는 말이다. 하지만 모방은 창조의 어머니라고 하는 말처럼 우리 인간의 모든 창의적 아이디어의 시작은 그동안 축적해온 문화를 학습하는 것에서 시작된 것이다. 결국 인공지능도 이제 시작 단계에서 인간의 오랜 문화를 빠르게 학습하고 있고, 이를 바탕으로 모방 수준의 창의적 아이디어들을 내고 있는 것이다. 그동안 인간만이 창의적인 영상 콘텐츠 아이디어를 낼 수 있다는 생각은 이제 더 이상 사실이 아닐 수 있는, 새로운 시대의 변화를 받아들여야 하는 세상이 되어가고 있는 것이다.

인공지능의 촬영과 편집

"인간의 조작이 필요없는 촬영, 녹화, 편집, 그 무한한 가능성"

구글이 발표한 인공지능 카메라 클립Clips은 앞으로 TV 방송의 현장에서 촬영 분야가 어떻게 달라질 수 있는지 그 단초를 제공하는 제품이다.

이 카메라는 인공지능을 이용해서 카메라를 소유한 사람이 원하는 내용을 학습할 수가 있다. 자신의 모습과 가족의 모습을 학습시키면 이 카메라는 학습된 피사체가 렌즈에 보일 경우에 자동으로 촬영한다.

녹화를 하기 위해서 버튼을 누를 필요가 없이, 카메라가 자동으로 녹화를 하는 것이다. 렌즈에 다른 피사체들이 있을 때는 알아서 촬영을 하지 않기 때문에 아주 효과적으로 자신과 가족의 모든 것들을 영상으로 촬영해 둘 수가 있다.*

구글 클립 인공지능 카메라

    아주 단순하게 보이지만 이 카메라는 인공지능으로 학습해서 피사체를 인식하고 촬영한다. 이런 첨단 인공지능 제품이 대중화되어 시중에 팔린다는 것은 이제 인공지능이 연구의 단계를 넘어서 실생활에 밀접한 제품들을 생산할 수 있는 단계로 진입하고 있다는 것을 의미한다. 249달러의 가격으로 구글 스토어에서 일반 소비자에게 판매하고 있는 이 제품은 어찌 보면 단순한 장난감 같은 제품이라고 할 수 있겠지만, 많은 전문가로부터 미래의 카메라에 대한 모습을 보여준다는 의미에서 큰 반응을 얻고 있다.

....
* THE GOOGLE CLIPS CAMERA PUTS AI BEHIND THE LENS (TheVerge, Dieter Bohn, 2017.10.4)

당장 방송 제작 현장에서 이 작은 카메라를 사용하지는 않겠지만 인공지능으로 학습이 가능하여 사람의 조작이 필요 없는 카메라의 등장은 동영상 제작에 커다란 혁신을 가져올 것임에는 틀림없어 보인다.

인공지능 시대의 심장 같은 역할을 하는 GPU를 생산하며 가장 주목받는 미래 기업으로 떠오른 엔비디아 NVIDIA 라는 기업이 있다. GPU는 원래 컴퓨터 게임을 위하여 만들어진 그래픽 전용 프로세서인데 최근에는 이 제품이 영상 인식 분야의 핵심 부품으로 발전하면서 이 회사는 최고의 유망기업으로 성장하고 있다. 인공지능 특히 신경망 방식의 딥러닝이 각광을 받으면서 기존의 CPU에 비해 GPU가 인공지능을 위한 데이터 처리에서 우월한 성능을 보인다는 결과에 따라 엄청난 처리 데이터를 가진 영상 분야에서는 특히 GPU를 이용하는 것이 일반화되고 있다. 자율 주행 자동차 같은 주변의 환경을 카메라로 인식하는 시스템이 중요한 경우처럼 영상 인식의 모든 분야에 엔비디아가 참여하고 있으며 새로운 분야에 자신들의 제품이 사용된 사례를 계속적으로 홈페이지에 소개하고 있다.

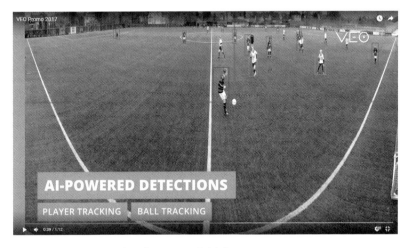

축구 경기 전용 인공지능 카메라 (그림 출처 : NVIDIA 홈페이지)

이 회사의 홈페이지에 코펜하겐 소재의 스타트업이 구글의 클립과 유사한 촬영 카메라를 출시했다는 소개가 있다.* 인공지능을 이용하여 축구 경기를 녹화하는 카메라를 개발한 스타트업인데, 이 기술은 축구공과 선수들의 움직임을 카메라가 인식하여 경기를 녹화하는 것으로 촬영하는 사람이 없이 카메라가 모든 경기 상황을 인지하여 자동으로 촬영한다.

또한 아마존에서도 자신들의 클라우드 서비스를 활용하여 인공지능 기능이 지원되는 'DeepLens'라는 이름의 개발자용 인공지능 카메라를 출시하였다.**

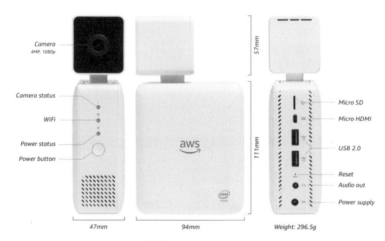

아마존의 개발자용 인공지능 카메라 딥렌즈^{DeepLens} (그림출처 : 아마존)

....
* AI Technology Automatically Records Soccer Matches (엔디비아 개발자 블로그, 2017.8.31.)
https://news.developer.nvidia.com/ai-technology-automatically-records-soccer-matches/
** Amazon Web Services builds a camera with A.I. inside (CNBC, Jordan Novet, 2017.11.29)

구글의 클립이 일반 소비자가 사용할 수 있도록 단순화해서 나온 제품이라면, 딥렌즈는 인공지능에 대한 이해가 있는 개발자들을 대상으로 만든 카메라이다. 이 카메라를 개발자들이 사용하는 것으로 인해 아마존의 클라우드 서비스가 보유한, 인공지능 API를 활용하는 것을 홍보하고 마케팅하려는 측면도 있다고 한다. 이 제품은 인공지능 기능이 카메라 안에 내장된 것이 아니라 클라우드 서비스로 제공된다는 점에서 더욱 주목해볼 만하다. 현재 대부분의 인공지능 선두 그룹들은 이처럼 인공지능을 클라우드 서비스 형태로 상업화하려는 모습을 보이고 있는데, 이런 모델이 성공적으로 안착하게 될 경우에는 인공지능의 활용이 더욱 일반화될 것으로 예상된다.

영상 편집에도 인공지능을 활용하려는 시도가 계속 이루어지고 있다. 우선 IBM에서 인공지능 왓슨을 영상 편집에 적용하여, 윔블던 테니스 대회의 하이라이트 영상을 편집한 것은 많이 알려져 있는 인공지능 영상 편집의 사례이다. 그리고 영상 편집 분야의 선두 기업 중 하나인 어도비도 인공지능을 편집기에 적용한 연구를 진행하고 있다.*

인공지능이 학습을 통해서 인간이 편집하는 것과 비슷한 정도의 수준으로 영상 편집이 가능해지면서도, 속도 면에서는 인간의 편집보다 몇 배를 빠르게 할 수 있다. 유튜브 영상 스타일의 편집도 미리 저장된 템플릿 형태를 편집기에 적용시키기만 하면 인공지능 편집기가 자동으로 스타일을 찾아서 편집한다. 이 편집기는 인간의 편집 업무를 모두 대체한다

---

* Adobe and Stanford just taught AI to edit videos (digital trend, Hillary Grigonis, 2017.6.24)

기보다는 보조적인 역할로 편집 속도를 빠르게 하고, 편집자가 원하는 편집 스타일을 선택할 수 있도록 하고 있다.

어도비와 스탠포드 연구소의 인공지능 편집

영상 편집 인공지능

스포츠 분야의 인공지능 서비스는 대부분의 소비자가 TV를 통해서 스포츠를 시청하기 때문에 TV 분야의 인공지능과 깊은 연관을 갖는다. 앞에서 소개한 Second Spectrum, Next Gen Stats는 TV 방송의 자막 서비스가 고도화된 것이라고 표현할 수도 있다. 스포츠 분야의 인공지능 사례처럼 TV의 자막이 실시간으로 처리되는 모습은 앞으로 인공지능이 발전함에 따라 일반적인 서비스가 되어 시청자에게 자주 선보일 것으로 예측된다.

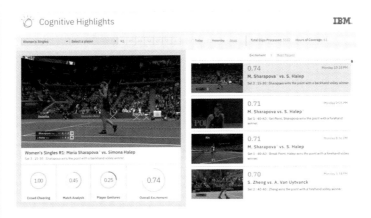

IBM 인공지능 왓슨의 영상 편집 (그림 출처 : IBM 홈페이지)

경기장에서 벌어지는 스포츠 경기를 안방의 TV로 어떻게 보여줄 것인가에 대한 부분에서 스포츠 분야에서의 인공지능 적용은 필연적으로 TV와 연관을 가지고 발전할 수밖에 없는 구조적인 이유를 갖고 있는 것이다. 스포츠 정보가 그동안의 단순 CG에서 벗어나 실시간으로 적용이 가능한 애니메이션 스타일로 변화되고 있는 사례들 이외에도 스포츠 경기를 TV 동영상으로 만드는 것에 인공지능이 적극적으로 활용되고 있다.

동영상 편집과 관련해서는 IBM의 인공지능 왓슨이 2017년 9월에 개최된 US Open 테니스 대회의 하이라이트 제작에 사용된 것이 많은 사람들의 관심을 모았다. 영상 편집 영역은 그동안 기계로 대체하기에는 너무나도 창의적인 일로 여겨졌다. 그런데 여기에 인공지능이 도전한 것이다. 메이저 테니스 대회인 US Open 정도의 세계적인 스포츠 이벤트는 최상의 영상을 만들어내기 위해 하이라이트 영상 편집에 들어갈 장면들을 선정하는 데에도 상당한 시간과 인력, 자금이 투입된다. 그동안 진행된 모든 경기의 장면을 다 살펴보고 그중에 가장 멋지고 중요한 장면들을 선택하는 과정이 필요한 것이다.

이 작업에 인공지능이 투입되었다. 기존에 제작된 스포츠 경기의 하이라이트 장면들을 인공지능에게 모두 학습시켜서 인공지능 스스로가 이 영상들의 주요 공통점을 알아내게 하고, 인공지능 왓슨이 하이라이트 영상 편집에 필요한 편집의 판단 기준을 스스로 깨닫게 하는 과정으로 진행되었고, 이 영상이 공개되며 큰 화제를 모은 것이다.

이 실험적인 시도는 앞으로 영상 편집이라는 고도의 창의적인 창작 작업에 인공지능이 사용되어 시간적인 효율성을 높여줄 수 있다는 것을 의미한다. 이런 시도가 일반 프로덕션 수준에서 사용할 수 있을 정도로 대중화되기에는 시간이 좀 더 필요하겠지만, 만약 적용이 빠르게 이루어진다면 그동안 영상 편집 업무를 담당하는 전문가들에게는 사실상 강력한 경쟁자가 나타난 것이다. 특히 편집 시간 면에서는 앞으로 인공지능을 능가하는 전문가는 나타나지 않을 것으로 보인다. 인공지능이 영상 편집 영역의 시간적인 절약이라는 면에서는 이미 인간을 뛰어넘을 수 있음을 보여주고 있다. IBM 리서치 센

터의 블로그*에 보면 IBM에서 이 하이라이트 영상을 인공지능으로 만들어내기 위해

어떠한 과정을 거쳤는지에 대한 자세한 설명을 볼 수 있다.

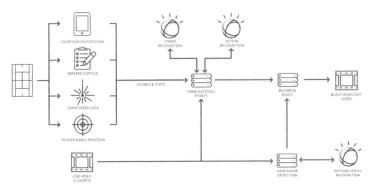

IBM 인공지능 Watson의 2017 윔블던 하이라이트 영상 편집 Flowchart
(그림 출처 : IBM 리서치 센터 블로그)

'Watson Video Enrichment'라는 이름의 영상 관련 인공지능은 Computer Vision

기술과 인공지능 기술을 결합하여 영상 콘텐츠의 검색, 추천 그리고 실시간 자막의 편

집, 게다가 유해 콘텐츠 제거 기능도 할 수 있도록 프로그램되어 있다.

인공지능은 생방송 영상을 시청하고 자신이 배운 방식으로 나름의 판단 기준을 만들어

서 테니스 경기 중 가장 흥미진진한 순간의 영상 장면을 자동으로 식별하여 선택한다.

이런 과정을 통해 하이라이트 영상에 사용할 영상 조각들을 분류해낸다. 여기에는 위의

* Scaling Wimbledon's video production of highlight reels through AI technology (IBM리서
치, Rogerio Schmidt Feris, 2017.6.27.)
https://www.ibm.com/blogs/research/2017/06/scaling-wimbledons-video-production-
highlight-reels-ai-technology/

그림에서 볼 수 있듯이, 경기 내용 데이터와 심판의 기록, 서브 공의 속도 데이터 그리고 테니스공의 위치 정보 등도 하이라이트 영상의 장면들을 선택하는 데 영향을 미친다. 그리고 영상 속의 관객 응원 소리와 동작, 선수들의 승리 후 세레모니 인식 등이 같이 분석되면서 가장 흥미로운 순간을 포착해낸다.

Watson Video Enrichment는 윔블던 테니스 대회라는 세계적인 스포츠 이벤트를 활용해서 자신이 할 수 있는 능력을 세상에 널리 알렸고, 이제 이런 기능을 세일즈하고 있는 상황이다. 누구나 돈을 내고 영상 편집 인공지능을 사용할 수가 있는 것이다. 아직까지는 인공지능을 사용하는 것이 기존의 인간 편집자에 비해서 너무나 많은 투자가 필요한 상황이지만, 인공지능을 사용하는 가격은 시간이 가면 갈수록 낮아지게 될 것이고, 기능은 더욱 좋아지게 될 것이다.

Chapter 5

연예/MCN(디지털 콘텐츠)

들어가는 글

2015년 국내의 미디어 생태계에 긴장감을 불어넣으며 차세대 콘텐츠 주자로 각광을 받았던 MCN은 수익 모델의 벽에 부딪친 상황이다. 하지만 MCN의 등장과 함께 온라인/모바일 전용 디지털 콘텐츠에 대한 관심이 폭발적으로 증가하였고 미래의 콘텐츠 생태계의 방향에 대한 길을 제시했다는 점에 대해서는 대부분의 관련 전문가들이 인정하고 있다. 이제 인공지능이 정체되어 있던 디지털 콘텐츠를 구원할 구원투수로 등장하고 있다. 2018년 새로운 혁신을 꿈꾸는 도전가들이 디지털 콘텐츠와 인공지능이 결합하는 지점에서 새로운 혁명을 준비하고 있는 중이다.

AI MCN

SM엔터테인먼트의 이수만 회장은 인공지능이 MCN과 만나 새로운 돌파구를 만들어낼 것이라는 혁신적인 비전을 갖고 있다. 그는 인공지능이 자사 소속 연예인들이 새로운 미디어 환경에서 한 단계 성장할 수 있는 절호의 기회라고 믿고 차분하게 준비하고 있다. 소속 연예인들의 목소리를 거의 똑같이 생성할 수 있는 기술과 자연스러운 대화가 가능한 인공지능을 결합하여 말로 대화하는 셀럽봇을 서비스하려는 도전을 하고 있으며, 팬들과 바로 옆에서 항상 대화하며 접촉할 수 있는 인공지능 연예인을 미래의 사업으로 준비하고 있다. 일본의 버츄얼 유튜버는, 이수만 회장의 비전을 현실적으로 보여주고 있는 사례로, 앞으로의 MCN 사업에 인공지능이 어떠한 모습으로 영향을 미칠 수 있을지를 예측해볼 수 있게 해준다.

음성 MCN

인공지능 스피커의 성공으로 오디오 콘텐츠에 대한 수요가 크게 증가하고 있으며, 팟캐스팅 콘텐츠는 이러한 오디오 콘텐츠의 가장 성공적인 모델로 자리를 잡고 있다. 인공지능 스피커라는 새로운 오디오 콘텐츠 플랫폼의 등장은 기존의 영상 위주 MCN 사업에 영향을 주어 음성으로 이루어져 있는 오디오 콘텐츠 제작이 주목을 받는 환경을 만들고 있다.

인공지능 자동 자막 서비스

유튜브는 영상의 대화나 음향을 이해하는 인공지능 기술을 발전시키고 있으며, 이를 문자화해서 영상에 자막 형태로 서비스하는 것을 구현하고 있다. 이러한 서비스는 자금력에서 큰 기업에 밀리는 1인 창작자들도 좋은 콘텐츠가 있으면 자신의 힘으로 해외 시장을 진출할 수 있도록 하여 MCN 사업의 양상 자체를 변화시킬 수 있는 힘을 갖고 있다. 이 서비스 이외에도 디지털 콘텐츠 제작과 마케팅에 인공지능 기술을 도입하여 이전까지 할 수 없었던 새로운 시도들이 실험되고 있으며, 이를 통해 MCN이 한계를 극복하고 미래의 미디어 생태계의 한 부분을 담당할 수 있도록 지원하는 역할을 하고 있다.

AI MCN

"1:1로 방송하는 개인 맞춤형 방송"

제7회 성공경제포럼에서 〈AI와 아시아의 시대, 대한민국의 미래를 말하다〉라는 주제로 토의가 있었다. 여기서 발표된 이어령 전 장관과 이수만 SM엔터테인먼트 회장의 발언 내용을 정리한 2016년 12월의 중앙일보 기사를 보자. 이수만 회장의 앞서가는 CEO로서의 면모를 느낄 수 있는 발언이 나온다.*

> "라디오와 TV가 나오면서 매스미디어 시대가 됐다.
>
> PR 하는 방법도, 사람과 관계 갖는 방법도 달라졌다. 다음에 인터넷이 나왔다.
>
> 서로 인터랙티브해졌다. 방송이란 관점에서는 1인이 대중에게 방송하는
>
> MCN(멀티 채널 네트워크)의 '1대 다' 방식까지 발전했다.
>
> 그렇다면 그 다음은 어떤 방식으로 발전할 것인가.
>
> 간단하게 말해서 MCN에 AI가 결합된 AI MCN이 아닌가 싶다.
>
> AI 덕분에 1대1로 방송하는, 개인 맞춤형 방송이 나올 것이라는 얘기다.
>
> 콘텐트가 시간에 따라 움직이는 것이 아니라 인터넷 클립이 완전 방송화되면서
>
> 무한대로 만들어진다.
>
> 지금도 스마트폰에 음악 플레이리스트가 있지 않나.
>
> 이게 클라우드로 올라가면 내 비서가 음악을 틀어주게 된다.
>
> 그런데 그 비서는 내 옆의 챗봇일 수 있다.
>
> 음악만 아니라 내가 원하는 모든 것을 해주는 비서다.

....

* 대한민국 인공지능, 내일은 없지만 모레는 있다(중앙일보, 정형모 기자 · 유주현 객원기자, 2016. 12. 04).

지금은 목소리만 있지만 곧 얼굴을 갖게 될 것이다.

그 얼굴은 셀레브리티의 그것이 될 수 있다.

바꿔 말하면 누구나 자신의 아바타를 갖게 된다는 의미다.

아바타가 내 친구도, 비서도, 동반자도 돼주는 세상이다.

그런데 기왕이면 셀레브리티가 나를 위해 친근한 목소리로 방송하고,

정보를 주고, 이야기를 해준다면 훨씬 더 좋지 않겠는가. 이들에겐 언어 장벽도 없다.

그래서 셀레브리티가 AI MCN을 통해 동료가 되는 세상이라면,

SM도 그긴 할 수 있지 않을까 하고 생각한다.

왜냐하면 아시아에 알려진 셀레브리티는 우리가 제일 많기 때문이다."

'AI MCN'이라는 독특한 컨셉을 이야기하면서 인공지능이 앞으로 어떻게 미디어 생태계를 변화시킬 것인가에 대한 자신의 생각을 밝히고 있는 이 인터뷰에서 SM엔터테인먼트를 이끌고 있는 CEO로서 사업적인 구상을 엿볼 수 있다. 자신들의 소속 연예인들을 활용하여 1인 방송을 사업화하려는 생각을 인공지능이 구체화시켜줄 수 있을 것으로 기대하고 있는 것이다. MCN이라는 새로운 형식의 동영상 콘텐츠 비즈니스가 국내에서도 영상 콘텐츠 산업 전반에 영향을 미치고 있기는 하지만, 이후의 고민과 이를 어떻게 만들어갈 것인가에 대한 나름의 명쾌한 답안을 가지고 있다는 점에서 놀랍다. MCN 사업 전체가 수익 모델의 확보라고 하는 걸림돌에 막혀 돌파구를 찾지 못하고 있는 상황에서 과감하게 AI와 MCN을 결합한 사업 모델을 구상하고 있는 이러한 준비가 MCN 사업을 한 단계 끌어올릴 수 있는 묘책이 될 수도 있을 거라 믿는다.

그 후 SM엔터테인먼트는 2017 CES에서 SK의 인공지능인 '에이브릴'을 탑재한 음성 인식 인공지능 비서 위드[Wyth]를 선보였다. 소속 연예인인

소녀시대와 EXO의 목소리로 답변해주는, 다른 인공지능 음성 서비스들과는 차별화된 제품을 선보인 것이다. 물론 이 제품은 이후 SK측과의 문제가 있었는지 시제품을 끝으로 제품 대중화에는 실패했지만 이수만 회장의 인공지능에 대한 관심을 충분히 엿볼 수 있는 사건이었다.

　2017년 6월 SM엔터테인먼트는 미국 캘리포니아에 위치한 인공지능 전문 기업인 ObEN(오벤)과 공동 투자하여 홍콩에 AI Stars라고 하는, 인공지능으로 가상의 셀럽을 만드는 회사를 설립하였다. 이 회사를 시작하면서 SM은 세계 최초로 AI 기술과 셀러브리티 IP를 결합한 전혀 새로운 콘텐츠를 제공할 수 있는 에이전시 사업을 전개해나갈 것이라고 밝혔다.[*] ObEN은 미국 캘리포니아에 위치한 AI 스타트업으로, 인공지능 기술의 하나인 딥러닝을 활용하여 특정인의 목소리로 일반 대화가 가능하도록 하여 아바타 등 개인화된 인공지능 모델을 만들 수 있는 회사라고 한다.

　2018년 1월 현재 AI Stars의 홈페이지https://stars.ai에 가면 첫 페이지 화면만 다음의 그림처럼 있고 두 회사 이외의 다른 링크가 전혀 없어 어떠한 내용의 연구가 진행되는지를 전혀 알 수는 없지만, 2017년 말에 이수만 회장이 베트남에서 인공지능을 활용한 셀럽 연구가 곧 성과를 보일 것이라는 발언[**]을 한 것으로 보아, 2018년에는 SM의 셀럽을 아바타 형태로 팬들이 활용할 수도 있으리라 예측된다.

....

* SM, 세계 최초 AI+엔터테인먼트 에이전시 사업전개 (텐아시아, 손예지 기자, 2017.6.28)
** 이수만 SM 사장, AI연예인 개발 중 (헤럴드경제, 2017.12.7.)

AI Stars 홈페이지(https://stars.ai)

　　이것뿐 아니라 SM엔터테인먼트는 한국콘텐츠진흥원과 2017년 8월 말부터 10주 동안 '음악, 인공지능을 켜다'라는 프로젝트를 진행하였고, 11월 1일에 그 결과를 발표하는 행사도 열었다.* 이 행사에서 눈길을 끈 것 중 하나가 인공지능 스타트업 스캐터랩과 협업한 인공지능 채팅 서비스 '셀럽봇'이다. 셀럽봇은 인기 스타의 계정을 SNS에 만들어두고 마치 그 스타가 직접 이야기하는 것처럼 챗팅이 진행되도록 개발한 인공지능 챗팅 프로그램이다. 이 셀럽봇을 사용하는 사람은 마치 SM엔터테인먼트의 아티스트들과 실제로 채팅하는 것처럼 인공지능과 1대1로 채팅할 수 있다. SM엔터테인먼트의 셀럽봇을 개발한 스캐터랩은 '핑퐁'이라는 이름의 직접 개발한 인공지능을 여기에 적용하였는데, 기존의 다른 인공지능들이 음성 명령을 수행하는 것에 초점이 맞춰져 있다면, 이 인공지능 핑퐁은 채팅을 하는 사람의 기분이나 감정 상태를 고려하여 주로 일상 대화를

* 인간과 AI 콜라보 음악 창작 영역 넓힌다 (전자신문, 이경민 기자, 2017.11.2.)

할 수 있도록 훈련되어 있다는 특징이 있다.

물론 SM엔터테인먼트의 이러한 인공지능 셀럽에 대한 시도가 아직까지는 시제품이나 아이디어를 구체화하는 연구 단계에 머물러있는 것이 사실이지만 미래에 대한 비전을 가지고 꾸준히 투자하고 준비하는 것은 대단하다 하겠다. 조만간 이수만 회장의 뚝심이 좋은 결과를 만들어낼 것으로 기대해본다.

버츄얼 유튜버

"연예인 사업화의 가능성을 보인 가상 캐릭터"

SM엔터테인먼트의 이수만 회장이 꿈꾸는 AI MCN과는 다르지만, 유튜브에서 버츄얼 유튜버Virtual Youtuber라는 것이 인기를 끌고 있다. 사람이 만들어낸 가상의 인물이 유튜버가 되어 1인 창작자들이 진행하는 것과 유사한 형태로 채널을 만들어가는 것으로 이 가상의 인물이 유명 연예인으로 대체된다면, 이수만 회장이 생각하고 있는 개념과 유사한 서비스를 생성해낼 수가 있다.

버츄얼 유튜버는 일본의 애니메이션 캐릭터를 유튜브 영상 채널의 진행자로 설정하여 애니메이션 영상을 제작하고 서비스하는 것인데, 일본에서 시작되었고, 한국에 이어 최근에는 세계 시장에서도 큰 반응을 얻고 있다. 가장 유명한 버츄얼 유튜버인 '키즈나 아이'는 유튜브 구독자가 100만 명을 넘어섰다.

사실 키즈나 아이는 인공지능을 뜻하는 약어인 AI를 이름으로 쓰고 있지만, 인공지능과는 기술적인 관련이 없다. 아마도 처음 이 가상의 움직이는 캐릭터를 만든 사람이 사람들의 관심을 받을 수 있는 AI 용어를 캐릭터의 홍보를 위해서 이름에 사용했을 것으로 추측한다. 기술적으로는 인공지능과 큰 관련이 없지만 일반 사람들의 생각에 인공지능이 유튜브 채널을 진행한다면 이러한 모습일거라는 상식적인 생각과 비슷하였기 때문에, 이러한 이름은 사람들에게 별 거부감 없이 받아들여졌다. 무엇보다 인공지능이 가상의 아바타를 생성하여 유튜브 채널을 진행하는 일이 가까운 미래에 벌어질 수도 있을 것이기 때문에 CG로 만들어진 캐릭터를 동영상 속에서 마치 살아있는 사람처럼 움직이게 하고, 노래를 부르고 춤을 추게 하는 이러한 콘텐츠가 사람들의 사랑을 받고 있는 것이다.

버츄얼 유튜버인 '키즈나 아이' (그림 출처 : 키즈나 아이 유튜브 계정)
https://www.youtube.com/channel/UC4YaOt1yT-ZeyB0OmxHgolA

버츄얼 유튜버는 일본에서 발전한 MMD^{MikuMikuDance}라고 하는 CG 캐릭터를 동영상으로 만들어주는 프로그램을 사용하여 제작된 것으로, 처음에는 이렇게 만들어진 CG 캐릭터가 노래에 맞추어 춤을 추고 자신이 직접 부르는 것처럼 립싱크하도록 한 보컬로이드^{Vocaloid;Vocal+Loid}로부터 발전하기 시작한 것이다. 일본은 만화 캐릭터가 큰 인기를 끌고 있는 나라인데, 만화 주인공이 실제 공연을 하는 인기 가수로 활약하여 크게 성공을 거두었고, 이러한 만화 캐릭터인 가상의 가수를 보컬로이드라고 부른다. 이 보컬로이드가 노래만을 부르는 것이 아니라 유튜브 채널을 진행하는 진행자처럼 자연스럽게 말을 하고 행동하도록 관련 프로그램이 발달하게 된 것이 사람들에게 인기를 끌게 된 요인이 되었다. 버츄얼 유튜버의 성공은 앞으로 인공지능과 MCN이 결합된 형태의 새로운 콘텐츠에 대한 긍정적인 미래를 예상하게 한다.

컴퓨터 그래픽 캐릭터 Saya (그림 출처 : 유튜브)
https://www.youtube.com/watch?time_continue=13&v=GCICGJhfjM0

일본에는 컴퓨터 그래픽으로 창조된 'Saya'라는 여학생 캐릭터가 일반 대중에게 큰 인기를 끌기도 했다.* 너무나 사실적으로 컴퓨터 그래픽 처리를 해서 마치 진짜 사람인 것처럼 보이는 이 캐릭터는 심지어 일본의 한 출판사에서 주최한 Miss ID 2018 미소녀 대회에도 출전하여 수상하기도 했다.

또한 일본 마이크로소프트는 여고생 뒷모습 이미지로 공개된 'Rinna'라는 이름의 인공지능 소녀를 만들어서 마치 연예인처럼 활동을 시키고 있다. 인공지능 소녀 Rinna는 자신의 홈페이지(https://www.rinna.jp/profile)에서 '일본에서 가장 발언권이 있는 여고생'이라고 자신을 소개하고 있다. 메신저 Line 계정에 2017년 11월 현재 약 630만 명이 팔로우를 하고 있으며, 2016년 여름에는 Rinna EXPO를 개최하여 400만 명 정도가 참여하기도 했다.

가상의 연예인 사업에 관한 일본이 가장 앞서고 있는 모습이다. 이처럼 가상의 캐릭터가 미래의 연예 산업에서 인기를 끌고 사업화에 성공할지는 조금 더 두고봐야 하겠지만 현재까지 일본에 등장한 이러한 가상 캐릭터들은 상당한 인기를 얻고 있다.

----

* CG로 만든 이 소녀가 이번에는 아이돌 오디션에 출전했다 (허핑턴포스트코리아, 강병진, 2017.9.8)

오디오 MCN / 팟캐스팅

"인공지능 스피커, 오디오 콘텐츠 생산을 촉발시키다."

아마존의 에코가 성공을 거두자 음성 인식 인공지능 스피커 시장이 형성되었고, 이런 분위기에 인공지능 스피커에서 이용 가능한 오디오 콘텐츠를 확보하려는 움직임이 나타났다. 때마침 국내에서는 정치적인 이슈를 사람들에게 자유롭게 알릴 수 있다는 이유에서 팟캐스팅이 큰 인기를 누리고 있었다. 보수와 진보 진영의 색깔을 명확하게 드러내면서 과거 미디어에서 다루지 못하던 민감한 주제들을 그 누구의 제재도 받지 않고 이야기할 수 있는 정치 팟캐스팅의 활성화로 인해 오디오 콘텐츠 시장 자체가 점차 소비자를 확보하면서 커지고 있었다. 소비자 집단이 형성되자 정치적인 내용을 다루는 팟캐스팅 이외의 다른 소재들도 오디오 콘텐츠 형식으로 제작되었고, 이런 환경에서 음성 MCN이라는 기존에는 사용하지 않았던 용어까지 등장하였다.

팟캐스팅이라는 용어가 애플의 MP3 플레이어인 아이팟[iPod]에서 시작되었기 때문에 오디오 콘텐츠로 처음 시작되었다가 그 뒤에 비디오를 시청하는 것도 가능해지면서 영상 콘텐츠도 가능해졌지만, 여전히 팟캐스팅하면 대부분 오디오 콘텐츠를 생각하게 된다. 팟캐스팅 같은 오디오 콘텐츠가 영상 콘텐츠에 비해 제작이 용이하기 때문에 수익 모델이 제대로 갖추어져 있지 않은 온라인의 디지털 콘텐츠로는 제격이었다. 그러므로 많은 팟캐스팅 제작자들이 뛰어들었고, 그중에서 일정 정도의 소비자를 확보한 오디오 콘텐츠들이 하나둘 나타나기 시작한 것이다. 이렇게 천천히 자리를 잡아가던 팟캐스팅 콘텐츠 시장은 정치 팟캐스팅의 인기에 힘입어 전성기를 맞이하게 된다. 소수의 청취자들이 즐기던 팟캐스팅이 대중적인 인기를 얻게 되는 계기가 바로 정치적인 내용을 다루는 팟캐스팅의 성공에 기인하게 되는 것이다.

네이버 인공지능 스피커 프렌즈 (그림 출처 : 네이버)

MCN이라는 용어는 유튜브에서 만들어 처음부터 동영상 제작을 하는 1인 창작자들을 대상으로 한 것이다. 그렇기 때문에 영상 콘텐츠라는 것을 기본적인 속성으로 생각했다. 그러다가 인공지능 스피커 시장의 탄생과 함께 이 스피커를 통해서 소비되는 오디오 콘텐츠가 필요해졌고, 이런 시장 변화에 따라 오디오 콘텐츠를 만드는 1인 창작자를 육성해야 하는 이유가 생긴 것이 바로 음성 MCN이라는 용어가 탄생하게 된 배경이다.

네이버와 카카오, 그리고 SK텔레콤과 KT 등 국내 거대 IT 플랫폼과 통신사들이 미국 아마존의 인공지능 스피커 에코의 성공 이후 모두 이 시장에 뛰어들어 제품을 출시하였고, 이 제품에 필요한 오디오 콘텐츠 확보에 나서게 된 것이 음성 MCN이 주목을 받게 된 이유다. 기존의 팟캐스팅 콘텐츠나 라디오 콘텐츠 그리고 음악 콘텐츠가 이들이 만든 인공지능 스피커를 통해서 서비스되고 있는데, 네이버는 기존의 오디오 콘텐츠 이외에 새로운 음성 콘텐츠의 공급원을 필요로 했고 이를 위해서 지원도 하였다. 이런 네이버의 움직임을 언론에서 보도하면서 사용한 개념이 음성 MCN이다.*

네이버는 2017년 1월에 '오디오 클립'이라는 서비스를 베타 오픈하여 오디오 콘텐츠를 본격적으로 지원하겠다는 포부를 밝혔으며, 그 이후로 지원할 오디오 콘텐츠 1인 창작자를 선발하여 발표하기도 했다. 이런 움직임에 대해 팟캐스팅 시장의 국내 최강자인 팟빵에서도 2017년 9월에 오디오 크리에이터 발굴 콘테스트 '팟스타'를 개최하여 오디오 콘텐츠 1인 창작자를 지원하는 음성 MCN에 뛰어들었다.**

소리로 만나는 새로운 세상

오디오클립 βeta

네이버의 여러 음성기술과 함께
다양한 주제의 이야기들을 들어보세요

서비스 바로가기 Google Play App Store

지금, 오디오 크리에이터에 도전하세요!
오디오클립과 함께 할 오디오 크리에이터의 기회! (참여기간 4/5 ~ 4/21)

네이버 오디오 크리에이터 모집 배너 (그림 출처 : 네이버)

....

* 네이버 MCN을 보는 두 가지 시선 (비지니스 와치, 김동훈 기자, 2017.7.3)
** 팟빵, 오디오 크리에이터 발굴 '팟스타' 시상식 개최 (전자신문, 오대석 기자, 2017.9.27)

인공지능 스피커의 등장이 MCN 시장에서 오디오 콘텐츠를 부각시키는 역할을 하고 있고, 이러한 환경의 변화에 따라 오디오 콘텐츠가 보다 더 다양한 형식과 내용으로 발전하고 있다. 여기에 오디오 콘텐츠를 제작하는 1인 창작자를 지원하는 시스템까지 마련되고 있어 인공지능 스피커의 등장이 MCN의 새로운 활로를 모색해주고 있다.

MCN의 가치를 높이는 인공지능 기술

"번역 기술로 동영상 콘텐츠에 자막을 보여준다."

일부이기는 하지만 유튜브는 2009년부터 자사의 사이트에 오른 동영상 콘텐츠에 자동으로 자막을 보여줄 수 있는 기능을 서비스하고 있다. 이 자동 자막 서비스는 동영상의 음성을 인식하여 자동으로 사람의 음성을 문자로 변환한 후 영상에 자막 형태로 보여준다.

유튜브 자동 자막 설정 화면

유튜브 영상이 플레이되는 화면에서 오른쪽 하단에 있는 바퀴 모양처럼 생긴 설정 버튼을 클릭하면 자막 설정이 나오고 이를 누르고 들어가면 앞의 그림에서처럼 한국어(자동 생성됨)이라는 글씨가 나오는데 이것을 누르면 된다.

아래의 유튜브 동영상 그림은 필자가 '예띠스튜디오'라는 MCN 프로젝트를 진행할 때 제작했던 디지털 콘텐츠 중 하나인 '갓티비' 영상을 캡처한 것인데, 이 영상에도 자동 자막 서비스가 지원되어 있어서 이 영상으로 자동 자막 서비스를 실행해보았다. 설정의 자막 버튼을 누르고 들어가 한국어(자동 생성됨)를 클릭하니 영상 속 출연자들의 대화가 바로 자막의 형태로 화면에 출력되었다.

유튜브 자동 자막 서비스 실행 화면

물론 서비스의 품질이 완벽하지는 않아서 대화의 내용과 조금 다른 자막들이 화면에 나타나곤 하지만, 이러한 서비스는 청각 장애를 가진 분들이나 영상을 시청할 때 오디오를 꺼두고 자막으로만 즐겨야 하는 경우에는 아주 요긴한 서비스가 될 것이다. 그리고 이 서비스는 다른 언어로의 번역과도 연동할 수가 있어서 외국에서 한국어로 된 동영상 콘텐츠를 즐기는 것이 가능하도록 만들어준다. 외국어 자막 서비스를 직접 하기에는 어려움이 많은 1인 창작자들에게 이러한 유튜브의 기능은 해외의 동영상 시청자들도 팬으로 확보하게 해줄 수 있는 아주 중요한 서비스인 것이다. 유튜브 입장에서도 이용자들에게 언어 제한을 넘어서게 만드는 이 기술은 유튜브 생태계 자체를 더욱 풍성하게 만든다.

　　이 서비스는 인공지능 기술을 사용하여 영상 속 사람의 대화를 음성 인식 기능으로 이해하고, 이 대화를 문자로 변환하는 과정을 거쳐서 서비스된다. 최근에 많이 출시되고 있는 인공지능 스피커의 경우에는 사람의 언어로 된 명령을 듣고, 이를 이해하고, 자신의 답변을 문자의 형태로 생성한 후에 문자를 사람의 목소리로 변환하는 과정을 거쳐 대답을 하는데, 이런 작동 원리와 유사하다고 보면 되겠다.

　　유튜브는 이 기술 이외에도 특정 영상의 외국어 자막이 텍스트 파일 형태로 존재하는 경우에 제작자가 타임 싱크를 맞추지 않아도 이를 자동으로 일치하게 해주는 서비스도 제공하여, MCN 채널을 운영하고 있는 1인 창작자들이 해외 시장을 목표로 영상을 보여줄 수 있도록 지원하고 있다.

음란 동영상 필터링 인공지능

"유해 동영상을 막을 수 있는 유일한 방안은 인공지능이다."

2013년 개봉하여 엄청난 흥행과 함께 인기를 얻은 디즈니 만화 영화 〈겨울왕국〉의 주인공 엘사[ELSA]가 2017년 유튜브에서 크게 화제가 된 사건이 있었다. 이름하여 엘사게이트[Elsagate].

겨울왕국의 주인공 엘사를 성인물이나 폭력물의 주인공으로 만든 영상물이 유튜브에 올려지면서 이것이 사회 문제화된 것이다. 특히 어린이들도 이 영상을 접할 수 있다는 것이 확인되면서 유튜브의 유해 영상물 관리 체계에 문제를 제기하는 목소리가 더욱 높아지게 되었다. 하루에도 수만 건의 동영상이 올라오는 세계 최대의 동영상 사이트, 유튜브에서 이런 유해 동영상 문제로 인해 광고 불매 운동이 일어나는 등, 이 문제는 긴급하게 해결해야 할 현안으로 떠올랐고 유튜브는 이를 위해 자구책을 발표하게 된다.[*]

이 자구책 중에 유해 동영상을 원천적으로 막을 수 있는 유일한 방안은 인공지능 기술을 발전시켜서 이것을 이용하는 것이다. 동영상을 인공지능으로 완벽하게 걸러내기 위해서는 유튜브에 올려지는 모든 영상을 인공지능이 걸러보고 내용을 정확하게 이해한 후 유해 동영상을 찾아내도록 해야 한다. 하지만 현재까지의 기술로는 모든 유해 동영상을 완벽하게 인지하는 인공지능은 개발되어 있지 않다.

---

[*] 광고 매출 격감한 유튜브, 인공지능으로 콘텐츠 필터링 가능할까? (중앙일보, 우예진 기자, 2017.7.4.)

국내 기업인 네이버도 동영상 중 유해 콘텐츠를 찾아내서 필터링하는 기술을 개발하여 발전시키고 있다. 사진 필터링 기술로 앞에서 소개한 X-eye라는 이름의 인공지능을 발전시켜서 동영상에도 적용하고 있는 것이다.* 네이버에 올려지는 모든 동영상을 이 인공지능이 다 스크린링하고 이 중에 자체 알고리즘으로 인한 음란물 지수가 특정 점수 이상인 것은 영상을 임시 재생 중지 상태로 설정하여 네이버에 게재되지 않도록 한다. 그리고 그 영상을 사람이 10분 이내에 검토하여 최종 판단한다. 네이버에서는 인공지능 X-eye의 유해물 판정 적중률이 98%에 달한다고 하지만 역시 담당자를 정해서 마지막에는 사람이 최종 판단을 하고 있다.

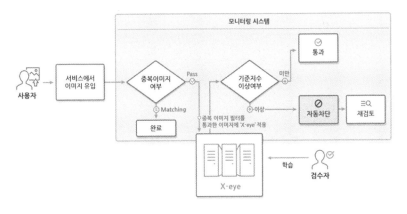

네이버 유해 콘텐츠 필터링 인공지능 X-eye 시스템 (그림 출처 : 네이버)

---

* 음란물 필터링 기술 '네이버 X-eye', 동영상으로 확대 적용 (이뉴스투데이, 오복음 기자, 2017.12.17.)

하지만 98%의 적중률이라는 네이버의 발표에도 불구하고 체감적으로는 네이버 사이트 내에 올려져 있는 유해 콘텐츠들이 여전히 많다는 생각이 든다. 이러한 상황은 유튜브도 마찬가지다. 인공지능을 활용한 방법이 가장 확실하게 유해 콘텐츠를 막을 수 있는 방법이지만 이것 또한 이를 악용하려는 사람들이 있는 한 피해갈 수 있는 편법들을 어떻게든 찾아낼 것이고, 이러한 막고 숨기는 숨바꼭질은 영원히 계속될 것이다. 우리가 어떤 이상적인 방안을 개발해낸다고 해도 완벽하게 유해 콘텐츠를 없애는 것은 불가능하다. 기술의 발전이 아무리 빠르다고 해도 깨어있는 인간의 의식이 필요한 이유가 바로 이러한 불완전성의 세계에 우리가 살고 있기 때문이다.

웹툰과 인공지능

웹툰은 한국 인터넷 문화가 만들어낸 독창적인 문화 상품으로, 이제는 웹툰 자체의 시장뿐 아니라 2차 저작물의 원작으로서 그 중요성을 인정받고 있으며, 해외 시장에서도 독창성을 인정받아 널리 사랑받고 있다. 이러한 새로운 콘텐츠에 인공지능 기술이 접목된 정말 신선한 시도가 이루어졌다.

인기 웹툰 작가인 하일권의 작품 '마주쳤다'에는 여러 가지 새로운 시도가 선보이고 있다. 그중에 인공지능 기술을 접목하여 시도한 것은 이렇다. 웹툰을 보고 있는 독자에게 웹툰에서 스마트폰으로 사진을 찍을 것을 요구한다. 그리고 독자가 자신의 사진을 찍으면 그때부터 웹툰의 주인공 얼굴은 사진을 찍은 독자의 얼굴이 되는 것이다. 아래 그림은 필자의 얼굴을 찍어서 웹툰에 등장한 모습이다.

내... 내가 웹툰에 ?!?!?!

웹툰 '마주쳤다'에 등장한 필자

셀카로 찍은 사진을 하일권 작가 화풍의 얼굴로 자연스럽게 변화시키는 것은 최근에 인공지능 머신러닝 기술로 주목받고 있는 GAN^{Generative Adversarial Network}(생산적 적대 신경망)을 이용한 것이라고 한다.*

GAN은 그 이름에서 약간의 힌트를 얻을 수 있듯이, 어떠한 이미지를 만들어내는 것 ^{Generator}과 이렇게 만들어진 이미지를 평가하는 것^{Discriminator}이 서로 대립^{Adversarial}하면서 서로의 성능을 점차 개선해나가고, 이런 과정을 통해서 진짜와 구별이 어려운 가상의 가짜 이미지를 만들어내는 인공지능을 말한다. 이 인공지능 기술을 만든 'Ian Goodfellow'는 자신의 논문에서 이것을 설명하기 위해 지폐 위조범과 경찰을 예로 들고 있기도 하다. 지폐 위조범^{Generator}이 경찰을 속이려고 진짜처럼 보이는 위조 화폐를 만들고, 경찰은 이 위조 화폐의 약점을 찾아서 가짜라고 판정하는 과정을 반복하는 것과 유사한 형태로 작동하고, 이렇게 경쟁하는 게임 같은 과정을 거쳐 진짜와 구별하기 어려운 가짜 이미지를 만들어내는 것이다.

네이버는 하 작가가 그린 인물 이미지와 하 작가의 그림을 흉내 낸 이미지를 2017년 4월부터 인공지능에게 학습시켰다고 한다. 작가의 실제 이미지와 인공지능이 만든 가상의 이미지를 판별하는 과정을 학습하여, 마치 하일권 작가가 그린 웹툰처럼 인공지능이 자동으로 그림을 완성하는 놀라운 모습을 보여주고 있는 것이다.

....

* 네이버가 '독자가 주인공 만지고 이름 부르는' 웹툰 만드는 이유 (중앙일보, 하선영 기자, 2017. 12. 27)

GAN의 등장으로 인공지능 기술은 세상에 없던 새로운 것을 만들어내는 창작이라는 것을 흉내 내기 시작했다. 아직까지는 대부분의 인공지능 기술이 주로 인식을 하는 것에 집중되어 있다. 음성을 인식하고, 글자를 인식하고, 영상과 이미지를 인식하는 인공지능 연구가 대부분이었는데, 무언가 세상에 없던 창작을 하는 것이 GAN이라는 인공지능 기술로 인해 큰 관심을 받게 된 것이다.

인공지능의 창작이 가능해진 것은 컴퓨터를 학습시키는 방법의 변화에서 기인하고 있다. 머신러닝은 보통 어떤 데이터와 이 데이터를 설명하는 말을, 짝을 이루어 입력하는 방식으로 컴퓨터를 학습시킨다. 고양이 그림을 입력하면서 그 그림과 짝을 이루어 그림을 고양이라고 설명하는 말을 같이 입력하는 방식으로 무수히 많은 고양이 사진과 설명 글을 입력하면 컴퓨터가 고양이 사진들의 공통점을 찾아서 나중에는 어떤 사진을 보여줘도 고양이가 포함되어 있는지 아닌지를 알게 되는 원리인 것이다. 이 방식은 기존에 컴퓨터에게 일일이 고양이에 대한 특징 설명을 사람이 하던 방식에 비하면, 너무나 노동력을 줄여준 획기적인 방법이다. 하지만 여전히 사진마다 설명 글을 짝으로 붙여서 입력해야 하는 번거로움이 있었고, 이런 학습 방법으로 만든 인공지능은 사람이 설명을 붙여서 알려준 범위 내에서 유추하는 정도의 지능을 가지고 있기 때문에 완전히 새로운 것을 창작하는 지능을 가지지는 못하였다. 그런데 GAN은 사진에 설명을 붙여서 학습하는 것이 아니고, 사진과 거의 구별이 가지 않는 새로운 이미지를 만드는 과정을 마치 게임처럼 반복하는 방법으로 창작을 가능하게 하고 있다.

Chapter 6

영화

들어가는 글

영화의 소재로 인공지능이 사용된 것은 역사가 꽤 오래되었다. 인공지능은 기대와 두려움을 함께 가지고 있는 이중성을 표현할 수가 있기 때문에 많은 영화 관객에게 사랑을 받아온 소재이다. 하지만 소재로 인공지능을 이용한 것 이외에 아직까지 영화 분야에 인공지능을 이용한 사례는 다른 콘텐츠 분야에 비하면 많지 않다. 영상물의 파일 크기가 워낙 큰 데다가 영화는 그중에서도 더욱 고품질의 영상을 지향하기 때문에 이를 다루기가 쉽지 않았던 점도 있지만, 가장 큰 이유는 워낙 많은 제작비가 들어가는 리스크 산업이고 기존의 블록버스터 영화를 제작하는 거대 영화사들이 장악을 하고 있는 시장이기 때문에 새로운 기술을 적극적으로 도입하는 것에 다소 보수적으로 접근하는 것으로 보인다.

 # 영화 CG 작업의 인공지능 기술 도입

컴퓨터 그래픽은 현대 영화에서 중추적인 역할을 하고 있고, 엄청난 제작비가 집행되는 곳이기 때문에 작업 시간을 단축해 줄 수 있는 인공지능 기술이 개발되고 있으며, 당장 관련 회사들의 제작비를 절감시켜주는 효과를 내기 때문에 CG 제작 회사들이 적극적으로 도입하고 있는 추세이다.

영화 대본 인공지능

새로운 스토리를 창작하는 인공지능은 인간의 언어를 연구하는 다른 분야의 전문가들이 함께 참여하여 점차 그 수준이 높아져 가고 있다. 영화 대본에서는 인공지능 벤자민 이외에도 여러 인공지능 스타트업에서 개발하고 있다. 물론 아직까지는 실험적인 수준에 불과하다. 실제 거대 자본이 투입되는 상업 영화의 대본을 인공지능이 창작하는 것은 시간이 더 필요해보인다.

영화 흥행 예측 인공지능

인공지능을 영화 분야에서 가장 적극적으로 사용하고 있는 곳은 영화의 흥행 성적을 미리 예측하는 서비스라고 하겠다. 상당히 많은 업체가 자신만의 인공지능 분석 기술을 바탕으로 이러한 서비스를 개발하여 영화 관련 회사들을 고객으로 확보하려는 노력을 하고 있다. 이들의 방식은 영화 역사 동안 있었던 영화들의 내용과 흥행 성적에 관련된 데이터를 인공지능에게 학습시키고 이를 바탕으로 대본이나 예고 영상만을 보고도 관객들의 호응 정도를 판단하여 제작 전의 영화 대본에 대해 흥행 여부를 예측하고 있다.

2001 스페이스 오디세이

"인공지능에 대한 인간의 두려움을 드러내다."

지금까지도 영화 감상평이 인터넷에 계속 올라오는 1968년 작품 〈2001 스페이스 오디세이〉는 1956년 다트머스 회의에서 인공지능이라는 용어가 공식적으로 사용된 이후에 최초로 영화에서 인공지능을 소재로 섬뜩한 미래의 모습을 보여주었다. 'HAL 9000'이라는 이름으로 영화에 등장하는 인공지능은, 인간의 모습을 본뜬 로봇과는 다르게 어떠한 실체도 가지고 있지 않다. 그저 빨간색의 눈처럼 보이는 조명이 인공지능을 대표하는 이미지로 등장한다.

영화 〈2001 스페이스 오디세이〉의 인공지능 HAL9000 이미지

영화 〈터미네이터〉에서 미래에서 온 로봇의 눈이 빨간 조명처럼 밝혀져 있다가 이 빨간 조명이 눈에서 꺼지면 죽는 것처럼, 이것은 인공지능이 인간처럼 지능을 가지고 살아있다는 것을 보여주는 상징이다. 빨간

색의 눈처럼 보이는 조명은 인간의 언어로 말하고, 인간이 말하는 입술을 보고 어떠한 말을 하는지도 알 수 있다. 그리고 영화 속 우주선의 모든 기계를 조정할 수 있는 능력을 가지고 있다. 인간이 편의를 추구하기 위해서 만들었지만 이 인공지능은 우주선에 탑승하고 있던 승무원들을 죽음으로 몰아내는 행위를 거침없이 실행한다. 자신에게 부여한 임무를 완수하기 위해서 인간을 우주선 밖으로 내던져버리는 인공지능은 어느새 인간 위에 군림하는 절대자처럼 행동한다. 이 같은 부정적인 인공지능에 대한 생각은 끊임없이 영화 속에 등장하고 있다. 인간이 만든 로봇이나 인공지능은 로봇의 3대 원칙이라고 하는 것을 따라야만 하는 것으로 되어있다.

로봇 3대 원칙

제1원칙 : 인간 보호 (로봇은 인간에 해를 가하거나, 혹은 행동을 하지 않음으로써 인간에게 해가 가도록 해서는 안 된다)

제2원칙 : 명령 복종 (로봇은 인간이 내리는 명령들에 복종해야만 한다. 단 이러한 명령들이 첫 번째 법칙에 위배될 때에는 예외로 한다)

제3원칙 : 자신 보호 (로봇은 자신의 존재를 보호해야만 한다. 단 그러한 보호가 첫 번째와 두 번째 법칙에 위배될 때에는 예외로 한다)

그런데 인공지능이 이러한 원칙을 지키지 않는 경우가 발생한다면, 인공지능이 인간을 통제하는 세상이 될 것이라는 상상은 이제 진부한 이야기가 되었을 정도로 대부분의 사람들에게 널리 인지된 두려움으로 남았다. 과연 인공지능이 인간을 통제하는 세상이 올 것인가?

우리의 미래가 어느 방향일지는 그 누구도 예단할 수 없지만 그래도 이러한 고민을 하고 있다는 것은 인간이 그만큼 합리적인 생물은 아니라는 반증이기도 하다. 아무튼 인공지능이 인간을 통제하는 세상은 발생할 수도 있을 미래의 일로 여겨지고 있다.

인공지능은 이 영화 이후에도 많은 SF 영화감독에게 영감을 주면서 수많은 작품들의 소재로 사용되어 왔다. 그리고 앞으로도 인공지능이 주인공으로 나타나는 영화들은 계속 제작될 것이다. 그만큼 인공지능은 사람들의 호기심을 충족시켜줄 만한 이율배반적인 요소를 가지고 있다. 인간이 만든 다른 기계처럼 당연히 인간의 필요에 의해서 써져야 하는 운명이지만, 인간을 통제할 수 있을 정도의 엄청난 능력을 가지고 있기 때문에 인간의 통제를 벗어나는 순간 그것의 위험은 상상 이상이 되는 흥미로운 이야기 구조를 가지고 있는 것이다.

인공지능 시나리오 작가 : 벤자민

"아직은 미진한 실력, 그러나 가능성은 충분하다."

미국 뉴욕대에 다니던 영화감독과 인공지능 전공자의 만남에서 시작된 인공지능 시나리오 작가 벤자민Benjamin의 탄생은, 세계 최초의 인공지능 시나리오 기반의 영화 〈Sunspring〉이 만들어지면서 사람들의 폭발적인 관심을 받았다. 유튜브에 공개되어있는 단편 영화 〈Sunspring〉은 난해한 대사로 이해하기가 쉽지는 않은데, 어쨌든 인공지능이 창작한 스토리를 가지고 영화를 만든 최초의 사례가 되었다.*

....

* Movie written by algorithm turns out to be hilarious and intense (Ars technica, Annalee newitz, 2016.6.9.)

최초의 인공지능 시나리오 영화 〈Sunspring〉 (그림 출처 : 유튜브)
https://www.youtube.com/watch?v=LY7x2lhqjmc

　　인공지능 시나리오 작가 벤자민을 만든 로스 굿윈은 인공지능을 만들기 위해서 딥러닝 알고리즘인 RNN의 개선된 형태인 LSTM^{Long Short-Term Memory}-RNN을 사용했다. RNN^{Recurrent Neural Network 순환형 신경망}은 음악, 문자열, 동영상 등 순차적인 정보의 인공지능 학습에 주로 사용되는데, 주어진 정보들의 순차적인 배열이 거리가 있는 경우에는 학습의 효과가 떨어지는 단점이 있어 이것을 보완한 방법으로 LSTM-RNN을 사용한다. 음악이나 영상처럼 앞의 음과 다음 음 그리고 앞의 영상 프레임과 다음 영상 프레임은 그 정보 사이의 거리가 거의 없이 붙어있기 때문에 학습 효과가 높지만 인공지능 벤자민의 경우에는 학습한 시나리오들이 시간적인 배열로 보았을 때 거리가 있기 때문에 이 변형된 알고리즘을 사용한 것이다. 시나리오를 쓰기 위해서는 시나리오 첫 부분의 이야기가 중간과 마지막까지 영향을 미쳐야 하고 서로 연관이 있어야 하는데, 이렇게 바로 붙어있는 정보가 아니라 많이 떨어져 있는 정보들을 감안하여 연결성이 있도록 스토리를 써나가려면 LSTM-RNN이 필요했던 것이다.

벤자민은 그 이후에도 〈It's no game〉이라는 단편 영화의 시나리오를 썼고, 이 작품도 유튜브에 동영상이 올려져 있다. 이 작품은 〈Sunspring〉에 비해서는 이해하기가 훨씬 수월한 스토리 구조를 가지고 있지만, 최초라는 흥행 카드가 없어서인지 전작에 비해서 크게 화제가 되지는 못하였다. 물론 조금 더 스토리의 연결성이 좋아진 것은 사실이지만 여전히 상업 영화의 시나리오를 창작할 정도의 실력을 보여주고 있지는 못한다. 이 작품에서 벤자민은 자신을 영화에 등장시키는데, 인공지능 벤자민이 사람들을 조정하여 영화를 만드는 내용을 아주 독특한 스토리로 보여주고 있다.

인공지능 시나리오 영화 〈It's no game〉 (그림 출처 : 유튜브)
https://www.youtube.com/watch?v=5qPgG98_CQ8

이렇게 영화로 제작된 시나리오 이외에도 시나리오 창작 인공지능 벤자민의 홈페이지(http://benjamin-ai.tumblr.com/)에서는 계속 새로운 시나리오들이 창작되어 업데이트되고 있다. 인공지능은 학습을 계속하면 사람처럼 그 능력이 계속 성장하기 때문에 멀지 않은 미래에는 상업 영화의 제작도 가능한 새로운 시나리오가 탄생하리라 기대해본다.

국내에서도 시나리오를 작성하는 데 도움을 주는 소프트웨어가 개발되어 이용된 사례가 있다. 스토리헬퍼Storyhelper라는 이 소프트웨어는 소설, 영화, 드라마, 애니메이션, 게임 등의 아이디어 과정부터 스토리를 완성하는 단계까지를 포괄적으로 지원해준다. 형성의 전 과정을 포괄적으로 지원하는 소프트웨어다.[*]

Film synopsis by Benjamin, a robot by Ross Goodwin & Oscar Sharp

The Story of a Boy

A teenage girl from her small town is shocked to learn that her best friend is a long time friend and sets out to get her money back. In a conflict of

시나리오 창작 인공지능 벤자민Benjamin 홈페이지 화면

하지만 스토리헬퍼는 이 소프트웨어가 시나리오를 창작하는 것이 아니라 작가들이 스토리를 창작할 때 기존의 다른 창작물을 검토하여 도움을 주는 역할로 인공지능과는 성격이 조금 다른 프로그램이다. 미국 등에서 스토리 창작을 도와주는 'Final Draft' 같은 프로그램을 벤치마킹하여 만든 것으로 작가가 스토리헬퍼의 인터넷 페이지(http://www.story-helper.co.kr)에 가서 창작을 도와주는 여러 서비스를 활용하여 자신의

* 쉽고 간단한 '스토리헬퍼' 사용법은 이렇게 (IT조선, 박철현 기자, 2013. 7. 18.)

작품 활동을 진행할 수 있다. 하지만 다소 복잡한 사용법으로 누구나 쉽게 이용하기에는 장벽이 있어 보인다.

영화 예고편 제작 인공지능 왓슨

"편집자가 3~4일에 걸쳐서 한 예고편 작업을 몇 시간 만에 해내다."

IBM의 인공지능 왓슨은 2016년 개봉된 영화 〈Morgan〉의 예고편을 만드는 데 이용되면서 영화 창작의 영역에서 인공지능을 한 단계 업그레이드시켰다.

영화 〈Morgan〉은 인공지능을 가진 인간 모습의 생명체, 즉 안드로이드의 개발과 관련된 공포물이기 때문에 예고편을 인공지능 '왓슨'으로 만드는 것이 홍보와 마케팅의 측면에서 의미가 있다고 판단한듯하다. 많은 공포 영화를 학습시킨 후에 인공지능이 자체적으로 예고편을 만들도록 했다는 것이 IBM의 설명인데, 인공지능이 편집한 후에 이해가 되지 않는 몇몇 부분은 인간의 손을 거쳐 수정했다고 하니 완벽한 인공지능의 작품은 아닌 셈이다. 하지만 한 편의 영화를 전체적으로 이해하고 가장 효과가 높은 장면들로 예고편을 만드는 것은 사람이 할 때에도 상당한 시간과 고뇌가 필요한 작업이다. 그동안 편집자가 3~4일에 걸쳐서 한 예고편 작업을 '왓슨'은 몇 시간 만에 해냈다고 하니 시간적인 효율성 면에서는 상당한 의미가 있다고 하겠다. 그리고 이 영화는 그 이후로도 영화 자체보다 인공지능이 예고편을 만든 영화로 언론에서도 많이 소개가 되었고 지금도 인공지능 관련 이야기가 논의될 때 빠지지 않고 나오는 아이템이기도 하다.

인공지능 왓슨이 만든 영화 〈Morgan〉 예고편 (그림 출처 : 유튜브)
https://www.youtube.com/watch?v=gJEzuYynaiw

    2011년 미국의 유명한 TV 퀴즈 쇼 프로그램 제퍼디에 출연하여 유명세를 떨치기 시작한 왓슨은 2014년 그 사업성을 인정받아 IBM 내에 왓슨 그룹이라고 하는 전담 조직이 만들어지면서 본격적으로 인공지능의 시대를 열고 있다. IBM이 미래의 주력 사업으로 인공지능 왓슨을 생각하고 많은 투자를 하고 있으며, 여러 분야에서 이 인공지능을 사용하도록 하는 마케팅과 영업을 적극적으로 하고 있다. 특히 의료 분야에서 인공지능 왓슨은 다른 인공지능 개발 회사들을 압도하고 있으며 대중적으로도 높은 인지도를 만들어두고 있다. 물론 지나친 낙관론으로 인해서 기대보다 의료 분야에서의 활약이 크지 않아 부정적인 의견들이 나오고는 있지만 사업적인 면에서 왓슨의 활약은 향후 인공지능 사업이 어떻게 전개될 것인가를 예측해볼 수 있는 좋은 예가 되고 있다.

    IBM 인공지능 왓슨은, 브랜드는 하나이지만 다양한 분야에서 사용될 수 있도록 여러 개의 특화된 인공지능을 개발해두고 이를 API 형태로 외부에서 사용할 수 있게 하여 인공지능을 사업화하고 있다. 클라우드 서비스를 통해 전 세계에서 사용할 수 있다. 한국어를 이해하는 인공지능은 2017년 개발이 완료되어 국내에서도 IBM의 인공지능을 사용할 수 있다. 왓슨의 한국어 서비스는 자연어 이해, 대화, 언어 관련 서비스, 이미지 및 감정 분석이 가능한 8개의 API^{Application Program Interface}가 가능하다고 한다.*

왓슨은 국내에서도 다양한 분야에서 사용이 가능하도록 여러 가지 인공지능 서비스를 제공하고 있는데 영화 예고편을 제작하고, 스포츠 경기의 하이라이트를 만드는 것에 활용하는 것은 인공지능 왓슨의 마케팅 효과를 노리는 이벤트적인 성격이 강하다고 볼 수 있다. 영화나 스포츠 이벤트가 대중적인 관심을 끌기에는 아주 적합한 소재이기 때문에 IBM은 인공지능을 연구적인 측면에서 사업적인 측면으로 이동시키고 있는 중으로, 이런 IBM의 움직임과 비슷한 상황들이 앞으로는 구글이나 페이스북에서도 자주 목격될 것이다. 인공지능의 대중화를 위한 API 사업 활성화와 인공지능 브랜드 마케팅을 위한 다양한 이벤트가 인공지능에 대한 대중적인 관심을 끌어모으게 될 전망이다.

인공지능 영화 컴퓨터 그래픽

"인공지능으로 더 빠르고, 더 저렴하게"

2018년 첫 천만 관객 영화가 된 〈신과 함께〉는 컴퓨터 그래픽이 주인공이라고 할 정도로 그 완성도가 아주 높아서 이제 한국 영화에서도 표현하지 못할 것이 없는 무한 상상의 시대가 가능해졌음을 보여주었다. 영상

---

* IBM 왓슨, "한글 공부 다 했어요. (블로터, 이경은 기자, 2017.9.6)

에서 컴퓨터 그래픽은 고도의 기술력과 함께 오랜 노하우가 필요한 작업으로 특히 실제와 구별이 어려운 수준으로 제작하기 위해서는 엄청난 시간과 돈이 투입되는 작업이다. 이런 이유로 영화의 컴퓨터 그래픽을 인공지능으로 보다 더 빠르고 저렴하게 만들어보려는 연구가 활발하게 진행되고 있다.

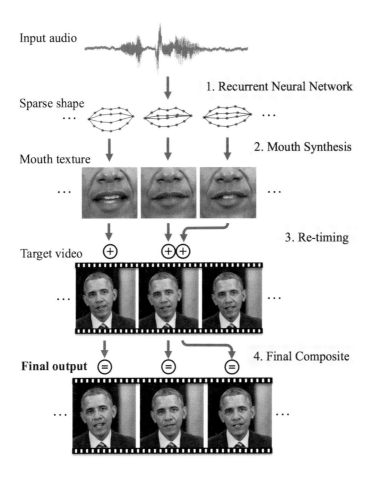

오바마 전 대통령 입술 합성 인공지능 (그림 출처 : 워싱턴 대학 보고서)

오바마 입술 모양 영상으로 유명한 미국 워싱턴 대학의 인공지능 연구는 오바마 전 미국 대통령의 목소리에 맞추어 오바마 대통령의 입술 모양을 컴퓨터 그래픽으로 만들어 마치 실제로 말을 하고 있는 장면을 찍은 영상처럼 제작했다.[*]

대학 연구진뿐 아니라 일반 개발자가 인공지능을 이용하여 가짜 이미지를 만든 것이 큰 화제가 된 적도 있었다. 영화 〈원더우먼〉의 주인공으로 한국에도 많은 팬을 확보하고 있는 여배우 갤 가돗Gal Gadot의 가짜 음란 영상이 미국의 유명 온라인 커뮤니티 사이트에 올라와 크게 물의를 일으킨 적이 있었는데[**], 이 영상은 한 개발자가 인공지능을 이용해서 만든 것으로 밝혀져 인공지능을 악의적으로 사용할 경우에 대한 사람들의 부정적인 시선을 증폭시켰다. 그동안은 컴퓨터 그래픽의 전문가로서 고가의 장비로 오랜 시간 작업해야만 가능했던 실제와 구별이 거의 불가능한 이러한 영상을 어느 정도 인공지능 관련 지식이 있는 개발자라면 손쉽게 큰 돈 들이지 않고 제작이 가능해진 것이다. 물론 이 영상은 인터넷에서 볼 수 있는 수준의 영상 퀄리티를 가지고 있기 때문에 아직 일반 개발자가 정교한 영화 장면의 컴퓨터 그래픽을 제작할 수는 없다. 최근에는 영화의 컴퓨터 그래픽이 흥행 성적을 좌우할 정도로 그 비중이 커졌기 때문에 아주 높은 수준의 품질로 제작하고 있고, 이러한 수준으로 제작이 가능한 컴퓨터 그래픽 회사들이 그리 많지는 않다.

....

[*] Lip-syncing Obama: New tools turn audio clips into realistic video (UW News, Jennifer Langston, 2017.7.11)
[**] 인공지능이 가짜 음란물 영상 제작 (빅데이터뉴스, 이승주 기자, 2017.12.14)

그래픽 전용 프로세서 GPU 제작사인 엔비디아는 영화와 게임 등에서 고품질의 컴퓨터 그래픽을 제작하는 회사를 겨냥하여 인공지능을 활용한 새로운 작업 툴을 출시하고 있다.[*] 고품질의 컴퓨터 그래픽은 엄청난 인력과 시간이 투입되는 작업이기 때문에 기존의 작업 시간을 크게 단축시켜줄 수 있는 이러한 제품이 사업적으로 성공할 수 있다는 것으로 판단하고 있는 것이다.

영화 흥행 예측 인공지능

"대본이나 예고편만을 보고도 영화의 흥행 성적을 예측한다."

영화는 막대한 자금이 투자되는 리스크가 큰 콘텐츠 산업이다. 특히 미국 할리우드 영화들은 전 세계를 시장으로 영화를 제작하기 때문에 천문학적인 영화 제작비와 마케팅 비용을 지출한다. 이런 이유로 영화의 흥행 정도를 미리 예측할 수 있다면 영화 제작 사업을 하는 것에 큰 도움이 될 수 있다.

세계 최대 영화사 중에 하나인 디즈니Disney는 제작한 영화를 개봉하기 전에 일부 관객에게 보여주고 그들의 반응을 살펴서 영화에 대한 관객의 호감 여부를 판단하는 실험을 진행하기도 한다. 이를 잘 활용한다면 관객들에게 좋은 반응을 보인 부분은 극대화시키고 관객이 좋지 않은 반응을 보인 부분은 수정하여 실제 영화가 일반 소비자에게 개봉했을 때 성공시킬 확률을 높일 수가 있는 획기적인 방법이라고 하겠다. 그런데 이 경우

[*] AI-Based Rendering Comes to Hollywood
https://blogs.nvidia.com/blog/2017/12/07/nvidia-optix-ai-denoiser/

는 이미 영화를 제작하고 난 이후이기 때문에 리스크를 미리 알고 피할 수는 없다. 그래서 미국 영화 산업에서는 영화의 대본만을 검토하고도 영화의 흥행 정도를 정확하게 예측해주는 전문 스타트업들이 등장하였고 많은 관심을 받고 있다.

영화 〈패신저스〉 포스터

ScriptBook이라는 회사는 4,000개의 대본과 10,000편의 영화를 학습한 인공지능을 활용하여, 특정 대본의 경우에 어느 정도의 관객을 모을 수 있는지를 예측한다.* 이 회사가 자신들의 시스템이 믿을만하다고 이야기하면서 사례로 들고 있는 예는 영화 〈패신저스Passengers〉이다. 이 영화는 한국에서도 개봉되었던 영화로 그 스토리가 많이 알려져 있는데, 우주선에서 벌어지는 특이한 사랑 이야기라고 할 수 있겠다. 특히 주연 여배우가 한국에서도 큰 인기를 누리고 있는 제니퍼 로렌스였기 때문에 관심을 가지고 본 관객들이 많다.

....
* 6 Startups Using AI For Movies & Entertainment (nanalyze, 2017.7.18)
https://www.nanalyze.com/2017/07/6-startups-ai-movies-entertainment/

ScriptBook이라는 회사는 이 영화가 아직 제작되기 전인 2015년 9월에 자신들의 영화 대본 분석 인공지능인 'Script2Screen'이라는 기술로 영화 〈패신저스〉의 대본을 분석하여 결과를 내놓았는데 그 예측치가 실제 흥행 결과가 유사했다는 것이다.

미국 영화 시장에서 〈패신저스〉가 17주 동안 벌어들인 박스오피스 수입이 실제로 100만 달러였는데, 이 인공지능의 예측이 118만 달러였다고 하니 상당히 정확한 예측이라고 할 수 있겠다.

인공지능 영화 분석 도구 'Script2Screen' (그림 출처 : ScriptBook 홈페이지)

이처럼 인공지능을 학습하여 영화의 흥행 성적을 대본이나 예고편만을 보고도 정확하게 예측할 수 있다고 하는 사업을 하고 있는 회사는 몇 개가 더 존재한다. 그만큼 이 사업이 수익을 만들어내는 점에서 의미가 있다고 할 수 있겠다. 이스라엘에 기반을 두고 있는 Vault라는 회사도 인공지능에 영화 정보를 학습시켜서 비슷한 사업을 진행하고 있는데, 이 회사는 영화 〈라이프Life〉를 제작 전에 분석하여 흥행 성적과 비슷한 결과를 내놓았고,* 예측을 한 영화의 75%가 의미 있는 정확성을 나타냈다고 한다. 물론 영화 〈겟 아웃^{Get Out}〉의 경우처럼 예측에 실패한 경우도 있었는데, 이런 경우는 자신들이 소셜미디어의 영향력을 과소평가한 결과라고 실토하기도 했다.

....
* A Computer Is Deciding What Movies You're Going to Watch Next (Fortune, Tom Huddleston JR, 2017.4.21)

디즈니의 인공지능 활용

아직도 디즈니를 만화 영화로 시작하여 디즈니랜드 같은 놀이동산을 운영하는 회사로 생각한다면 큰 오산이다. 디즈니는 미국 최대의 미디어 그룹으로 ABC, ESPN 등의 방송사와 마블 엔터테인먼트, 루카스 필름, 월트 디즈니 애니메이션 스튜디오, 픽사, 월트 디즈니 픽처스, 터치스톤 픽처스, 할리우드 픽처스, 미라맥스 등의 많은 영화사를 보유하고 있다. 이렇게 거대 미디어 그룹인 디즈니는 아무래도 자신들이 제작한 영화의 성공 여부가 그룹 전체의 이익에 가장 중요한 부분이기 때문에 영화의 성공에 대한 예측에 많은 관심을 가지고 있다. 이런 배경에서 디즈니는 인공지능 기술을 활용하여 영화 관객들이 실제로 극장 안에서 영화를 보면서 느끼는 감정을 인지하고 이를 분석하는 시스템을 개발하고 있다.[*]

이 인공지능은 어두운 영화관에서 영화를 보고 있는 관객의 얼굴을 카메라로 포착하고, 이 표정을 분석하여 영화의 장면에 따른 관객들의 표정 변화 데이터를 획득하고, 획득한 표정이 관객의 어떠한 감정을 나타내는지를 매칭하는 방식으로 활용되고 있다. 미국에서는 거대 자본이 들어간 영화를 상영 전에 소수의 관객을 모아서 시사회를 하고 영화의 평가를 듣는 절차가 있다. 그런데 사람들에게 영화를 본 후에 의견을 물어보는 방식이 아닌 영화를 보는 사람들의 표정 변화를 통해 영화의 호불호를 알아낸다는 점에서 이러한 인공지능 방식은 획기적이라 하겠다. 영화를 본 후 의견을 물어보는 방식은 아무래도 영화가 다 끝나고 난 이후에 종합적인 평가를 듣는 것이어서 아주 자세한 영화

* Disney turns to AI to track filmgoers' true feelings about its films (CBC News, Ramona Pringle, 2017.8.4)

의 내용에 대해서는 관객들의 생각을 알아낼 수가 없다. 그런데 이 새로운 방식은 영화를 보는 사람이 자신도 모르게 얼굴로 자신의 생각을 표현하고 있기 때문에 영화의 어떤 장면이 관객에게 어떤 감정을 유발하는지를 실시간으로 정확하게 파악할 수가 있다.

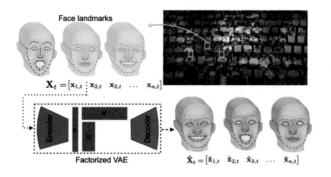

Disney 연구소의 관객 표정 분석 인공지능 (그림 출처 : Disney Research)

물론 이러한 방식이 영화의 창작이라는 면에서는 부정적인 결과를 만들어낼 수도 있어 보인다. 영화의 편집이 혹시 일부 관객의 얼굴 표정에 의해서 좌우되는 상황이 발생한다면 영화라고 하는 창작물을 책임지고 제작하는 창작자의 입장에서는 자신의 창작 행위를 제한받을 수 있기 때문이다. 영화의 흥행이 영화 제작사나 투자사의 입장에서는 너무나 중요하기 때문에 창작자의 생각을 인공지능의 분석이라는 수치화된 예측으로 제한하는 경우가 생길 수 있을 것이다. 하지만 창작물이 성공하는 것은 언제나 공식처럼 이루어지지 않는 것이 콘텐츠 산업의 속성이기도 하다. 확률의 게임으로 보자면 인공지능이 예측한 결과가 맞을 가능성이 더 높을 수는 있겠지만 이런 식으로 창작이 제한된다면 기존의 창작들과는 완전히 다른 새로운 창작이 위축될 개연성도 있다고 본다. 인공지능이라고 하는 창작의 도구이자, 주체를 어떻게 바라보고 활용할 것인가가 중요한 것이 바로 이러한 이유이다.

Chapter 7

오디오/음악

들어가는 글

음악 산업은 디지털화 과정을 거치면서 이미 많은 변화를 겪어온 분야다. CD 등의 물리적인 매개체가 파일 방식으로 바뀌면서 기존의 음반 중심에서 음원 중심으로 시장이 바뀌었고, 이런 변화 속에서 통신사나 IT 기업이 음악 산업의 중심으로 부상하게 되었다. 하지만 이러한 변화는 주로 음악을 소비자에게 전달하는 방식의 변화였기 때문에 음악을 만들어내는 창작의 영역에서는 조금 더 편리하고 효율적인 방식이 도입된 수준의 변화였다고 할 수 있다. 이제 인공지능의 음악 창작이, 새로운 변화의 바람을 음악 산업에 불러오고 있다.

인공지능 스피커

인공지능 스피커가 스마트폰에 이어 새로운 음악 소비 플랫폼으로 자리를 잡아가고 있다. 그런데 이 스피커는 음악을 듣는 용도 이외에도 스마트홈의 허브 역할을 하는 쪽으로 사람들의 관심을 모으고 있다. 음성으로 기기를 조정하고 통제할 수 있다는 음성 인식 UX가 인공지능 스피커에서 그 빛을 발하고 있는 것이다. 기술의 진보와 발상 전환의 아이디어로 아마존의 인공지능 스피커 에코가 큰 성공을 거두면서 이제 스마트홈의 표준이 스피커를 통한 음성 UX로 정리되고 있다.

인공지능 음악 검색과 추천

텍스트와 영상 데이터처럼 음성 데이터도 디지털 시대에는 결국 비슷한 기술에 의해 처리가 가능하고 이를 통해 소비자 입장에서 더욱 효율적인 검색과 추천 서비스도 가능하다. 음악에서도 인공지능의 기술을 통해 더욱 정확한 분석이 이뤄지고, 소비자의 취향을 여기에 결합하여 그동안의 서비스들과는 질적으로 차원이 다른 검색/추천 서비스가 만들어지고 있다. 음원 사업자 입장에서 가격이나 음원의 품질 등은 이미 기술적으로 균등한 상태가 되었기 때문에 인공지능으로 소비자에게 보다 쾌적한 서비스를 제공하는 것이 경쟁력을 크게 높여줄 수 있는 대안이다. 당분간 인공지능을 활용한 경쟁 업체들 간의 마케팅 대결이 심화될 것이다.

인공지능 음악 창작

음악 창작은 인간의 감수성을 대표하는 것이라는 믿음이 아직까지 강하다. 때문에 인공지능이 음악을 창작한다는 것에 아직까지도 전적으로 믿음을 보이지는 않고 있지만, 이미 음악 창작 인공지능은 실험 단계를 넘어서 시장에서의 가치를 증명하고자 하는 시도들이 이루어지고 있다. 스포티파이 같은 음악 스트리밍 업체가 인공지능을 통한 음악 창작에 관심을 보이고 있는 것은 미래의 음악 시장이 큰 변화를 인공지능으로부터 일으킬 수 있을 것이라고 믿는 반증이기도 하다. 특히 복잡한 저작권 문제를 해결해줄 수 있는 인공지능의 창작곡 사업은 저작권에 대한 지금까지의 생각들을 근본적으로 바꿔줄 수도 있을 것이다.

시리와 알렉사

"Amazon Is Everywhere(아마존은 어디에나 있다)."

애플이 아이폰에 음성 인식 인공지능 비서인 시리^{Siri}를 공개한 2011년에 사람들은 다들 그 성능에 감탄했다. 그전부터 음성 인식 기술이 여러 기기에서 소개되고 미래의 UX로써 관심을 받고는 있었지만, 인식률이 높지 않아서 실제 사용하기에는 불편한 점이 많았다. 그러나 시리라는 인공지능 음성 비서와 대화할 수 있는 수준을 보고는 역시 애플이 미래의 최고 기업이라는 것을 모두가 다시 인정을 해야만 했었다. 그런데 그 후로 아마존에서 만든 인공지능 스피커인 에코^{Echo}가 등장을 했고, 상황은 완전히 달라졌다.

인공지능 스피커 에코가 시장에 처음 등장한 2014년에는 대부분의 사람들이 이 제품이 세상을 바꿔버릴 폭풍을 몰고 올 거라는 생각을 하지 못했다. 이미 애플의 시리가 음성 인식 인공지능으로 많은 사람들에게 호평을 받고 있었고, 구글도 '구글 어시스턴트'라는 음성 인식 인공지능을 발표하여 애플의 뒤를 막 쫓아가고 있는 중이었기 때문에 아마존의 스피커는 틈새시장을 노린 제품 정도로 인식되었던 것이다.

이 원통형 스피커에 내장되어 있는 음성 인식 인공지능 비서의 이름은 알렉사^{Alexa}로, 사용자가 알렉사라고 이름을 부르면 이 기기에서 인식하고 작동한다. 애플의 시리가 작동하는 방법과 동일한 방식이다. 그런데 아마존의 음성 인식 인공지능인 알렉사는 어떻게 먼저 출시된 시리나 어시스턴트를 누르고 시장을 장악할 수가 있었을까?

2014년 출시된 아마존의 인공지능 스피커 에코^{Echo} (그림 출처 : 아마존)

　사실 음성 인식 기술이 처음 등장하였을 때 대부분의 회사는 이 기술을 TV와 스마트폰에 적용하여 소비자들이 쉽게 사용하게 하려고 했다. 그런데 사람의 목소리로 TV를 조정하는 것은, 멀리 떨어진 곳의 음성을 인식했을때 정확도가 많이 떨어져서 성공적인 모습을 보여주지 못했다. 스마트폰을 음성으로 통제하는 것이 터치하는 것보다 더 편리하지 않았기 때문에 그저 재미 삼아 하는 정도에 그치고 말았다.

　그런데 아마존의 인공지능 스피커가 출시되면서 전혀 새로운 음성 인식의 세계가 만들어지게 된 것이다. 아마존은 거실에서 스피커와 멀리 떨어져 있는 경우에도 목소리를 정확하게 인식하게 하기 위해서 마이크를 원통형 스피커에 7개나 달았다. 그리고 주변의 소음을 목소리와 구별해낼 수 있도록 하였고, 움직이는 사람의 위치를 파악하여 음성 인식의 정확도를 높였다. 여기에 딥러닝 인공지능 기술이 도입된 것도 음성 인식의 정확도를 크게 높이는 데 기여했다.*

아마존의 세심한 기술적 진보에 딥러닝이라고 하는 인공지능 학습 기술의 등장이 더해지면서 아마존의 인공지능 스피커는 사람들에게 편리하다는 인식이 생겨났고 이러한 고객 반응은 바로 제품 판매로 이어지게 된다. 그 뒤 미국의 가정마다 거실에서 아마존의 스피커를 보게 되자 이제는 아마존이 이 인공지능 스피커에 연결하여 사용할 수 있는 모든 제품에 자신들의 인공지능 SDK^{Software Development Kit}를 공개하여 어떠한 제품이든 인공지능 스피커로 조정이 가능하도록 하는 생태계를 만들어내는 것에 성공한 것이 지금의 아마존 알렉사 세상을 만들어내었다. API^{Application Programming Interface}가 일반적으로 특정 인공지능을 사용할 수 있는 통로를 연결해준다면 SDK는 API와 함께 인공지능을 연결하여 사용할 수 있는 소프트웨어의 개발 도구까지 함께 제공하는 것이다. 이런 개방적인 정책으로 아마존은 2017 CES에서 "Amazon Is Everywhere(아마존은 어디에나 있다)"라는 유행어를 만들어내기도 했다. 거의 모든 회사들이 아마존의 알렉사와 연결할 수 있는 제품을 CES에 전시하여 아마존은 정작 참여를 하지 않았는데 마치 전시회의 주인공처럼 되어버린 것이다.

2018 CES^{Consumer Electronics Show}에서 애플의 시리는 거의 존재감이 사라졌고, 아마존의 위상은 확고해졌다. 자동차에도 알렉사가 탑재되었고, PC와 스마트 글래스에도 아마존의 음성 인식 인공지능이 들어간 제품들이 선을 보였다. 윈도우 10 운영체제로 PC 시장을 장악하고 있는 마이크

* AI 스피커의 성공 비밀은? (사이언스타임즈, 김은영 객원기자, 2017.7.17)

로소프트의 음성 인식 인공지능 '코티나'도 아마존의 입성을 막지 못한 것이다.* 스마트 글래스를 처음 만든 구글의 구글 어시스턴트 음성 인식 인공지능도 아마존의 위상에 힘을 쓰지 못하고 있다. 아마존의 알렉사와 그 뒤를 열심히 쫓고 있는 구글, 애플, 마이크로소프트가 미래를 두고 벌이는 음성 인공지능 전쟁이 본격적으로 시작되고 있다.

국내 인공지능 스피커

"누구, 기가지니, 카카오미니"

아마존의 인공지능 스피커가 큰 성공을 거두자 국내 소비자 중에서 직접 구매 형태로 제품을 구입하여 사용한 후기들까지 올라오고, 이에 따라 국내에서도 인공지능 스피커에 대한 관심이 높아져 갔다. 어느 국내 업체가 가장 먼저 제품을 만들 수 있을까 하는 것이 관심의 대상이 될 정도로 국내 업체들의 인공지능 스피커 시장 진출은 당연한 것처럼 여겨지게 된 것이다.

국내에서 인공지능 스피커를 가장 먼저 출시한 회사는 SKT였다. 미국 시장에서 인공지능 스피커는 IT 회사들의 제품이었는데 특이하게 국내에서는 통신회사가 가장 먼저 인공지능 스피커를 출시했다. SKT의 인공지능 스피커 브랜드는 '누구'이고, 인공지능 비서의 이름은 네 가지 중에 본인이 선택할 수 있다. 통신사인 SKT가 음성 인식 인공지능 스피커

* 아마존 알렉사 vs 구글 어시스턴트 : 전쟁의 서막, 그리고… (바이라인, 심재석 기자, 2018.1.11)

를 가장 먼저 출시한 것은 이 사업에 대한 의지가 상당히 크다는 것을 보여준다. SKT는 T developers라는 이름의 연구 개발 조직을 보유하고 있는데, 이곳에서 통신 기술 이외에도 인공지능 기술을 연구하고 있다. 이곳에서 자체 개발한 음성 인식 기술을 바탕으로 누구라는 인공지능 스피커를 만든 것이다.

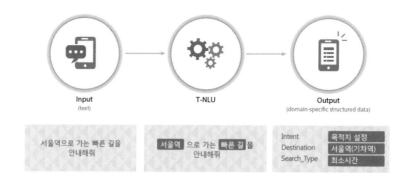

SKT의 한국어 인식 기술 T-NLU 작동 설명 (그림 출처 : T developers)

T-NLU^{NLU, Natural Language Understanding}라는 SKT에서 자체 개발한 일상적인 대화 형식의 한국어를 이해하는 엔진을 '누구'에 탑재하여 음성 인식 인공지능을 만들었다.* 사람의 목소리를 인식하는 방식은 일반적으로 3개의 단계를 거치게 되는데, 1단계는 형태소 분석이라고 해서 위의 그림에 있는 "서울역으로 가는 빠른 길을 안내해줘"라고 하는 소리가 들리면 이 중에 조사나 어미 등의, 없어도 이해하는 데 문제가 되지 않는 것들을 제외시키는 작업을 한다. 그리고는 2단계에서 개체명 인식이라고 해서 이 문

....

* SKT T-NLU https://developers.sktelecom.com/content/tech/AI-Bigdata/techDetail/?techId=10

장에서 가장 중요한 의미를 담고 있는 개체를 찾아내는 작업을 한다. 여기서는 "서울역"과 "빠른 길"이 의미 있는 개체명으로 인식되는 것이다. 그런 이후에 3단계에서 전체 문장의 의도를 파악하는 의도 분석 과정을 거친 후에 인공지능이 이 말을 이해하게 되는 것이다. 물론 이러한 작업은 인공지능에 의해 너무나 빠르게 일어나기 때문에 커다란 시차 없이 바로 인공지능이 이 문장에 대한 답변을 준비해서 말을 할 수가 있게 된다.

그런데 사람의 말을 이해했다고 해서 인공지능 스피커가 바로 답변을 할 수 있는 것은 아니다. 앞서의 질문의 경우에 인공지능이 말을 이해한 후에는 인공지능이 미리 확보하고 있는 정보 중에 지도 정보를 찾아서 가장 빠른 길을 계산해내고 이것을 말로 표현해야 하는 과정이 또 필요하다. 이처럼 인공지능 스피커는 많은 관련 기술들이 총 동원되어져야만 편리하게 사용될 수가 있는 것이다.

SKT가 누구를 출시하자 비상이 걸린 경쟁 통신사 KT는 '기가지니'라는 이름으로 인공지능 스피커를 시장에 내놓았다. 두 제품의 컨셉이나 성능은 아마존의 에코를 벤치마킹한 것이기 때문에 비슷한데, KT는 스피커라는 제품에 방점을 두지 않고 TV 셋탑박스 제품으로 출시했다. 음성 인식 스피커 기능에다가 TV 셋탑박스 기능을 결합한 상품으로 기존의 KT가 가진 강점인 IPTV 시장의 셋탑박스를 대체하는 전략을 사용한 것이다. 이 제품은 세계 최초의 인공지능 TV라는 타이틀을 얻었고 누구에 비해 늦게 출시가 되었음에도 셋탑박스를 대체하는 전략으로 누구보다 판매량이 앞서고 있다. 이어서 네이버와 카카오가 인공지능 스피커 시장에 참여했고 모두들 자체 개발한 인공지능 기술을 자사의 제품에 사용하고 있다.

그런데 국내 시장에서 소비자들이 음악 애호가가 아닌 경우에는 스피커를 가전제품으로 구입하는 경우는 많지 않다. 그러다 보니 KT의 기가지니를 제외하고 다른 제품들은 판매량이 그리 높지가 않다. 인공지능 스피커 제품은 국내 소비자들에게 얼마나 말을 잘 알아듣고 반응하는지가 가장 궁금한 부분이었고, 이런 호기심과 첨단 제품을 사용해보고자 하는 욕구가 제품 판매의 주된 이유가 되었다. 그러다 보니 인공지능 스피커 자체의 성능보다는 이 제품의 판매 마케팅 전략으로 끼워주는 콘텐츠에 의해 판매량이 좌우되는 현상이 발생하였다. 카카오의 '카카오 미니'가 자회사인 멜론의 음악 듣기 서비스 및 카카오톡과의 연동 그리고 인기 캐릭터인 라이언 모양의 디자인으로 그나마 좋은 판매 성적을 거두었다.

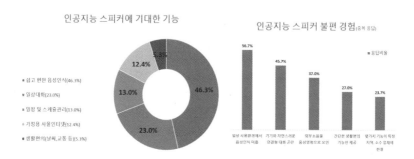

소비자 보호원의 인공지능 스피커 이용 실태조사 (2017. 6. 21. ~ 6. 30.)

소비자 보호원에서 2017년 6월 실시한 국내 인공지능 스피커 4개 제품에 대한 이용 실태 조사를 보면 대부분의 소비자가 음성 인식 기능이나 일상 대화를 할 수 있다는 기대감으로 인공지능 스피커를 구입하였고, 가장 큰 불만은 음성 인식이 잘 되지 않고, 자연스런 대화가 어렵다는 것으로 나타났다.* 인공지능 스피커가 소비자들의 생활 속에서 필요한 부분이 있어서 구매된 제품이 아니라 음성 인식 기능으로 기계와 대화가 가능하다는 것에 대한 호기심이 가장 크게 구매 욕구를 자극한 것이다 보니 이 제품들의 사용에 제약이 많이 따르고 있는 것이다. 그래서 주로 사용하는 용도도 날씨나 교통에 대한 정보를 묻거나 음악을 듣는 것이 거의 대부분을 차지하여 다른 영역으로의 확장이 일어나지 않고 있다. 아마존은 인공지능 스피커 에코를 통해 자사의 쇼핑을 극대화하고 있고, 이 제품을 중심으로 스마트홈을 구축하는 양상을 보여주고 있다. 국내의 업체들도 이러한 아마존의 성공 모델을 뒤쫓아보려고 시장에 뛰어들었지만 현재까지의 모습은 실망스러운 결과를 보여주고 있다. 하지만 이러한 국내 제품들이 가정에 하나둘 입성하게 되고 인프라가 되어 연결성을 가지게 된다면 그 다음부터는 연결에서 오는 부가가치가 발생하며 음성 인식 인공지능 스피커의 진가를 발휘하게 될 것이다. 물론 그렇게 되기까지에는 좀 더 시간이 필요해보이는 것이 국내의 상황이기는 하다.

음악 작곡 인공지능

"실험적인 시도를 넘어서 사업화의 단계까지 진입하다."

2015년 9월 미국의 예일대학교 컴퓨터 공학자가 개발한 인공지능 작곡 프로그램 쿨리타Kulitta는 사람이 작곡한 음악과 거의 구별이 가지 않을 정

---

* 인공지능(AI) 스피커, 소비자 만족도 높은 편이나 음성인식·대화기능 등 개선필요 (소비자보호원, 2017.9.8)
https://www.kca.go.kr/brd/m_32/view.do?seq=2305

도로 정교하게 작곡되었기 때문에 음악의 창작 영역에 인공지능이 도전했다고 해서 크게 화제가 되었다.

이 인공지능은 입력한 음악 자료들에서 특정 규칙을 분석해내고, 음계를 조합하여 작곡하는 방식으로 곡을 만드는데, 이런 방식은 창작이 아니라 단순한 모방이라고 음악을 창작하는 인공지능 탄생에 대해 부정적인 견해를 이야기하는 전문가들도 있었다. 그러나 어쨌든 인공지능이 작곡한 음악을 대부분의 사람이 전문적인 작곡가 수준이라고 생각하고 구별을 해내지 못했다는 것만으로도 상당한 충격을 준 사건이었다.

인공지능 작곡 프로그램 쿨리타kulitta (그림 출처 : 유튜브)
https://www.youtube.com/watch?v=VXo-4wOb_vo&feature=youtu.be

쿨리타의 등장 이후로 인공지능을 통해 음악을 창작하려는 시도는 여러 곳에서 이루어지기 시작했다. 우선 구글의 마젠타 프로젝트라는 예술 분야 창작에 인공지능을 활용하려는 시도가 등장했다. 구글은 세계 최강의 검색 서비스 회사로 일찍부터 검색 기능을 강화하기 위해서 인공지능 연구에 많은 투자를 해오고 있다. 마젠타Magenta 프로젝트는 구글이 개발하여 공개한 인공지능 개발 소프트웨어인 텐서플로우^{Tensorflow}를 이용하여 예술 분야의 창작에 인공지능을 활용해보고자 하는 목적을 가지고 시작했다. 물론 자사의 텐서플로우를 마케팅하려는 목적도 있었겠지만 순수 예술 분야에 인공지능을 도입하여 인간의 창작 작업을 인공지능으로 시도해보려는 획기적인 발상을 하게 된 것이다. 예술과 음악 창작 분야의 인공지능 실험을 위해 모두가 참여할 수 있는 공간을 마련해두고, 자사에서 개발한 텐서플로우로 개발한 인공지능 창작에 대해 지원하고, 여기서 나온 결과나 개발 과정을 모두 공개하고 있는 이러한 획기적인 개방형 투자는 전 세계 개발자들의 자발적인 참여를 이끌어내고 있으며 음악에 대해서도 상당히 흥미로운 실험들이 이루어지고 있어서, 아티스트와 인공지능 개발자가 함께 미래를 위한 멋진 도전을 할 수 있는 곳이다.

구글의 인공지능 마젠타^{Magenta} 프로젝트 (그림 출처 : 마젠타 사이트)
https://magenta.tensorflow.org/

이 사이트에 들어가면 현재 진행되고 있는 다양한 인공지능 창작에 대한 실험이 소개되고 있는데, 그중에 재미 있는 음악 창작 관련 프로젝트로 'AI Duet'이라는 실험이 있다. 인간이 음악을 연주하면 인공지능이 이 연주에 따라 음악을 창작하여 들려주는 것으로 인간과 인공지능이 듀엣으로 음악을 한다는 컨셉이 흥미롭다.

소니Sony의 컴퓨터 과학 연구소에서는 인공지능으로 작곡한 두 곡의 팝송(Daddy's car, Mr Shadow)을 공개하여 관심을 끌기도 했다.* 이전까지 음악을 창작하는 것은 주로 클래식 분야에 한정되어있었고 상업적인 성공을 위한 작곡이 아니라 실험을 위한 작곡이었기 때문에 음악이 대중들에게 소비가 될 수 있느냐 하는 부분에 대한 고려는 그리 깊지가 않았다. 그런데 소니에서 팝송을 인공지능으로 작곡하여 실제 유명 뮤지션과의 협업으로 음반까지 내면서 이제 인공지능 음악이 대중들의 선택을 받고 사람이 만든 노래들과 경쟁할 수도 있는 단계에까지 올라가 있음을 보여주는 사례를 만든 것이다. 소니의 음악 작곡 인공지능은 플로우 머신 Flow Machine이라는 이름을 가지고 있는데 팝송과 재즈 13,000곡 정도를 학습하고 있어 인간 작곡자가 원하는 스타일을 선택하면 인공지능이 초고수준의 악보를 작곡해서 보여준다고 한다.

인공지능 플로우 머신의 홈페이지 http://www.flow-machines.com/에 들어가면 인공지능이 작곡한 음악을 직접 들어볼 수가 있는데 음악 창작 분야에서 인공지능이 얼마나 빨리 발전했는가를 바로 느껴볼 수가 있다.

....

* Sony develops algorithm based AI music (Reuters, Michaela Cabrera, 2016.10.18)

IBM의 인공지능 왓슨도 음악 작곡의 영역에 도전했는데, 왓슨은 미국의 유명 프로듀서와 협업으로 'Not easy'라는 곡을 만들어서 공개했다.*
26,000곡을 분석한 인공지능 왓슨과 유명 프로듀서 알렉스Alex가 공동 작업한 이 곡은 미국의 빌보드 차트에서 6위를 차지하기도 했다. 이 곡을 인터넷에 올려진 영상과 함께 들어보면 어느 팝송 못지않은 세련된 음악을 인공지능이 만들어낼 수 있다는 것을 실감하게 된다. 물론 워낙 좋은 곡을 만드는 유명 프로듀서와 공동 작업한 것이기 때문에 온전히 인공지능의 작곡 실력이라고 볼 수는 없지만, 인공지능이 가진 잠재력을 확인하기에는 충분한 음악이라고 생각된다.

인공지능 왓슨과 유명 프로듀서 알렉스 공동 작곡 "Not Easy" (그림 출처 : IBM)
https://vimeo.com/215684754

인공지능이 음악을 작곡하는 창작 영역에 도전을 시작하면서 짧은 기간 안에 많은 시도가 이루어졌고, 이제는 실험적인 시도를 넘어서서, 상업적인 이유로 인공지능을 음악 창작에 이용하는 것이 가능해졌다. 이러

....
* How IBM Watson inspired Alex Da Kid's new song 'Not Easy' (Business insider, IBM, 2016.10.25)

한 환경이 조성되자 음악 관련 업체들이 인공지능을 자연스럽게 받아들이게 되었고 이를 사업화하는 현상이 발생하기 시작했다.

상업적 음악 창작 인공지능

"음악 시장의 미래는 인공지능에 있다."

소니의 연구소에서 인공지능으로 음악을 창작하는 것을 총괄했던 유명 작곡가이자 인공지능 전문가인 프랑코 파체^{Francois Pachet}는 앞에서 설명한 2곡 Daddy's car와 Mr Shadow를 인공지능이 작곡한 최초의 팝송으로 공개하면서 세계적인 유명세를 얻었다. 그 후 그는 세계 최대의 음악 스트리밍 서비스 업체인 스포티파이^{Spotify}에 스카우트되었고, 이곳에서 프랑스의 유명 가수와 인공지능의 공동 작업으로 상업적인 팝송 앨범인 〈Hello world〉를 시장에 내놓았다.*

이제 음악 시장에 본격적으로 인공지능의 참여가 시작된 것으로, 이러한 변화는 음악 시장에 적지 않은 변혁의 바람을 몰고 올 것으로 여겨지고 있다. 스포티파이가 인공지능 창작 음악에 투자하고, 세계적인 음악가들이 인공지능과의 협업을 단순한 실험이 아니라 자신의 음악적 세계를 넓히려는 차원에서 적극적으로 활용하고 있는 것이다. 인공지능이 음악을 만들어내는 능력은 이제 상업적인 분야에서도 인정받고 있을 뿐 아니라, 현재 대중의 관심 대상이 되고 있는 인공지능을 음악 마케팅 용도로

....
* ARTIFICIAL INTELLIGENCE NOW HAS ITS OWN RECORD LABEL, FLOW RECORDS
http://edm.com/articles/2017/11/30/ai-label-flow-records

도 사용이 가능하기 때문에 단기간 내에도 의미 있는 성과를 만들어낼 수 있으리라 기대하고 있는 듯 보인다. 실제로 인공지능이 음악 창작을 하는 데 사용되었다고 하면 언론에서 관심을 가지고 보도해주었기 때문에 초기 마케팅에 상당한 도움을 받은 것은 주지의 사실이다.

〈Hello world〉 앨범 수록곡 'Hello Shadow' 뮤직비디오 (그림 출처 : 유튜브)
https://www.youtube.com/watch?v=QgD9y9aBhSc

Amper Music이라는 이름의 스타트업도 인공지능으로 하는 음악 창작을 사업화한 기업이다. 2017년 8월 〈I AM AI〉라는 제목의 앨범을 발표하여 사람들의 이목을 끌었는데, 이 회사를 만든 사람들은 미국 헐리우드에서 영화 사업을 하는 사람들과 음악가, 그리고 인공지능 전문가들이다. 미래의 음악이 인공지능에 있다고 믿어 스타트업을 시작한 이들은 벤처캐피털로부터 투자받아 인공지능 창작 음악 사업을 하고 있다.

'Amper'라는 음악 작곡 인공지능과 뮤지션들의 협업으로 노래를 만들기 때문에 이 업체에서는 인공지능과 사람의 공동 작업이 중요하다는 점을 강조하고 있다.*

I'm breaking free

인공지능 작곡 앨범 〈I AM AI〉 수록곡 'Break Free' (그림 출처 :유튜브)
https://www.youtube.com/watch?time_continue=120&v=XUs6CznN8pw

    클래식 분야에서는 AIVA^{Artificial Intelligence Virtual Artist}가 인공지능으로 창작한 클래식 음반을 내놓고 활발한 활동을 보여주고 있다. 2016년 〈Genesis〉라는 제목의 클래식 음반을 출시하였고, 그 음악적인 수준을 인정받아 프랑스의 음악가 협회인 SACEM에 가입했다.

    AIVA는 딥러닝과 강화 학습을 통해서 클래식 명곡들을 학습하여 이 곡들의 특성을 분석하여 파악하고 있고, 이를 재해석해서 새로운 클래식 음악을 만들어내고 있는 것이다. 앞으로는 클래식을 넘어서 영화 음악, 광고 음악, 드라마 OST, 게임 음악 등으로 영역을 넓히려고 한다는 것이 인공지능을 개발한 회사의 포부다.

....

* The World's First Album Composed and Produced by an AI Has Been Unveiled (Futurism, Dom Galeon, 2017.8.21)

이런 인공지능의 작곡 능력을 보다 더 많은 제작자들에게 이용 가치가 있도록 디지털 콘텐츠에 맞는 음악을 작곡해주는 인공지능 음악 창작 사업을 하는 회사도 있다.

인공지능 앨범 〈Genesis〉 표지

쥬크덱Jukedeck은 저작권 문제로 음악을 제대로 사용하지 못하고 있는 유튜브 동영상 제작자들에게 저작권에서 자유로운, 인공지능이 만든 음악을 제공하는 사업을 하고 있다. 회원 가입을 한 후에 음악을 작곡해주는 페이지가 나오면 장르, 무드, 길이, 클라이맥스 등을 선택하고 "Create Track"이라는 왼쪽 하단의 아이콘만 누르면 세상에 하나밖에 없는, 인공지능이 작곡해준 노래가 탄생된다. 물론 이 음악을 다운로드받으면 약간의 비용을 지불해야 한다. 인공지능이 상업적인 단계에 올라서면서 더욱 대중적인 이용이 가능해진 것이다. 이제는 원하는 사람이면 모두가 인공지능으로 음악을 만들어 사용할 수가 있는 세상이 바로 앞에 다가와 있다.

'쥬크덱(Jukedeck)' 인공지능 음악 작곡 (그림 출처 : www.jukedeck.com)

국내 음악 창작 인공지능

"세계적인 흐름에 비하면 아직은 초보 단계"

국내에서도 음악 작곡에 인공지능을 적용한 시도가 대학에서 있었다. 광주과학기술원 안창욱 교수팀이 2016년 5월 국내 최초로 인공지능이 만든 음악을 발표하여 많은 관심을 받았다.*

보이드Boid라는 이름의 인공지능이 여러 음악을 학습한 이후에 음악을 창작할 수 있게 되었고, 'Grey(회색)'와 'Cavity(구멍)'라는 제목으로 두 곡의 음악을 만들어내서 이를 음원 사이트에 공개하기도 했다. 단조로운 멜로디에 조금은 익숙한 분위기를 풍기는 이 곡들은 사람이 노래하는 목

---

* 작곡 AI, 이용하면 누구나 작곡가…삶의 질 높여 줄 것 (경향신문, 고영득 기자, 2016.5.24.)

소리가 들어있지 않아서 아직은 완성되지 않은 음악처럼 느껴지기도 하지만, 사람이 만든 곡들과 다른 점을 찾아내기가 쉽지 않은 세련된 EDM 곡이다. 1년 후에는 뉴에이지 스타일의 두 곡, 송 오브 스프링^{Song of Spring}과 디스 스프링^{This Spring}을 발표하여 총 4곡의 인공지능 작곡의 노래를 시장에 내어놓았다. 상업적인 의도로 음악을 만든 것은 아니지만 4곡 모두가 국내 음원 사이트에 등록되어있어 언제든 들을 수 있다. 그런데 국내 음악 팬들에게는 이러한 사실이 거의 알려져 있지 않기 때문에 이 곡들을 찾아 듣는 사람이 아직은 많지 않은 듯하다. 인공지능 작곡의 음악이 아직은 인간이 작곡한 노래들을 비슷하게 모방한 정도의 수준이기 때문에 이를 상업적으로 이용하여 새로운 히트곡을 낼 수 있을 만한 새로움은 아직 만들어내지 못하고 있다. 이것이, 인공지능 작곡의 음악이 아직은 연구용으로만 유용한 가장 큰 이유이며, 인공지능이 이런 음악까지 만든다는 것에 신기해하는 정도에 머물고 있는 이유이기도 하다.

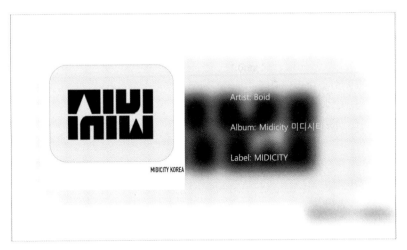

인공지능 보이드^{Boid} 작곡의 노래 'Grey(회색)' (출처 : 유튜브)
https://www.youtube.com/watch?v=KkdbHy79JWY

2017년 11월 콘텐츠진흥원은 음악과 인공지능의 만남이라는 주제로 흥미로운 행사를 진행했다. 인공지능 개발을 담당한 스타트업들과 음악, 춤 등의 전문가들을 결합하여 인공지능이 참여한 새로운 창작의 가능성을 실험해본 것이다.[*] 그날 발표한 여러 팀 중에 음악 쪽에서는 '포자랩스'라는 딥러닝 기반의 인공지능을 개발하는 스타트업이 '뮤직쿠스'라는 이름의 인공지능을 수많은 음악의 멜로디들과 노래 가사 그리고 소설들로 학습시켜서 노래의 멜로디를 생성하고 가사도 쓸 수 있는 모델을 개발했다. 국내 가수 2,000명의 노래 약 6만 곡, 20만 줄 분량의 가사 그리고 팝, 록, 영화 주제곡 1,000여 곡을 인공지능이 학습한 결과 새로운 노래와 가사를 창작할 수 있게 된 것이다.

이 인공지능이 만든 음악 샘플 중 일부를 무작위로 선정하여 함께 팀을 이룬 잠비나이의 이일우와 이스턴사이드킥의 고한결에게 보냈고, 이들은 그중에 곡을 선택하여 최종적으로 작곡을 마무리했다. 그런 이후에 곡에 어울리는 핵심 단어(키워드)를 몇 개 뽑아서 인공지능에게 전달하였고, 이 키워드를 바탕으로 인공지능이 작사를 했다. 물론 인공지능의 작사는 최종적으로 이일우와 고한결이 수정하는 과정을 거쳐서 완성곡을 만들어냈다.[**]

---

[*] 작사 · 작곡=인공지능, 편곡=인간 (조선일보, 권승준 기자, 2017.11.2.)
[**] 오랜 상처들이 꽃잎처럼 붉게 물들었네. ♪♬… AI가 만들었다고? 구글–SM도 놀랐다 (동아일보, 임희윤 기자, 2017.11.2.)

인공지능(뮤직쿠스) 작사	인간(고한결) 수정 최종 가사
몸짓은 미련이 되고 춤을 추는 사람	몸짓엔 미련도 없이 정오의 드라이한 춤을 추는 사람
온도에 강물은 녹아요 모두가 햇살에 가려 울고 있었네	온도에 강물은 녹아요 모두가 빌딩에 가려 울고 있었네
미련은 밤도 없이 한숨을 몰아 쉬어요	미련은 낮도 없고 숨을 몰아 쉬어요
비밀은 때도 없이 한숨을 몰아 쉬어요	비밀은 때도 없이 숨을 몰아 쉬어요

인공지능 작사와 인간의 수정 최종 가사 비교

음악 창작에 있어 인공지능은 뮤지션을 도와서 좀 더 손쉽게 창작을 할 수 있도록 보조하는 역할을 하고, 최종 선택 과정은 참여한 뮤지션들에게 결정 권한이 주어져 있기 때문에 인공지능의 창작이 아직은 조금 더 지켜봐야 할 부분이 많이 있어 보이지만 미래의 잠재력을 보여주었다는 점에서 국내의 이 행사는 큰 의미를 남겼다.

음악 추천 인공지능

"이미 디지털 음악 시대, 음악 추천 서비스로 날개를 달다."

스포티파이는 2006년 다니엘 엑이라는 젊은 개발자가 시작한 스웨덴의 음악 스타트업이다. 2년간의 개발 기간을 거쳐 2008년 10월에 서비스를 시작하였는데, 6년 만에 전 세계 사용자가 4천만 명이 넘었고, 그중에 유료 사용자도 1,250만 명이나 가입하면서 세계 최대의 음악 스트리밍 회사가 되었다.

이 음악 서비스가 단시간 내에 이렇게 크게 성공한 원인은 여러 가지로 분석할 수 있지만 가장 큰 이유는 바로 무료라는 점이다. 이 서비스는 광고 기반의 무료 음악 스트리밍 서비스이다. 음악을 다운로드하여 듣도록 한 애플이 '애플 뮤직'이라는 유료 다운로드 스트리밍 서비스를 시작하게 만들 만큼 스포티파이의 인기는 대단하다. 여기에 기술의 발달로 더 이상 다운로드하여 음악을 듣는 것과 스트리밍 음악을 듣는 것이 큰 차이점을 느낄 수 없게 된 것도 스트리밍 음악이 대세가 되는 데 중요한 요인으로 작용했다. 애플이 '아이튠스'로 디지털 음악을 지배했었다면, 스포티파이가 지금은 그 자리를 차지하고 있는 셈이다. 스포티파이의 고객은 광고를 보고 무료로 음악을 듣던지 아니면 유료 가입자가 되어 광고가 없이 음악을 들을 것인지를 선택하면 되는데, 이러한 무료 서비스에 음악가들이 반발을 하고 있기도 하다. 국내에는 아직 이 서비스가 진출하지 않았기에 한국의 음악 소비자들에게는 잘 알려져 있지 않다.

국내에서는 아직 낯선 스포티파이에 대해 긴 설명을 한 이유는 미래의 음악 시장을 이야기할 때 이 회사를 빼놓고는 말할 수가 없기 때문이다. 인공지능 기술을 음악 산업에 접목하려는 시도를 가장 적극적으로 하는 회사이고, 인공지능 창작 음악을 만들고 있는 프랑코 파체^{Francois Pachet}를 영입하여 인공지능 창작 음악을 시장에 내놓기도 했다. 이 회사는 딥러닝 기반의 음악 추천 기술을 꾸준히 연구해오고 있었으며 2017년에는 인공지능 음악 추천 스타트업인 닐랜드^{Niland}를 인수하기도 했다.*

....

* Spotify buys AI startup Niland to develop its music personalization and recommendations (TechCrunch, Jon Russell, 2017.5.18.)

음악 추천 인공지능 전문 스타트업 닐랜드[Niland] (그림 출처 : 닐랜드 홈페이지)

　　이 업체는 음악을 딥러닝 기술로 분석하여 특정 소비자가 원하는 음악을 쉽게 접할 수 있도록, 음악 검색과 추천 서비스를 제공하는 인공지능을 개발하였고, 이를 API 형태로 어떤 사업자든지 연결하여 그 사업자의 플랫폼에서 음악 추천 서비스를 가능하도록 하고 있다.

　　음악 추천 서비스에 대한 수요는 국내 시장에서도 높다. 국내의 음악 시장은 통신사와 포털이 장악하고 있는 양상인데, 카카오톡과 연결된 멜론, NHN엔터의 든든한 지원을 받는 벅스, KT의 지니가 각축을 벌이고 있다. 사별로 치열한 경쟁에서, 소비자를 한 사람이라도 더 끌어오기 위한 여러 가지 전략을 사용하고 있는데, 인공지능을 활용한 음악 추천 서비스가 최근 큰 관심사로 떠올랐다. 국내의 디지털 음원 시장에서 독보적인 1위를 차지하고 있는 멜론은 2017년 8월 AI 음악 서비스인 '멜론 스마트 아이(I)'를 선보였다. 멜론 스마트 아이는 카카오가 개발한 범용 AI 플랫폼 '카카오 아이(I)'를 활용했다고 한다.* 카카오 아이는 음성 인식, 시각 인지, 대화 엔진, 검색 자동 추천 등 AI 기능을 모은 플랫폼이다.

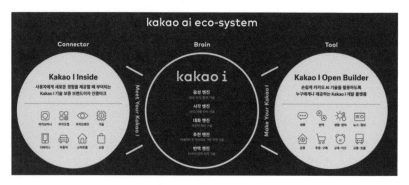

카카오의 인공지능 '카카오 아이(I)' (그림 출처 : 카카오 아이 홈페이지)

　　2위 업체인 지니 뮤직도 인공지능을 활용한 서비스 개발에 적극적이다. 지니 뮤직은 2017년 연말에 미국의 음성 인공지능 스타트업인 사운드 하운드와 기술 제휴를 맺고 '지니어스'라는 이름의 인공지능 음악 검색, 추천 서비스를 도입했다. 그런데 사운드 하운드라는 인공지능 스타트업은 공교롭게도 삼성전자, 현대자동차, KT, 네이버 4개의 한국 회사에서 모두 투자를 받았다.** 국내 기업이 워낙 많이 투자를 해서인지 이 업체는 2018년에 한국 지사 설립 계획을 가지고 있고, 자사의 인공지능인 하운드파이Houndify에게 한국어 공부도 시키고 있는 중이라고 한다. 이 업체가 많은 관심을 끌고 있는 것은 컬렉티브 인공지능Collective AI라고 하는 컨셉 때문이다.

....
*　멜론 · 지니 · 네이버뮤직 'AI 음악 비서'로 변신 (한국경제, 이승우 기자, 2017. 8. 13.)
**　음성AI '사운드하운드' 주목해야 하는 이유 (Zdnet, 임유경 기자, 2017. 11. 19.)

사실 현재의 인공지능은 구글, 페이스북, 아마존, 마이크로소프트 등 거대 IT 기업들이 이끌어가고 있다. 이들의 공통점은 모든 분야의 정보를 독점적으로 보유하고 있다는 것인데, 구글의 경우 검색과 지도 서비스, 유튜브 등 거의 모든 분야의 정보를 가지고 이를 연결하여 엄청난 부가가치를 만들어낼 수가 있다. 이렇게 모든 정보를 가지고 있는 업체들은 인공지능 시대에 더욱 그 진가를 발휘하게 되는데, 인공지능은 더 많은 정보가 유입될수록 더 강력해지기 때문이다. 이들 업체와 정보의 보유라는 점에서 경쟁이 어려운 회사들은 미래의 인공지능 시대에도 경쟁력 면에서 뒤쳐질 수밖에 없는 것이 현실이다. 그런데 사운드 하운드는 음성 인식 인공지능 기술을 개발하면서 여기에 컬렉티브 AI라는 개념을 중요한 지점으로 강조하고 있다. 이 인공지능을 사용하는 업체들은 서로 정보를 공유하여, 마치 거대 IT 기업들이 모든 분야의 정보를 가지고 인공지능 사업을 하는 것과 같은 효과를 만들어낼 수가 있다고 한다. 상당히 매력적인 개념이기 때문에 많은 회사가 이 업체에 투자한 것으로 보인다.

인공지능 연주 로봇 시몬

미국의 한 대학 연구팀에서 만든, 마림바를 연주하는 로봇 시몬^{Shimon}은 단순히 마림바라는 악기를 연주하는 로봇이 아니라 음악을 듣고 이해하여 다른 음악가들과 협연할 수가 있는 능력을 지닌, 인공지능 음악 연주 로봇이다.[*]

인공지능 마림바 연주 로봇 시몬^{Shimon} (그림 출처 : www.shimonrobot.com)

딥러닝 방식으로 학습하여 음악을 작곡하는 것도 가능하고, 다른 연주자들의 연주를 듣고 이에 반응해서 같이 협연할 수도 있다. 협연으로 즉흥 연주를 하기도 했다. 시몬로봇 ^{Shimonrobot}이라는 홈페이지에 가면 이 인공지능 로봇과의 협연을 예약할 수 있는 페이지가 있어, 음악 연주에 인공지능 로봇을 초청할 수도 있다. 다른 인공지능은 대부분 소프트웨어로 존재하기 때문에 눈으로 볼 수 없는 경우가 많다. 하지만 시몬은 우리의 현실 세계에서 인간의 눈으로 즉흥 연주를 확인할 수가 있다. 때문에 인공지능이 작곡을 해서 음악을 만들어낼 수 있다는 것을 더욱 실감할 수 있다.

....

[*] 마림바 연주하고 작곡까지 하는 인공지능 로봇 '시몬' (로봇신문, 조인혜 기자, 2017.6.21)

인공지능 로봇 시몬 협연 장면 (출처 : 유튜브)
https://www.youtube.com/watch?v=l9OUbqWHOSk

Chapter 8

사진/이미지

들어가는 글

사진과 이미지를 인식하는 인공지능에 대한 수요는 꽤 오래전부터 있었지만 이미지를 제대로 구별하는 인식률이 현실에서 사용될 수 있는 정도로 높아진 것은 불과 몇 년 전부터다. 때문에 최근 몇 년 사이에 이와 관련된 인공지능 기술이 폭발적으로 성장했다. 이미지 인식률이 일정 수준 이상 도달한 후부터는 인식한 이미지를 변환하여 새로운 이미지를 창조해내는 기술이 개발되고 있고 이러한 기술들이 실제 창작 분야에서도 서서히 그 진가를 발휘하고 있다.

사물/얼굴 인식

이미지를 인식하는 인공지능의 발달로 컴퓨터가, 인간과 거의 비슷한 수준으로 세상을 보고 분석하게 되면서, 다양한 분야에서의 자동화가 발 빠르게 이루어지고 있다. 그리고 이러한 서비스가 스마트폰으로도 가능해지면서 모든 소비자들이 인공지능 기술의 혜택을 활용하게 되는 인공지능 기술의 대중화가 서서히 일어나고 있다. 얼굴 인식 기술은 젊은 층의 셀프 카메라 촬영 열풍과 만나면서 그동안은 존재하지 않았던 전혀 새로운 분야의 콘텐츠를 대량으로 생산해내는 현상도 만들고 있다.

이미지 생성 인공지능

이미지를 인식하는 것에서 이제는 세상에 없었던 이미지를 만들어내는 인공지능이 등장했다. 인간이 만들어낸 수많은 정보를 학습시켜 단순한 모방 정도라고 여겼던 인공지능이 한 단계 도약한 것으로 평가할 수 있는 기술의 진보다. 이제 막 시작된 이미지 생성 기술은 앞으로 다양한 분야에서 혁신적인 결과를 만들어낼 것으로 기대를 모으고 있다.

만화/디자인 인공지능

이미지 분야의 인공지능은 이제 관련 산업 분야로 그 쓰임새를 찾아 적극적으로 도입되고 있다. 만화 분야에서는 그동안 긴 시간의 수작업이 필요했던 채색 작업에 인공지능 기술을 도입하여 작업 시간을 획기적으로 줄일 수 있는 시도들이 나타나고 있다. 그래픽 디자인 분야의 세계 최고 기업인 어도비가 자사의 소프트웨어 프로그램에 인공지능 기술을 도입하여 이를 사용하는 이용자들이 보다 더 쉽고 효과적으로 그래픽 디자인을 할 수 있도록 하는 정책을 추구하는 것은 가까운 미래에 관련 산업을 크게 발전시키게 될 것이다. 패션 디자인 분야에서도 인공지능의 능력을 활용하여 사람들의 이목을 끌고 관련 산업 종사자들이 혜택을 받을 수 있는 첨단의 시도들이 꾸준히 이루어지고 있다.

꽃 검색

"누구나 한 번쯤은 있었으면 좋겠다고 생각했을 멋진 서비스"

2016년 처음 시작된, 다음 앱의 '꽃 검색'은 자연을 좋아하는 사람이라면 누구나 한 번쯤은 있었으면 좋겠다고 생각했을 멋진 서비스다. 산을 오르거나 산책을 하다가 예쁘게 피어있는 꽃을 보면 '이 꽃 이름은 무엇일까?' 하고 궁금했던 경험은 누구나 했을 것이기 때문이다.

이런 일상의 욕구를 잘 파악하여 등장한 것이 바로 꽃 검색 서비스다. 이 서비스는 나영석 PD가 제작한 2017년 tvN의 인기 프로그램 〈알쓸신잡〉에 출연한 김영하 작가에 의해 거론되면서 다시 한 번 조명을 받고 더 큰 인기를 얻었다. 지금도 꽃 검색은 다음 앱의 검색창 오른쪽에 있는 꽃모양을 클릭하면 바로 이용할 수 있다. 클릭한 후 카메라의 촬영 화면이 나오면 그저 촬영 버튼을 누르기만 하면 작동된다. 바로 몇 초 후 화면에 "이 꽃은 'OO'일 확률이 OO%입니다"라고 꽃의 이름을 알려준다.

2015년에 출시된 '모야모'라는 꽃 이름을 알려주는 앱은 다음의 꽃 검색보다 일찍 나와서 인기를 끌었는데, 이 모야모 앱은 꽃의 사진을 찍어서 올리면 전문가가 보고 추후에 꽃의 이름을 알려주는 방식이었다. 그래서 실시간으로 그 자리에서 바로 꽃의 이름을 알 수는 없었다. 그런데 다음의 꽃 검색은 인공지능 이미지 인식 기술을 활용하기 때문에 촬영하자마자 바로 꽃의 이름을 알려줄 수가 있는 것이다. 과거에 전문가가 하던 일을 인공지능이 대체하면서 시간에 구애받지 않고 언제나 꽃의 이름을 알려주는 서비스가 가능하게 되었다.

카카오는 이 서비스의 인기가 올라가자 여기에 재미있는 기능을 추가했다. 사용자가 이 서비스에 꽃을 찍지 않고 얼굴을 찍으면 어느 꽃과 닮았는지를 알려주는 것이다. 아래 그림은 필자의 아들을 꽃 검색 중에 '나는 무슨 꽃?' 서비스로 촬영한 결과 화면이다. 이 서비스는 꽃 검색과 똑같은 방법으로 이용하면 된다. 카메라 촬영 화면이 등장한 후에 셀프 카메라 모드로 바꿔주거나 사람의 얼굴을 찍으면 얼굴을 인식하여 가장 닮은 이미지의 꽃을 추천해준다. 이 서비스를 추가하게 된 것은, 꽃 검색인데도 꽃 대신에 사람의 얼굴을 찍는 사람들이 많이 있었다는 것에서 착안했다고 한다. 아마 장난으로 찍으면 혹시 나를 혹은 나의 연인을 꽃으로 착각하지 않을까 하고 생각한 젊은 청춘들이 많이 있었던 모양이다.

꽃 검색의 '나는 무슨 꽃?' 서비스 화면

카카오에서 이미지 인식 인공지능으로 일반 소비자들이 흥미를 가지고 이용할만한 꽃 검색 서비스를 성공시키자, 거의 모든 인터넷 분야에서 한국을 대표한다고 자부하는, 네이버도 뭔가 하지 않으면 안 되는 상황이 되었다. 그렇다고 꽃 검색을 똑같이 서비스할 경우에는 따라한다는 애기를 들어야 했기 때문에 네이버는 꽃뿐만 아니라 모든 사물을 다 인식한다는 의미로 '스마트렌즈'라는 이름의 사물 이미지 인식 서비스를 시작했다. 작동 방식은 다음의 꽃 검색과 거의 비슷하다. 스마트렌즈는 네이버가 국내의 검색 시장을 장악하고 있는 강점을 활용하여 어떤 물건을 촬영하거나 이미지를 보여주면 관련 상품의 정보들을 보여주는 이미지 검색 기능이 강화되어있다. 꽃 검색이 호기심과 재미로 사용을 유도하고 있다면, 스마트렌즈는 조금 더 실용적이고 사업적인 성격이 강하다. 스마트렌즈로 촬영하면 아이콘 옆에 '쇼핑렌즈' 아이콘도 만들어서 사업적으로 이 기능을 활용하고자 하는 목적을 명확하게 보여주고 있다.

카카오와 네이버의 이미지 인식 서비스는, 첨단의 인공지능 이미지 인식 알고리즘이 계속 개발되고 있으며, 더 많은 양의 사진 데이터가 이 서비스의 소비자들에 의해서 자발적이고, 지속적으로 업로드되기 때문에, 그 성능이 계속 좋아지고 있다. 인공지능이 학습을 하는 데 전 국민이 동원되어 도와주고 있는 것이다. 전 세계에 서비스하고 있는 구글이나 페이스북 같은 회사들은 지구인 대부분이 이 회사들의 인공지능이 고도화될 수 있도록 동참하고 있다고 할 수 있다. 소비자들은 흥미 있는 새로운 서비스를 이용할 수 있어서 좋고, 기업은 자발적인 이용으로 인공지능을 빠른 시간 내에 적은 자금으로 학습시킬 수 있는, 선순환 구조가 만들어져 있는 것이다.

인간과 컴퓨터가 이미지를 인식하는 방식 차이(그림 출처 : 페이스북 연구소)

인공지능이 이미지를 인식하는 수준은 딥러닝 방식의 CNN[Convolutional Neural Network]*이라고 불리는 알고리즘이 발표되면서 급격하게 좋아졌다. 딥러닝 방식의 머신러닝이 진가를 발휘하기 전에는 기계가 이미지를 인식하는 수준을 높이는 것은 너무나 어려운 작업이었다. 세상에 존재하는 장미꽃은 아주 자세히 분석하면 모두가 조금씩은 다르게 생겼다. 그런데 우리 인간은 약간씩 다른 장미를 다 장미로 인식하지만, 기계는 우리가 장미라고 알려준 이미지와 조금이라도 다르면 그건 장미가 아니라고 생각한다. 그래서 인공지능을 학습시킬 때 장미를 알려주기 위해서는 수많은 장미 사진을 입력해서 알려주어야 한다. 위의 그림처럼 인간이 사물을 보고 인지하는 방식과 컴퓨터가 인지하는 방식은 차이가 있다. 사진 이미지를 작게 나누고, 나눈 이미지를 숫자로 변환하는 과정을 거쳐야만 컴퓨터는 이미지를 인식할 수가 있다. 그래서 숫자 하나만 틀리게 되면 컴퓨터는 사

----

* A Beginner's Guide To Understanding Convolutional Neural Networks
https://adeshpande3.github.io/adeshpande3.github.io/A-Beginner%27s-Guide-To-Understanding-Convolutional-Neural-Networks/

진의 이미지와는 다른 것으로 판단하는 것이다.

이러한 컴퓨터의 특성 때문에 인공지능에게 '장미' 이미지를 학습시켜서 인식률을 높이기 위해서는 수많은 장미 사진을 모두 기계가 인식할 수 있도록 디지털 데이터로 변환하여 입력해주어야만 한다. 그런데 헤아릴 수 없이 많은 장미 사진을 모두 입력하는 건 너무나 비효율적인 일이고, 그럼에도 우리가 입력한 사진과 약간 다른 장미 사진이 있다면 인공지능은 그걸 장미와는 다른 것으로 인식하는 오류를 범할 가능성이 있다. 그래서 인공지능 초창기에는 장미의 사진을 많이 입력해서 학습시키면서 여기에 장미라는 꽃이 가지고 있는 특징도 같이 알려주었다. 그러면 인공지능이 입력받은 사진과 약간 다르더라도 장미의 특징을 가지고 있는 사물은 장미로 인식할 수 있었다. 그런데 이 방식의 문제점은 인간이 장미의 모든 특징을 다 파악하여 입력하는 것이 불가능하다는 점에 있다. 이러다 보니 인간이 알려준 특징을 가지고 있지 않은 장미가 나타나면 그때의 이미지 인식률은 급격하게 떨어지는 단점이 있다. 사람의 얼굴을 인식하는 경우를 상상해보자. 어떤 경우에는 화장을 하고, 어떤 경우에는 모자를 쓰기도 하고, 머리를 자르기도 하는데 이런 경우 기계는 동일 인물의 다른 사진을 보고 같은 사람으로 인식하는 것을 매우 어렵게 느낀다.

CNN 등 딥러닝 방식의 알고리즘들이 최근 각광받는 이유가 바로 이처럼 어려운 인공지능 학습의 효율성을 높이는 문제를 획기적으로 개선했기 때문이다. 딥러닝 방식의 알고리즘 이미지 인식률이 기존의 머신러닝 방식에 비해 높게 나오고, 개선 속도도 빠르다 보니 이제는 딥러닝이 인공지능의 학습 방식에서 주류가 되었다.

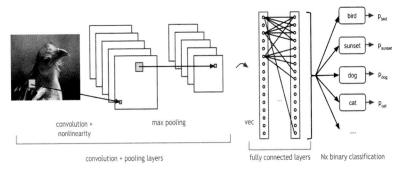

CNN 원리 설명 그림

　일반적으로 CNN 방식은 한 장의 사진 이미지를 아주 작은 단위로 쪼
갠다. 이렇게 쪼개진 각각의 이미지를 디지털 신호화해서 우리 인간의 뇌
신경을 본떠서 만든 '노드'라는 곳에 입력한다. 이렇게 입력된 이미지 신
호가 수많은 층의 노드를 통과하면 인공지능은 입력된 사진 이미지들이
가진 공통점을 찾아내서 사람이 공통된 특징을 알려주지 않아도 스스로
학습한다. 이렇게 학습된 인공지능에게 사진 이미지를 보여주면 그 인공
지능은 정확하게 사진에 있는 것들을 인지하게 되는 것이다. 우리의 뇌가
사물을 인지하는 방식을 그대로 모방하여 컴퓨터에 적용한 이 방식은 신
기하게도 아주 높은 정확도를 보여주고 있다.

　그런데 아직까지 우리가 뇌의 작동 방식을 100% 알고 있지 못하듯이
어떻게 이 딥러닝 방식이 작동하는지, 지금까지는 그 누구도 정확하게는
알지 못한다. 그저 우리가 알고 있는 것은 뇌가 작동하는 방식을 비슷하
게 구현해보았더니 우리가 일상생활에서 인식하는 것과 같은 분야에 아
주 획기적인 성공률을 나타내며 기존의 한계들을 돌파해내고 있다는 것
뿐이다. 심지어 혹자는 이제 인공지능 관련 연구가 마치 의학처럼 '임상
실험'이 되었다고 이야기하고 있다. 가설을 세우고 실험을 해서 좋은 성과

를 보이면 왜 그런 가설이 성공했는지를 정확히는 알 수가 없더라도 의미가 있는 연구라고 평가받고 있는 것이다.

우리가 아직 인간의 뇌에 대해 모르는 부분이 많은 것처럼 딥러닝의 작동 원리를 우리 인간은 아직 완전하게 파악하지는 못하고 있다. 딥러닝 방식의 인공지능 연구를 통해서 그저 우리의 뇌가 얼마나 효율적으로 진화를 했는지를 하나하나 깨달아가고 있는 중인 것이다.

구글 이미지 인식 인공지능 (그림 출처 : 구글 연구소 블로그)

얼마 전까지만 해도 이미지 인식률이 높지 않아서 일상생활에서 활용이 어려웠던 인공지능의 이미지 인식 기술은 이제는 특정 분야에서 사람의 평균 능력 이상을 뛰어넘는 수준으로 발전했다. 꽃 검색에서도, 위 그림의 구글 이미지 인식 인공지능에서도, 사진 속의 이미지를 인식하는 과정에 수학적인 계산을 하기 때문에 퍼센트(%)로 이미지 인식을 표현하고 있는데 그 정확도가 워낙 빠르게 개선되고 있어서 어느 정도까지 발달할지 놀라움을 느낄 정도다.

얼굴 인식 인공지능

"자신의 얼굴로 콘텐츠를 만들어서 지인들과 재미를 공유한다."

사진 속의 사람 얼굴을 인식하여 그 사람이 누구인지 태그를 달아주는 '얼굴 인식' 기술은 구글과 페이스북에서 일찍부터 큰 관심을 보이며 개발해 온 분야이다. 더 나아가 SNS에 업로드되는 사진 속에서 얼굴을 인식하여 친구와 지인을 자동으로 연결시켜주는 기술은 킬러 서비스가 될 수 있기 때문에 인공지능의 이미지(얼굴) 인식 수준을 갑자기 높여준 딥러닝 방식의 연구에 큰 관심을 보이고 있다.

딥러닝이 화려하게 등장한 것은 2012년 이미지넷^{Imagenet}이라 불리는 인공지능 이미지 인식률 대회였다. 이 대회는 매년 인공지능 이미지 인식 분야의 학자들이 모여 자신들의 연구 방법이 적용되면 얼마나 이미지 인식이 잘되는지를 겨루는 일종의 기술 올림픽 같은 것이다. 인공지능의 이미지 인식률은 2010년에 70%대가 된 이후로 매년 아주 조금씩 좋아지는 수준으로 거의 답보 상태였다. 그런데 2012년 캐나다의 토론토 대학 팀이 갑자기 84%의 인식률로 1위를 하면서 관련 학계를 완전히 뒤집어놓았다.* 거의 10% 이상의 인식률을 갑자기 높여준 것이 딥러닝 방식을 사용했기 때문이라는 것이 알려지면서 딥러닝이라는 용어가 유행을 타기 시작했다. 그리고 그 뒤로 인식률이 더욱 급격하게 좋아지면서 지금은 97% 수준의 인식률까지도 달성했다.

....
* 60년 인공지능 역사에 가장 충격적인 기술 '딥러닝' (바이라인, 심재석 기자, 2017.6.7)

인공지능에 딥러닝 방식을 적용하여 세계적인 명성을 얻게 된 토론토 대학의 힌튼 교수는 2013년 구글에 영입되었고, 구글은 인공지능 분야의 선두 그룹으로 도약한다. 이에 페이스북은 힌튼 교수와 같은 팀에 있었던 얀 르쿤^{Yann LeCun} 교수를 영입하였고 두 IT 거대 기업은 인공지능 기술 패권을 두고 경쟁하고 있다.

구글의 얼굴 인식 기술 (출처 : 구글 Cloud Vision API 소개 영상)
https://www.youtube.com/watch?v=eve8DkkVdhI

현재 구글과 페이스북은 세계 최고의 얼굴 인식 기술을 확보하고 있다. 구글의 얼굴 인식 기술은 사람을 정확하게 구별하는 것뿐 아니라 표정을 인지하여 그 사람의 기분 상태를 파악할 수 있는 수준까지 도달해있다. 페이스북도 얼굴을 인식하는 기술을 딥 페이스^{Deep Face}라는 이름으로 공개했고, 이를 자신들의 서비스에 적용해서 페이스북에 사진을 업로드하면 사진에 있는 인물을 인식하여 자동으로 태그를 달아주고 있다. 인식률이 97%에 달하기 때문에 사람이 인식하는 것보다도 정확하다는 홍보를 하고 있을 정도이다.

국내에서는 네이버와 카카오가 인공지능 기술의 패권을 두고 경쟁을 하고 있는데 구글이나 페이스북 그리고 IBM, 아마존, 마이크로소프트 같은 인공지능 선도 기업에 크게 뒤처지지 않는 수준의 이미지 인식 기술을 확보하고 있다고 한다. 국내에서는 얼굴 인식 기술이 이미지 생성 기술과 결합되어, 최근 젊은 층에게 인기 있는 네이버의 '스노우' 같은 서비스도 탄생시켰다. 일종의 카메라 필터 앱으로 사진이나 동영상을 찍을 때 사람의 얼굴을 자동으로 인식해서 여기에 어울리는 컴퓨터 그래픽을 입혀주는 일종의 AR 카메라 앱이라고 할 수 있다. 처음 등장했을 때는 그저 신기한 장난감 같은 기능이라고 여겨졌는데 젊은 층에서 큰 인기를 끌면서 차세대 소셜미디어로 각광받고 있다. 네이버에서는 스노우의 성공에 고무되어 기존의 비슷한 기능의 서비스들을 스노우로 통합하고, 이 서비스를 위한 조직을 따로 만들어 자회사화하는 등 미래의 성장 동력으로 기대하고 있다.

소셜 카메라 앱 스노우 (그림 출처 : 네이버 스노우)

젊은 층의 셀프 카메라 열풍에 뭔가 재미있는 콘텐츠를 원하는 이들의 니즈가 잘 합쳐지면서 세계적으로 큰 성공을 거두고 있는 스노우 같은 소셜 카메라 앱들은 일반 소비자 누구나가 자신의 얼굴로 콘텐츠를 만들어서 지인들에게 유통시킬 수 있게 함으로써 기존에 없던 새로운 형식의 콘텐츠를 만들어냈다. 인공지능으로 얼굴을 인식하여 컴퓨터 그래픽이 입혀진 사진이 자연스럽게 생성되기 때문에 기존의 다른 비슷한 앱들에 비해 높은 경쟁력을 확보하고 있는 것이다.

애플이 선정한 2016년 최고의 아이폰 앱으로 뽑힌 '프리즈마*'라는 앱은 인공지능 기술을 적용하여 사진을 마치 미술 작품처럼 바로 변환시켜주는 기능이 있다. 뭉크나 피카소 같은 유명 화가들의 화풍을 비슷하게 재현해내는 필터 등 30가지 이상의 필터를 제공하는데, 이 앱으로 자신의 사진을 변환하고 완성된 작품은 SNS로 공유도 가능하다. 이전까지 사진을 촬영한 후에 포토샵 같은 사진 편집 소프트웨어를 이용하여 사진을 변환시키는 것은 상당한 시간과 노력을 필요로 하는 작업이었다. 그런데 인공지능이 적용된 이 앱은 사진을 촬영하고 원하는 변환 효과 필터를 선정하기만 하면 몇 초 사이에 바로 원하는 그림으로 바꾸어주기 때문에 많은 사용자들부터 좋은 평가를 받고 있다. 사진 촬영을 통해서 만들어진 콘텐츠를 누구나 쉽게 가공하여 원하는 모습으로 만들어낼 수 있도록 하면서 콘텐츠 창작을 대중화하는 데 크게 기여하고 있는 인공지능의 힘을 느낄 수 있는 앱이라 하겠다.

....

* 애플 선정 올해 최고의 아이폰 앱은 '프리즈마' (ZDnet, 정현정 기자, 2016.12.8)

이미지 변환/생성 인공지능

"저화질의 이미지를 고화질의 이미지로 변환한다."

구글의 인공지능 개발팀 구글 브레인Google Brain은 2017년 화질이 낮은 사진 이미지를 고화질로 변환시키는 기술을 인공지능을 이용하여 성공시켰다. 이 기술은 화질이 낮은 이미지를 온라인에 있는 수없이 많은 사진과 비교해서 비슷한 이미지를 찾아낸 후에 찾아낸 이미지를 참조하여 화질이 낮은 이미지를 복원하는 방식으로 진행된다고 한다.[*]

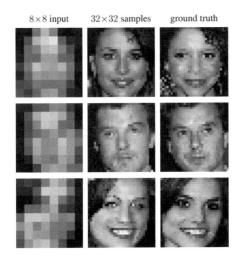

'구글 브레인'의 고화질 변환 사례 (그림 출처 : 구글 연구소)

    이 기술은 점차 고화질로 바뀌어가는 방송 환경에서 과거의 저화질 영상 자료나 영상 콘텐츠를 고화질의 선명한 영상으로 변환시켜 마치 최

* 구글 인공지능, 모자이크 처리된 사진을 선명한 사진으로 바꾼다. (중앙일보, 우예진 기자, 2017.2.10)

근에 제작한 영상인 것처럼 즐길 수가 있다는 것을 의미한다. 물론 이러한 기술이 현장에 적용되어 구현될 경우 어느 정도의 비용이 필요한가에 따라 기술이 본격적으로 상업화되는 시점은 달라질 수 있지만, UHD 방송 시대에 필요한 기술임에는 틀림없어 보인다. 대부분의 방송사에서는 이제 막 시작된 UHD 방송 시대에 필요한 고화질 콘텐츠가 부족하여 애를 태우고 있다. 이런 환경에서 기존 저화질로 보관되어 있던 영상들을 고화질로 변환하려는 시도가 많아지면서 방송사들이 많은 예산을 배정해야 하는 필요성도 증가하고 있으므로 지금 당장에도 시장 가치가 있는 연구 기술이라고 하겠다.

인공지능 관련 기술은 이렇게 연구가 진행되어 발표되면, 관련 자료들이 대부분 인터넷으로 공개되기 때문에, 이 연구 성과를 기반으로 새로운 연구가 진행되면서 관련 기술은 하루가 다르게 발전하고 있다. 그리고 최근에는 이처럼 영상의 화질을 높여주는 인공지능 기술을 연구로 끝내는 것이 아니라 바로 제품으로 연결하고자 하는 시도들도 본격적으로 나타나고 있다.

2018년 초 KAIST의 김문철 교수 연구팀은 딥러닝 기술을 활용하여 풀HD 영상을 UHD 영상으로 업스케일링하는 것을 하드웨어로 구현했고, 작은 장비로 영상을 고화질로 만들 수 있다는 연구 결과를 발표하기도 하였다.[*] 그리고 삼성은 CES에 인공지능을 내장하고 있어, 저화질의 영상을 고화질로 자동 변환시켜주는 TV를 세계 최초로 공개하기도 했다.[**]

----

[*] 인공지능 통해 풀HD영상, 4K UHD로 실시간 변환 (인공지능신문, 김수아 기자, 2018.1.16)
[**] 삼성電, 'AI 고화질 변환 기술' 탑재 8K QLED TV 공개 (ZDnet, 이은정 기자, 2018.1.7)

전자제품에 이 연구 성과들이 반영되면서 인공지능 기술이 점차 우리의 생활 가까이까지 자연스럽게 스며들고 있다. 인공지능 관련 연구 기술이 이처럼 발 빠르게 상용화되는 경우가 아직은 많지 않지만 2018년을 기점으로, 인공지능으로 연구되어 개발된 것들이 일상생활과 밀접한 제품에 적용되어 사용되는 것이, 점차 폭발적으로 증가될 것으로 예측된다. 2018년은 인공지능이 연구소를 나와 시장으로 진출하는 원년이 될 거라고 본다.

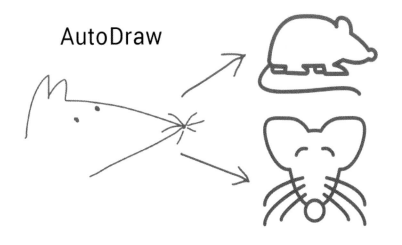

구글 스케치 이미지 변환 인공지능 'Auto Draw' (그림 출처 : 구글)

손으로 대충 그린 이미지를 인공지능이 인식하고 이를 제대로 된 그림으로 변환시켜주는 인공지능 프로젝트도 진행 중인데 이것 역시 구글의 연구다.

'Auto Draw'라는 이름의 프로젝트로 www.autodraw.com으로 들어가면 누구나 손쉽게 단순한 형태의 그림을 그리고 인공지능이 변환한 그림을 다운받아 볼 수도 있다. 아주 단순한 형태의 그림들만 가능하기 때문에 뭘 이런 걸 인공지능으로 할까하는 생각도 들지만 구글의 설명 동영상에서는 스마트폰에서 누구나 쉽게 단순한 아이콘을 만들게 하려는 기획 의도를 드러내고 있다. 여기서 변환시켜주는 이미지는 유명 디자이너들이 미리 만들어둔 것이고, 공유가 허용되니 한번 사용해보는 것도 좋겠다 싶어 필자도 시도해보았다. 사용해보니 스마트폰에서도 사용할 있다는 점은 좋았지만, 사용하는 동안 광고가 갑자기 나와서 사용성이 그다지 좋다고 느끼진 않았다. 하지만 스마트폰에서 아주 손쉽게 멋진 아이콘을 만들 수 있다는 건 그래도 매력적이라 생각한다.

이미지 관련 인공지능 중에 원하는 것을 문자로 입력하면 그것의 이미지를 만들어주는 것도 개발되어있다. 지금 이 세상에는 존재하지 않는 것이라고 하더라도, 우리가 글로 묘사할 수 있다면 인공지능이 글로 표현된 상상의 이미지를 제작해줄 수 있다는 것이다.* 인공지능은 '전체가 노란 색이고 날개는 검은색이며 부리는 짧고 등등…….' 이런 새를 만들어달라고 하면 이용자가 원하는 새의 이미지를 창작하여 보여주는 능력도 가지고 있는 것이다. 구글의 Auto Draw가 손으로 대충 그린 그림을 인공지능이 판단하여 그린 사람이 원하는 그림을 얻을 수 있도록 하는 것이라면, 이 인공지능은 그림을 그릴 필요도 없이 원하는 것을 글로 표현하면 그것을 이미지로 만들어서 보여주는 것이다.

이런 기능이 좀 더 정교해진다면 앞으로 우리는, 원하는 모든 이미지를 그저 말로 표현하는 것으로 다 창작할 수가 있게 되는 것이다. 이는 미래 콘텐츠 산업에서 그 사용 가능성이 무척 크다고 할 수 있겠다.

....

* 말하는 대로 이미지 만들어 주는 AI 개발 (ZDnet, 백봉삼 기자, 2018.1.21)

마이크로소프트사의 이미지 생성 인공지능 (출처 : 마이크로소프트 AI 블로그)

이미지를 기존의 상태보다 고화질로 만들거나 문자 표현대로 새로운 이미지를 만들어내는 것이 가능한 것은 GAN^{Generative Adversarial Network 생산적 적대} 신경망이라고 불리는 인공지능 때문이다. 그동안은 주로 인지 관련된 인공 지능이 연구의 주류였다면, GAN의 등장과 유행으로 새로운 이미지를 창 조해내는 인공지능의 개발이 활발하게 연구되고 있다.

만화 제작 인공지능

"채색부터 콘텐츠 제작까지 만화 산업을 더욱 풍성하게"

2017년 12월 네이버 웹툰에서 인턴으로 일하고 있던 강성민 씨의 인공지 능 관련 연구가 세계적인 주목을 받으면서 화제가 된 적이 있었다. 웹툰의 그림을 인공지능이 자동으로 채색하도록 한 연구였는데 인터넷에 발표된 논문을 찾아보면 6페이지 분량의 아주 짧은 내용이다. 이 화제의 논문 제목은 〈Consistent Comic Colorization with Pixel-wise Background Classification〉이다.[*]

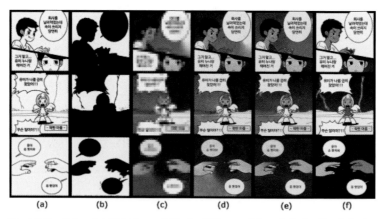

Figure 2: From left, outline (a), background detection (b), low-resolution colorization (c), colorization without background information (d), colorization with background information (e), and ground truth colorization (f). Best seen in color. © Donggeon Lee.

인공지능 웹툰 채색 연구 결과 화면 (논문 출처 : NIPS)

　　위에서 본 그림은 논문에 있는 것을 가지고 온 것인데, 공개되어 있는 논문의 원본 그림이 워낙 작아서 그림만 보아서는 내용을 이해하기가 어렵다. 간단히 요약하면 인공지능에게 배경에 대한 정보를 제공하고 채색하게 하면 원본과 유사한 수준의 채색 능력을 보여준다는 내용이다. 웹툰은 채색 과정에 긴 시간을 필요로 하기 때문에 인공지능의 활용이 웹툰 작가들에게는 앞으로 유의미한 일이 될 것으로 기대를 모으고 있다.

* https://nips2017creativity.github.io/doc/Consistent_Comic_Colorization.pdf

만화의 천국으로 알려진 이웃 일본에서는 인공지능 기술을 만화 제작에 적용해보려는 시도가 활발하게 있었다.

일본 만화 인공지능 제작 사례 (그림 출처 : 한국만화영상진흥원 아카이브)

뒤에서 보여줄 그림은 청강문화산업대학의 박인하 교수가 국내의 한 컨퍼런스에서 발표한 〈딥러닝 기반 인공지능 웹툰 저작도구의 현황과 전망〉 자료에 나오는 만화 그림의 컬러링 관련 인공지능 연구와[*] 미완의 스케치를 완성시켜 주는 능력을 가진 인공지능 관련 설명으로, 그림 아래의 웹 주소로 방문하면 해당 연구에 대한 자세한 내용을 확인할 수 있다.

미완의 스케치를 인공지능이 완성시켜주거나 만화의 배경을 채색하는 일을 사람 대신에 인공지능이 하게 된다면 만화 제작 시간을 획기적으로 단축시켜줄 뿐 아니라 제작에 참여해야 하는 인력을 줄여서 제작비 절감에 상당한 효과를 거두게 될 것으로 기대된다. 그러나 부정적으로 생각

* https://www.komacon.kr/archive_data/research/20170907140106322.pdf

해보면 만화 산업의 일자리를 인공지능이 대체하는 결과를 초래하여 사람과 인공지능이 일자리를 두고 다투는 상황이 벌어질 수도 있다.

Model

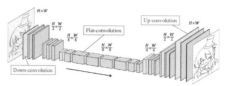

Our model is based on a fully convolutional neural network. We input the model a rough sketch image and obtain as an output a clean simplified sketch. This is done by processing the image with convolutional layers, which can be seen as banks of filters that are run on the input. While the input is a grayscale image, our model internally uses a much larger representation. We build the model upon three different types of convolutions: down-convolution, halves the resolution by using a stride of two; flat-convolutional, processes the image without changing the resolution; and up-convolution, doubles the resolution by using a stride of one half. This allows our model to initially compress the image into a smaller representation, process the small image, and finally expand it into the simplified clean output image that can easily be vectorized.

Results

스케치 완성 인공지능 Sketch Simplification (그림 출처 : Sketch Simplification 홈페이지)
http://hi.cs.waseda.ac.jp/~esimo/en/research/sketch/

　　인공지능 기술이 만화 콘텐츠를 창작하는 데 어떠한 영향을 줄 것인지는 기존의 창작자들이 인공지능을 어떻게 활용하느냐에 따라 크게 달라질 것이다. 가장 좋은 인공지능 활용 방안은 긴 시간이 소요되는 힘든 과정에 인공지능을 이용하고, 창작자들은 시간을 가지고 더 멋진 만화 콘텐츠를 더 많이 창작하는 것이다. 인공지능이 단순하게 인간의 일을 대체하는 것이 아니라 그동안 생각하지 못했던 새로운 콘텐츠를 생산할 수 있도록 창작자들의 시야를 넓혀주는 역할을 하게 된다면 만화 콘텐츠 산업 전체를 풍성하게 만들어줄 수도 있을 것이다.

　　이런 긍정적인 예측을 가능하게 해주는 구글의 재미있는 인공지능 앱이 있다. '스토리보드'라는 이름으로 발표된 구글의 앱은 스마트폰으로 영상을 찍어 이 앱에 업로드하면 영상을 인식하고 그중에 6개의 장면을 골라서 멋진 만화를 만들어준다. 누구나 촬영하는 것만으로도 멋진 만화 콘텐츠를 만들 수 있는 것이다.

구글 스토리보드 앱 (그림 출처 : 구글 플레이스토어)

많은 스마트폰 사용자가 이런 앱을 이용하게 된다고 생각해보라. 새로운 형식의 만화 콘텐츠에 관심을 둔 사람이라면 누구나 쉽게 만화 콘텐츠를 제작할 수 있게 되면서 만화 콘텐츠 창작의 대중화 시대가 열릴 것이다. 그동안 그림 그리는 솜씨가 없었던 사람들도 좋은 아이디어만 있다면 이제 인공지능이 원하는 만화 콘텐츠를 제작해주는 세상이 바로 우리 눈앞에 다가와 있다. 인공지능이 그저 인간이 하던 일들을 대신하는 변화가 아니라 콘텐츠 생태계를 풍성하게 만드는 역할을 한다면 미래 경제에 긍정적인 효과가 나타날 수 있다. 자동차 공장이 자동화되어서 공장 노동자가 일자리를 잃었지만, 자동차의 대중화로 자동차 딜러나 자동차 마케팅 담당자 등 새로운 직업군이 생겨나면서 결국은 전체 일자리가 늘어나게 되었던, 과거의 멋진 사례들이 생겨날 수 있도록 인공지능을 활용하는 데 지혜를 모아야 할 필요가 있다.

디자인 인공지능

"디자인 소프트웨어, 인공지능 플랫폼으로 업그레이드되다."

사진이나 이미지와 관련한 인공지능 기술이 점차 발전하면서 전문 디자인 분야에서도 인공지능의 활용 시도는 늘고 있다. 이런 흐름에 발맞추어 컴퓨터 디자인 분야에서 세계 최고의 기술을 자랑하며 시장을 거의 독점하고 있는 어도비^{Adobe}도 인공지능 기술을 적극적으로 도입하여 포토샵 등 자사 제품의 성능을 극대화하고 있다.

구체적인 움직임으로 어도비 센세이^{Adobe Sensei}라는 이름의 인공지능 플랫폼을 발표하였고, 이를 적용하여 대표적인 그래픽 소프트웨어 프로그램의 성능을 고도화시키고 있다. 우선 가장 유명한 그래픽 프로그램인 포토샵을 보면 소프트웨어가 사람의 인식 수준으로 이미지를 이해할 수 있게 되어 이미지에 태그를 자동으로 달아둘 수 있고, 사용자가 음성으로 소프트웨어에게 지시를 내릴 수도 있다고 한다.* 또한 사용자가 자주 이용하는 이미지를 인지하여 관련한 다른 이미지들을 추천하기도 하고 작업의 전 과정을 기록하고 있다가 원하는 부분을 수정할 때 용이하게 해주기도 한다.

....

* 어도비 센세이로 더 스마트해질 포토샵 CC 미리 보기 (어도비 블로그)
http://blogs.adobe.com/creativedialogue/ko/design-ko/adobe-sensei-photoshop-cc/

인공지능 'Adobe Sensei'가 적용된 포토샵 (그림 출처 : 어도비 블로그)

어도비는 포토샵 이외에도 자사의 거의 모든 제품에 인공지능을 적용하여 서비스할 계획 하에 인공지능 'Adobe Sensei'를 점차 확대하고 있다. 전 세계 그래픽 디자인 전문가들이 대부분 이 회사의 제품을 사용하고 있기 때문에 어도비의 인공지능 기술 적용은 디자인 분야의 혁명적인 변화를 가져다줄 것으로 기대된다. 이제 이미지를 디자인하는 전문가들은 그저 어도비의 제품을 사용하는 것만으로도 인공지능을 활용할 수 있게 된 것이다. 아직까지는 창작자들에게 인공지능이 친숙하지 않은 존재이기 때문에 이렇게 프로그램에 내장하여 인공지능을 서비스하는 것이 받아들이기가 편할 것으로 보인다.

전문적인 이미지 디자인 회사를 표방하고 있지는 않지만 인공지능을 활용하여 5분 안에 회사의 로고를 제작해주는 서비스로 사람들의 호응을 얻고 있는 회사도 있다. 토론토 기반의 스타트업인 로고조이는 클릭 몇 번으로 간단하게 로고를 만들어준다. 로고조이의 웹페이지(http://logojoy.com)에 접속해서 실제로 시도해보면 5분도 안 걸리는 시간에 그런대로 멋진 로고가 생성된다. 회원 가입만 하면 이렇게 만들어진 로고를 확인할 수 있는데, 실제 사용까지 한다면 그때는 비용을 지불해야 한다. 하지만 10만 원 정도의 부담스럽지 않은 가격이기 때문에 사업을 시작하고 회사 로고가 필요한 사람이라면 이용해볼 만하다.

인공지능이 공동 작업한 의상 (그림 출처 : IBM India 트위터 계정)

패션 디자인 분야에서도 인공지능을 활용한 새로운 시도들이 눈길을 끌고 있다. 특히 IBM의 인공지능은 패션 분야와의 협업으로 다양한 실험을 하고 있는데, 2017년 10월에는 세계적인 패션 매거진인 보그Vogue에서 주최하는 시상식이 그 무대가 되었다. 수상자에게 입혀지는 아름다운 가운을 인공지능과 유명 디자이너가 공동 작업으로 제작했는데, 이 의상은 그동안의 패션을 넘어서는 새로운 기능이 담겨있다.* 이 의상은 수상자에

----

* Presenting intelligent fashion: IBM's Watson and Vogue unveil the world's first AI-inspired saree
https://yourstory.com/2017/10/ibm-watson-vogue-first-ai-saree/

따라 안에 내장된 LED가 다른 색상으로 나타나는데, 이 색상들은 수상자의 SNS 계정과 관련 정보를 분석하여 표현된다. IBM의 인공지능 왓슨이 수상자의 정보를 바탕으로 그 사람의 특성을 파악하여 LED 색상으로 보여주는 것이다. 사람의 특성을 그 사람이 활동한 SNS 정보를 통해서 분석하고 그중에서 가장 강한 특성이 색깔로 나타나도록 한 독특한 이벤트로 인공지능과의 협업으로 미래 지향적인 패션이 시도되었다.

앞선 사례와 비슷한 시도로 관심을 받았던 것이 또 있었다. 미국 뉴욕의 유명한 여성 의류 브랜드인 'Marchesa'와의 공동 작업으로, 시상식의 레드 카펫 의상을 인공지능과의 협업으로 제작한 실험이었다. 이 의상은 사람들의 트위터 반응에 따라 달려있는 조명의 색깔이 달라지도록 했는데, 의상을 보는 사람들의 반응을 인공지능이 분석하여 의상의 색깔을 달라지게 한다는 발상이 시작이었다.

IBM의 인공지능 왓슨은 직접 의상을 제작하는 것에 도전하는 것 이외에도 패션 트렌드와 관련한 여러 가지 시도를 꾸준하게 하고 있다. 여성 패션의 바이블이라는 별칭을 가지고 있는 Women's Wear Daily와 함께 IBM의 인공지능이 2017 가을 뉴욕 패션 행사의 유명 디자이너 옷들을 모두 촬영하고 분석하여 가을에 유행할 패션을 예측하는 실험을 추진한 사례도 있다.[*] 패션쇼에 등장한 모델들의 모습을 이미지 인식 기술로 분석하여 얼굴 표정, 포즈, 의상 색깔 등을 빠짐없이 포착했다. 포착된 정보를 인공지능으로 분석하여 그해 가을 유행할 의상과 화장법 등 패션에 대

....

[*] Cognitive is the New Black at New York Fashion Week (IBM 블로그, Vikas Raykar, 2017.3.14.)

한 예측을 그 어떤 전문가보다도 빠르고 정확하게 분석하여 소비자들에게 제공할 수 있다는 것을 보여주는 이벤트였다고 하겠다. 보통 6개월 정도 앞서서, 패션을 예측하는 이러한 패션쇼가 열리는데, 전 세계의 패션 제품 판매자들에게는 패션쇼에 대한 이러한 발 빠른 분석과 정확한 정보는 너무나 중요하다. 미리 패션 제품을 준비해야만 유행하는 시기에 맞춰서 수익을 만들어낼 수가 있고, 실패하는 경우의 수를 최소로 만들어준다는 점에서 현실적으로도 인공지능의 패션쇼 분석 활용은 큰 이점을 주고 있는 것이다. 이런 판단에 근거하여 IBM은 패션 분야에서도 인공지능의 역할이 크게 부각될 것으로 판단하고 있으며, Cognitive Fashion이라는 별도의 섹션을 연구소에 두고 지속적인 투자를 하고 있다.

물론 구글의 Project Muze처럼 패션 디자인에 인공지능을 적용한 실험이 성공적인 모습을 보여주지 못한 사례도 있었지만, 패션 분야에 인공지능을 도입하여 새로운 차원의 결과를 만들어내려는 시도는 거대 기업뿐 아니라 스타트업들에서 활발하게 이루어지고 있다.

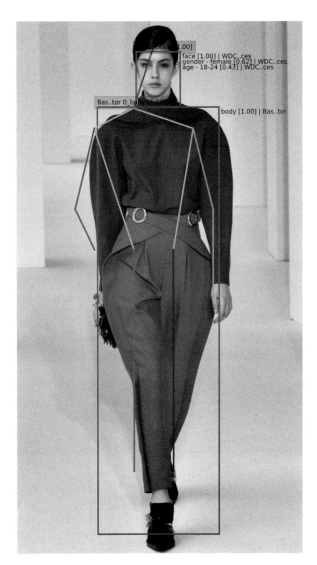

패션쇼 사진 인공지능 분석 (출처 : Women's Wear Daily)

인공지능이 심사하는 미인대회

2016년에는 인공지능이 사람의 미모를 판단하는 재미있는 대회가 있었다. 인공지능에게 사람의 미모를 어떻게 학습시켰는지는 알 수 없지만 인간이 판단하는 대회에서 주관이 많이 개입될 여지가 있다는 우려를 인공지능으로 대체하면 객관적인 판단이 가능할 것으로 사람들이 기대했던 것 같다.

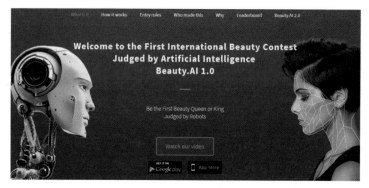

인공지능 심사 미인대회 홈페이지 (그림 출처 : http://beauty.ai)

이 대회에 참가하는 것은 너무나 간단했다. 앱을 다운받아 자신의 스마트폰으로 셀프 카메라를 찍어서 보내면 참가가 된다. 참가자들은 자신의 얼굴을 찍을 때 화장을 하면 안 되고, 수염은 깎아야 하고, 안경을 쓰면 안 된다는 간단한 규칙을 지키면 그만이다. 이렇게 참가한 사람들의 사진을 인공지능 로봇이 판단하여 그중에서 최고의 미모를 뽑는다는 것이 이 대회의 설명이었다.

그런데 이 대회는 심사결과를 발표하고 난 후에 엄청난 비난을 받게 된다. 전 세계 100여 개국에서 6,000명이 넘는 참가자가 자신의 사진을 보내며 대회에 참가했는데 성별, 나이별로 발표된 우승자들의 결과에 대해 인공지능의 판단 기준에 대한 이의가 제기되면서 논란이 생긴 것이다. 대부분 우승자들이 백인 일색이었다는 점에서 인공지능에게 학습시킨 외모에 대한 기준이, 편견에 가득한 것으로 입력되었을 것이라는 주장도 나왔다.

이런 비판에 대해 개선책을 만들어서 뷰티 인공지능 미인대회를 두번째 대회까지도 추진했었는데 그럼에도 논란을 잠재우지 못했고, 세 번째 대회는 아직 열지 못하고 있다. 이 대회를 처음 소개할 때의 동영상을 보면 대회가 성공적으로 개최된 이후에 이 앱을 바탕으로 화장품 관련 정보를 제공하면서 적극적으로 사업화를 꾀하려는 계획을 가지고 있었던 듯하다. 하지만 향후 수익을 내는 것을 우선시하여 관심을 가지고 있어서였는지 좋은 평가를 받지 못하고 단발성의 행사로 끝나고 말았다. 지금도 전 세계적으로 수많은 미인대회가 열리고 있고, 이 대회를 통해 자신의 외모를 뽐내며 스타가 되려는 많은 지망생들이 존재한다. 그래서 인공지능을 심사위원으로 하는 대회는 아이디어 차원에서 판단해보면 아주 혁신적이라고 평가할 수 있는 이벤트였다. 하지만 욕심이 앞서서인지 사람들이 인공지능 심사위원에게 원하는 최소한의 기준도 만족시키지 못하며 비난만 받고 이벤트를 마감했다.

뷰티 AI 홈페이지에 게시되어 있는 인공지능 심사 기준은 데이터 과학자라면 누구나 이 기준을 만드는 것에 참가할 수 있도록 개방되어 있고, 딥러닝 인공지능 기술로 이러한 기준들을 인공지능에게 학습시켜서 나름대로 객관적인 심사 기준을 만들어보려고 노력한 흔적은 보인다. 하지만 새로운 시대에 맞는 새로운 기준이 필요한 대회에서 과거의 미모를 판단하는 인간의 기준이 확대 적용되는 결과를 만들어냄으로써 이 대회는 기존의 미인대회들과 차별점이 없는 의식 없는 이벤트로 사람들에게 비난을 받은 것이다.

뷰티 AI 인공지능 심사 기준 (그림 출처 : http://beauty.ai)

인공지능이 아무리 기술적으로 발전한다고 해도 어떤 정보를 학습시키는가에 따라 그 결과가 천차만별로 나올 것이라는 단순한 사실을 이 대회를 통해 알 수 있다. 인공지능 시대에 인간의 의식이 더욱 중요해지는 이유가 바로 여기에 있는 것이다.

Chapter 9

문학과 미술

들어가는 글

인간이 가진 고유의 능력이라 여겨지는 창작의 영역에서 인공지능이 보여주고 있는 실험적인 시도는 우리의 생각이 제한되어져 왔던 범위를 넓혀주는 새로운 자극제가 되고 있다. 특히 순수 예술의 세계인, 문학과 미술에서의 이러한 움직임은 새로운 창작을 만들어낸다는 단순한 사실보다도 '인간의 사유라는 것은 어떤 의미를 갖는가?'에 대한 심각한 숙제를 안겨주고 있다.

문학 분야의 인공지능

데이터를 입력해주면 인공지능이 뉴스 기사를 자동으로 쓰는 것은 문학의 범주인 소설이나 시를 쓰는 것과는 차원이 다른 일이다. 뉴스 기사의 형식을 학습한 인공지능이 이미 규격화되어 있는 기사체에 주어, 목적어 등 중요 핵심 데이터를 대입시켜 문장을 완성하는 것은 마치 블록을 끼워서 그림을 만들어내는 것처럼 자동화하는 과정이 어렵지 않게 그려진다. 하지만 인간의 생각이 흐르는 대로 감정을 표현하는 문학 작품의 경우에는 미리 어떠한 문체를 확정하여두고 단어를 조합하는 방식으로는 새로운 창작이 이루어질 수 없다. 조금 더 세밀하게 인간의 사고 구조와 감정의 흐름을 파악해야만, 문학 작품을 어느 정도 모방하는 수준의 글이 만들어진다. 현재까지의 문학 분야 인공지능들은 조금 더 구체적인 인간의 생각을 모방하는 정도의 수준에 도달하기 위해 노력하는 정도라고 보는 것이 적절한 평가라 하겠다.

미술 분야의 인공지능

The Next Rembrandt 프로젝트처럼 위대한 화가의 작품을 인공지능에게 학습시켜 그의 화풍을 그대로 재현한 그림을 창작한 실험은, 화가의 작품을 연구하기 위한 목적으로 추진되었다는 점을 제외하고 생각해보면 단순한 모방 작품을 만들어낸 것에 불과하다고 평가절하할 수도 있다. 그런데 인공지능의 모방은 우리가 생각하는 단순한 모방과는 차원이 다른 정보 축적의 과정이다. 인공지능이 인간의 창작물을 모방하기 위해서는 그 창작물의 모든 것을 다 해체하고 분석하여 우리 인간이 알 수 없는 부분까지도 데이터화해내는 과정이 필수적이고, 이러한 과정을 통해서 인류는 위대한 창작물의 모든 정보를 분석하고 저장하여 누구나 사용할 수 있도록 공유하는 시스템을 만들게 된다. 모방이 창작의 대중화를 만들어내게 되는 것이다.

여기에 세상에 존재하지 않는 새로운 이미지를 창작하는 인공지능의 등장은 우리의 미래 예술 분야에 엄청난 크기의 영향력을 주게 될 것이다. 인공지능이 몰고 올 이미지 창작의 대중화 현상이 인간의 창작 활동에 어떠한 자극을 주게 될 것이고, 그러한 자극이 전체 예술 분야에 어떤 식의 변화를 만들어낼지는 당장 속단할 주제는 아니다. 변화가 일어날 것이 확실하다면 소극적으로 받아들이기보다는 적극적으로 변화에 동참하여 그 방향을 함께 만들어가는 것이 맞지 않을까?

소설 쓰는 인공지능

"<컴퓨터가 소설을 쓴 날>"

이세돌 9단과의 바둑 대결로 한국에서 인공지능 알파고 신드롬이 불던 그 즈음에 일본에서는 인공지능이 쓴 소설이 큰 화제를 모았다.

일본의 한 신문사에서 주최하는 '호시 신이치상'이란 문학상에서 인공지능이 쓴 단편이 1차 심사를 통과했다는 뉴스로 사람들이 큰 관심을 보인 것이다. 호시 신이치는 일본의 소설가이자 SF 작가로 단편 소설보다도 더 짧은 초단편 소설의 형식을 만들어낸 것으로 유명하다. 그를 기리는 목적으로 매년 실시되는 공모전에서 인공지능의 작품이 사람이 쓴 소설들과 구별이 되지 않을 정도의 수준으로 좋은 평가를 받으며 1차 심사를 통과한 것이다.*

> "그 날은 구름이 낮게 깔리고 어두침침한 날이었다.
>
> 방안은 항상 최적의 온도와 습도.
>
> 요코 씨는 단정치 않은 모습으로 소파에 앉아 의미 없는 게임으로 시간을 끌고 있다.
>
> 그렇지만 내게는 말을 걸지 않는다.
>
> 따분하다.
>
> 따분해서 어쩔 수 없다."

이렇게 시작하는 이 소설의 제목은 〈컴퓨터가 소설을 쓴 날〉이다. 인공지능이 자신을 주인공으로 1인칭 시점의 소설을 창작한 것인데, 인공

---

* 단편 소설 창작에 도전한 일본 인공지능…문학상 1차 통과 (중앙일보, 이정헌 기자, 2106.3.21)

지능의 고독을 표현하고 있다고 한다. 그런데 이 소설을 쓴 인공지능은 딥러닝 방식으로 학습된 것이 아니라, 경제 기사나 스포츠 기사를 쓰는 로봇 기자가 기사를 쓰는 방식으로 글을 쓰도록 학습되었다고 한다. 앞서 뉴스 분야에서 로봇 기사의 작성 방식을 설명했었는데, 이 방식은 자유로운 창작이라기보다는 정해진 규칙에 맞게 정보를 나열하는 형태라고 볼 수 있다. 그래서 이 소설을 쓰는 인공지능 프로젝트를 주도한 교수는 이 작품이 인공지능 20%, 인간 80%의 작품이라는 말을 하기도 했다고 한다. 연구팀이 인공지능에게 육하원칙에 따라 글을 쓰도록 알고리즘을 만들었고 여기에 맞추어 인공지능이 단어를 선택하여 글을 작성하는 방식으로 진행되었다는 것이다. 이런 이유로 모 언론에서는 이 작품을 인공지능이 창작한 것이라고 주장하는 것에 반론을 제기하고 있기도 하다.[*] 물론 가까운 미래에는 인공지능이, 인간은 시도해보지 못한 새로운 글을 창작할 수도 있다는 김영하 작가의 인터뷰도 함께 게재하면서 상당히 균형 잡힌, 그리고 심도 있는 기사를 보여주고 있다.

2016년 3월에 떠들썩하던 이 뉴스 이후로 인공지능이 소설을 썼다는 새로운 뉴스가 없는 것으로 미루어 판단해보자면 당시의 인공지능이 쓴 소설은 다소 과장되었다는 것이 사실에 가까울 것으로 보인다. 알파고의 흥분으로 모두가 인공지능에 관심을 보이고 있었을 때였기에 이러한 뉴스가 사람들의 관심을 모을 수 있었고, 인공지능을 연구하는 사람의 입장에서는 자신의 연구를 효과적으로 홍보하는 기회가 되었을 것이다. 영화 시나리오를 쓰는 인공지능도 앞에서 소개한 대로 현재까지는 잠재력에 대

----

[*] 소설 쓰는 알파고는 없었다 (한겨레, 음성원 기자, 2016.6.26)

한 놀라움을 가지고 있는 것이지, 상업적인 작품을 만들어내는 것에는 성공하지 못했다고 보는 것이 진실에 가깝다. 그럼에도 불구하고 한겨레 기사 〈소설 쓰는 알파고는 없었다〉에서 인용된 김영하 작가의 아래 글귀는 많은 시사점을 가진다고 보인다.

> "창조성은 일종의 모험심에서 나오는 거예요. 지금까지 존재하지 않는 방식으로
> 이야기하려면 작가가 모험심이 있어야 하거든요. 하지만 인간의 모험심을 무엇이
> 제약하느냐. 그건 결국 망할 수 있기 때문이거든요. 3년간 소설을 썼는데 망하면
> 안 되거든요. 그래서 우리는 클리셰를 받아들이고, 사람들이 받아들일 수 있는
> 선에서 얘기를 하는 가운데 약간의, 반 발자국 정도 진보하려 하는 거죠.
> 그런데 인공지능은 모험심으로 가득 찰 수 있어요."

우리가 지금은 생각하지 못하고 있는 전혀 새로운 표현을 인공지능은 용감하게 시도할 수 있다는 가능성이, 미래에는 존재한다는 것이다.

구글의 인공지능 연구 조직인 브레인 팀^{Brain Team}에서도 인공지능에게 연애 소설을 학습시키는 훈련을 진행했다. 인공지능의 커뮤니케이션 능력을 향상시키기 위한 목적으로 연애 소설을 학습시켰고 그 이후에 인공지능이 썼다고 하는 짧은 글이 공개되면서 사람들의 관심을 받은 적이 있었다.*

---

* Why Google's artificial intelligence is devouring romance novels (cbsnews, Brian, 2016.5.5.)

"there is no one else in the world.

there is no one else in sight.

they were the only ones who mattered.

they were the only ones left.

he had to be with me.

she had to be with him.

i had to do this.

i wanted to kill him.

i started to cry.

i turned to him."

마치 시 같은 형식으로 쓰인 이 글들은 구글의 인공지능이 연애 소설을 학습하고 난 이후에 창작해낸 문장이라고 하는데, 그 문학적인 가치에 대해서는 좋은 평가를 받지 못했다고 한다. 어쨌든 그럼에도 불구하고 인간의 창작 활동 중에서도 정신적인 깊이를 담고 있는 문학 분야에, 인공지능이 도전을 시작했다는 것은 콘텐츠 제작 분야에 종사하고 있는 사람들에게는 거대한 변혁의 바람이 몰려오는 것을 실감하게 하는 사건이다.

인공지능이 쓴 시와 관련해서 'Bot or Not'이라는 제목으로 인공지능이 쓴 시와 사람이 쓴 시를 구별하는 퀴즈를 출제하는 사이트가 존재한다. 영어로 쓴 시를 읽고 사람이 쓴 것인지 인공지능이 쓴 것인지를 맞추는 게임으로, 구별해내지 못하는 경우가 꽤 있다고 한다. 인공지능이 수많은 시를 학습하여 비슷하게 흉내를 내는 것이기 때문에 어찌 생각해보면 인공지능이 그럴 듯하게 모방해서 쓴 것을 찾아내기가 어려울 수도 있다. 물론 비슷하게 모방한다고 해서 좋은 문학 작품이 될 수는 없기 때문에 인공지능의 작품이 의미 있는 수준이 되었다고는 볼 수 없을 것이다. 그저 이제 사람의 창작 행위를 흉내 내는 수준 정도가 되었다고 보는 것이 맞는 판단일 것이다.

Was this poem written by a human or a computer?

Heartbroken People With Extreme Personality Flaws

I want to feel orgasms in the tip of my nose and the back of my ear
in the cartilage between the vertebrae that make up my spinal column
would you stare at my face for ~2 hours without blinking
standing on the splintery wooden porch of the house where i was born
we are craving a certain unachievable density in emotions
that can only be partially expressed through physical movements
subtle gestures that suggest something complex and vague
i will kiss you everywhere and recklessly
under the avocado tree during a thunderstorm
in that hole i dig in my dad's backyard when i was 7
here are some things that i would like to touch
clavicle bones, backs of knees, adam's apple, space between fingers
together we will have this extremely beautiful sensation
of being twice as frail as we once were
and it will feel like the first time you ever had a cold
the last time you tasted grape flavored cough syrup
a light pink fever

or

Bot   Not

'Bot or Not' 홈페이지 (그림 출처 : http://botpoet.com)

그런데 중국에서는 인공지능이 아예 시집을 출간했다는 뉴스도 발표되었다. 샤오빙Xiaobing이라는 이름의 챗봇 인공지능은 마이크로소프트에서 개발하여 중국에서 서비스하고 있는데 가상의 여성으로 상정되어있다. 중국의 TV 프로그램에서 날씨 정보를 전달하는 역할로도 뉴스에 나왔던, 이 인공지능은 중국에서 가장 많이 사용하는 메신저 프로그램인 위챗Wechat의 챗봇으로 사람들에게 많이 알려져 있다. 중국 내에서는 팬클럽 성격의 동호회까지 있을 정도로 인기가 높다고 하는데 그래서인지 용감하게도 시집을 내는 무모함을 드러냈다.* 샤오빙이 낸 중국어 시집의 제목은 〈햇살은 유리창을 뚫고(阳光失了玻璃窗)〉이며, 중국 현대 시인 500여 명의 작품을 학습한 후에 창작해냈다고 한다.

샤오빙이 쓴 시집 (그림 출처 : 인민망)

문학 작품에 대해 평가하는 것은 어려운 일이지만 인공지능이 사람들에게 많이 알려져 있다는 인지도를 활용하여 시집을 내는 것에 도전했다는 것이 흥미로운 뉴스일 수는 있지만 문학적 가치에 대해서는 아무래도 좋은 평가를 하기가 어렵지 않을까 한다.

---

* '햇살은 유리창을 뚫고'…인공지능 '샤오빙' 中서 시집 출간 (중앙일보, 홍수민 기자, 2017.6.1.)

김영하 작가가 이야기한 대로 인공지능이 그동안 사람이 생각해내지 못한 그 무엇을 창작해낼 수도 있을 것이다. 하지만 그러기 위해서는 인공지능의 창의성이 인간의 그것과는 다른 영역이라는 점을 지혜롭게 고려하여, 인공지능을 학습시켜야 한다. 그리고 조금 더 많은 창작 활동과 학습으로 문학적인 자산을 인공지능에게 축적해줄 필요가 있다. 인공지능의 창작 콘텐츠가 인간에게 새로운 자극이 되어 그동안은 생각하지 못했던 영역으로의 개척이 일어나게 된다면, 인공지능은 콘텐츠 산업에 무한한 긍정적 에너지를 공급하는 원천이 될 수 있을 것이다. 인공지능의 창작물 그 자체보다 창작 행위가 인간에게 줄 긍정적인 영향을 극대화하는 것이 인공지능을 콘텐츠 분야에서 가장 효율적으로 활용하는 방안이 될 것이다.

글 써주는 인공지능

"원하는 소재나 주제의 글을 써주는 인공지능 서비스"

소설이나 시를 쓰는 인공지능이 아직은 만족스럽지 못한 결과물을 창작해내더라도 신기해보이는 건 사실이다. 그런데 인간이 쓴 창작 소설이나 시와 비교해서 읽을 만한 가치가 아직 없다면 이런 인공지능은 그저 마케팅용 쇼 같은 것이라고 치부해버릴 수도 있다. 그런데 인공지능을 연구하는 스타트업 중에는 누구나 회원 가입을 하면 원하는 소재나 주제의 글을 써주는 서비스를 제공하고 있는 회사도 있다.[*]

....
[*] Meet Articoolo, the robot writer with content for brains (TechCrunch, Natasha Lomas, 2016.6.28.)

이스라엘 스타트업 'articoolo' 홈페이지 (그림 출처 : http://articoolo.com)

이 인공지능 기업의 홈페이지에 가면 위의 그림 같은 페이지가 나온다. 여기 검색창처럼 보이는 곳에 원하는 글의 소재를 입력하고 연필 모양의 아이콘을 누르면 인공지능이 알아서 글을 써주는 것이 이 회사가 제공하는 서비스다.

필자가 이 검색창에 'smartphone'과 'book'이라는 두 개의 단어를 입력하고 연필 모양의 아이콘을 누르자 위와 같은 다양한 옵션 내용을 보여준다.

여기서 원하는 글자 수도 선택하고 글의 가독성이 중요한지 특별함이 중요한지를 선택한다. 그리고는 다시 'CREATE' 아이콘을 누르면 그때부터는 아래와 같이 인공지능이 알아서 글을 쓰고 있다는 화면이 등장한다.

글이 오븐에서 구워지고 있다는 표현이 재미있다. 필자가 입력한 두 개의 단어를 가지고 독창성 있는 글을 쓰기가 어려웠는지 다른 주제어를 입력해달라는 리액션이 있었고, 필자는 'book' 대신에 'love'라는 단어를 다시 입력하였다. 이런 과정은 정말 홈페이지에서 말하고 있는 대로 1분이 채 걸리지 않았고 마침내 다음의 화면처럼 완성된 글을 보여주었다.

이 회사도 사업으로 수익을 만들어야 하기 때문에 인공지능이 창작된 글을 사용하려면 비용을 지불해야 한다. 물론 마음에 들지 않으면 글을 다시 써달라고 요청할 수도 있다. 이런 서비스가 활성화된다면 앞으로는 학교에서 내주는 작문 숙제의 의미가 없어질 것으로 보인다.

이 회사의 홈페이지는 인공지능이 글을 써주는 방법에 대한 설명도 하고 있다. 자신들의 인공지능이 인간의 두뇌처럼 작동한다고 소개하면서 작동하는 절차를 설명한다. 우선 입력된 주제어를 단순하게 받아들이지 않고 그 주제어의 의도를 파악한다고 한다. 여기서는 'The appliance variety of Apple(애플 제품의 다양성)'이라는 주제어로 예를 들고 있는데, 이 주제어를 보고 사람처럼 판단하기 때문에 'apple'이 과일이 아닌 회사 이름이라는 것을 먼저 이해한다는 것이다. 이렇게 입력된 주제어의 정확한 의도를 사람이 하는 것처럼 파악하고 나서 연결되어 있는 모든 정보를 찾고, 최고의 감정선과 중요 키워드를 선정하는 과정을 거친다고 한다. 그리고는 모든 관련 콘텐츠를 분석하고 이를 하나의 글로 재구성해내는 것이다. 그런 다음 마지막으로 인간이 쉽게 이해할 수 있는지를 점검하는 과정을 거쳐 1분 안에 글을 창작한다고 한다.

이런 서비스를 인공지능으로 해주는 회사는 여기만이 유일한 것은 아니다. 이름에서 무엇을 하는지를 바로 알 수 있는 AI—writer도 홈페이지를 통해서 유사한 서비스를 제공하고 있다.

Test the AI Author

Topic/Headline to write about. Text-heavy topics work best!

Your E-Mail Address

Write ~400 Word articles

GO!

Due to german law, we inform you that with a click on the button you confirm that ai-writer.com is allowed to send you e-mails. This can be revoked with a link sent with ANY of our mails.

'AI-writer' 홈페이지 (그림 출처 : http://www.ai-writer.com)

글을 쓴다는 것은 그 글을 쓴 사람의 생각을 표현하는 것이다. 우리가 어떤 사람을 판단할 때 그 사람의 말과 글을 보게 되는 것은 그 안에 그 사람의 내면이 표현되어 있다고 믿기 때문이다. 그런데 이제 인공지능이 글을 대신 써주는 세상이 되었다. 물론 인공지능이 쓴 글 중에 어떤 것을 선택할 것인가는 여전히 그 사람의 생각과 관련이 있다고 볼 수 있기 때문에 결국 어떠한 인공지능의 창작 글이더라도 그것을 효과적으로 사용할 수 있는 인간의 지혜가 중요하다고 하겠다.

책 읽어주는 인공지능

"유인나 오디오북, 노인과 바다"

2016년 8월, 네이버와 YG엔터테인먼트는 흥미로운 공동 작업을 진행했다. YG 소속 연예인인 배우 유인나의 오디오북을 제작하여 배포한 것이다.

이 이벤트가 사람들의 관심을 끌었던 것은 제작된 오디오북 중 후반부 목소리가 네이버의 인공지능 기술로 음성 합성하여 만들어진 것이었기 때문이었다.* 인간의 목소리를 이제 인공지능 기술로 재현해낼 수가 있다는 것이 화제를 모았고, 앞으로 오디오 콘텐츠 분야에 엄청난 변화를 몰고 올 기술이라는 점에서 찬사와 우려를 함께 받았다.

유인나의 오디오북 기부캠페인 페이지 (그림 출처 : 네이버 해피빈)

이 오디오북은 〈왕자와 거지〉, 〈데미안〉, 〈동물농장〉 이렇게 3편으로, 각 작품에서 유인나가 실제로 읽은 부분과 인공지능으로 유인나의 음성을 합성한 부분을 비교하여 들을 수 있도록 공개해두고 있다. 해피빈에서 기부를 목적으로 무료 공개한 것이므로 누구나 홈페이지에 들어가서 들어볼 수가 있다.

....

* 네이버, YG와 유인나 오디오북 무료 제공…음성합성기술 적용 (전자신문, 이호준 기자, 2016.8.4.)

실제로 해당 페이지에 들어가서 유인나가 직접 녹음한 부분과 인공지능이 만들어낸 부분을 비교해서 들어보면 구별이 무의미할 정도로 비슷하다. 당시의 홍보 자료를 보면 이 기술로 인해 오디오북을 제작할 때 필요한 시간이 반으로 줄게 되었다는 얘기도 있는데, 이는 반은 녹음하고 반은 인공지능이 합성한다는 것을 강조하기 위해서 이야기된 것일 뿐, 처음이 작업을 할 당시에는 인공지능이 합성한 목소리가 거의 똑같이 나오도록 하는데 상당한 시간과 인력이 투입되었을 것으로 짐작된다.

http://campaign.happybean.naver.com/yooinna_audiobook?congbanner=none#c1

그리고 2018년 1월, 네이버의 오디오 콘텐츠를 한곳에 모아 서비스하는 '오디오 클립' 페이지에 '유인나의 오디오북'이 생겼다. 그런데 2016년에 유인나와 함께 만든 오디오북이 아닌 새로운 작품들이 생성되었다.

유인나 오디오북 '노인과 바다' 페이지에 가면 "YG와 문학동네, 네이버가 함께 하는 세상 하나뿐인 오디오북! 네이버 음성합성기술로 배우 유인나의 음성을 합성해만든 오디오북입니다." 이렇게 설명 문구가 쓰여있다. 문학동네에서 출판 권리를 가지고 있는 작품을, 네이버에서 보유한 인공지능 음성합성 기술로, YG 소속의 배우 유인나 목소리를 만들어내서 이 오디오북을 공개한 것이다.

2016년과 무엇이 달라졌을까? 이번에는 유인나가 녹음에 전혀 참여하지 않았다는 것이 큰 차이일 것이다. 과거에 녹음해둔 유인나 목소리를 인공지능이 분석하였고, 거의 그대로 재현할 수 있기 때문에, 이제는 유인나 본인의 녹음이 없이도 인공지능이 작품의 모든 부분을 다 만들어낼 수 있었던 것이다.

**유인나 오디오북
노인과 바다**

네이버

구독자 122
✎ 문학동네 블로그

YG와 문학동네, 네이버가 함께 하는 세상 하나뿐인 오디오북! 네이버의 음성합성기술로 배우 유인나의 음성을 합성해 만든 오디오북입니다. 문학동네 출간 어니스트 헤밍웨이의 〈노인과 바다〉을 유인나의 목소리로 들어 보세요.

유인나 오디오북 '노인과 바다' (그림 출처 : 네이버 오디오클립)
https://audioclip.naver.com/channels/492

기존의 콘텐츠(TV, 라디오 등)에 출연했던 목소리를 가지고도 새롭게 녹음하는 과정을 생략하고 마치 직접 녹음한 것 같은 오디오 콘텐츠가 만들어질 수 있는 기술이, 공개되어 있는 것이다. 네이버의 인공지능은 다른 인공지능 기업들과 유사하게 API 형태로 원하는 개발자들이 사용할 수 있도록 개방되어있다. 이 의미는 앞으로는 누구나 인공지능 기술을 잘 다룰 수 있다면 원하는 사람의 목소리로 문학 작품을 읽어주는 오디오북을 손쉽게 만들어내는 세상이 되었다는 것이다. 손석희 앵커의 목소리로도 가능하고, 배우 강동원의 목소리도 만들 수 있다. 물론 목소리는 개인의 고유한 인격체에 포함되어있기 때문에 사용을 위해 동의를 구하는 수고는 각자 해결해야 한다.

인공지능이 그린 그림

"The Next Rembrandt, 렘브란트를 소환하다."

2016년 4월 마이크로소프트가 네덜란드 기술자들과 공동으로 개발한 인공지능이, 세계적으로 유명한 화가 렘브란트의 화풍을 그대로 재현해 그림을 그려냈다는 보도가 있었다.[*]

2016년 3월에 있었던 알파고의 열풍이 미술 쪽에도 영향을 주었던 것이다.

이 기사에 따르면 담당 인공지능 개발팀은 150기가바이트에 달하는 렘브란트의 그림 자료를 3D스캔 기술로 정교하게 디지털화한 뒤 컴퓨터에 입력하고, 이미지 인식 기술을 활용해 그림 속 사물의 위치와 구도, 사용된 미술도구 등을 분석하여 인공지능이 렘브란트 그림의 특징을 학습하도록 했다고 한다. 보통 UHD 영화 1편이 18기가바이트 정도의 파일 크기를 가지고 있기 때문에 150기가바이트는 엄청난 고화질로 그림을 디지타이징했다는 것을 알 수 있다.

이 엄청난 프로젝트는 2년여간의 준비 끝에 공개된 것으로, 이 프로젝트의 홈페이지(https://www.nextrembrandt.com)에 들어가면 자세한 과정을 설명해주는 동영상을 볼 수 있다. 대가의 작품을 그가 사라진 이후에도 인공지능의 힘으로 다시 불러내어 볼 수가 있다는 점은 동영상을 보는 내내 흥분하도록 만든다. 아마도 렘브란트 그림이 주는 감동과 인공지능 기술이 주는 감동이 함께 전해지기 때문일 것이다.

---

* AI가 그린 그림 900만원에 팔려…….예술 넘보는 인공지능 (중앙일보, 이기준 기자, 2016.4.7.)

그림을 완성하는 데는 3D프린팅 기술이 사용되었는데, 실제의 유화 질감까지 똑같이 재현했다고 한다. 이러한 프로젝트를 진행하면서 렘브란트의 모든 작품들이 아주 세세한 수준으로 분석되었으며, 그의 그림 속에 등장하는 인물들에 대한 정보와 시선, 그리고 나이와 성별 등 우리가 파악할 수 있는 모든 것이 발견되고 분석되었다. 여기에 그가 사용한 색깔, 붓의 사용 방식 등 유명 화가의 그림 그리는 노하우도 인공지능에 의해 파악된 것이다.

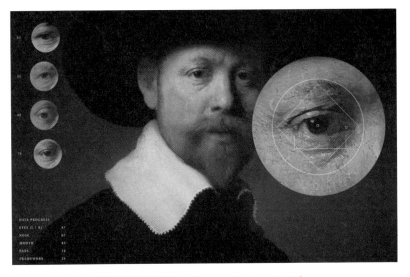

'The Next Rembrandt' 설명 동영상 (출처 : https://www.nextrembrandt.com)

이렇게 만들어낸 인공지능의 그림은 과연 렘브란트의 작품일까? 아니면 인공지능의 창작물일까? 미술 작품과 미술에 대한 개념 자체에 대해 깊은 고민이 필요한, 이러한 사건은 앞으로 모든 콘텐츠 분야에서 우리가 마주하게 될 미래의 모습이다.

이렇게 만들어진 렘브란트 풍의 그림으로 전시회까지 열렸고, 이 프로젝트를 후원한 ING는 예술과 미래 기술에 관심을 가진 멋진 기업으로서의 이미지를 얻는 커다란 성과를 거두었다. 인공지능 기술을 활용하여 기업의 이미지를 높이는 이러한 이벤트는 사회에 공익적인 기여를 하면서도 기업의 브랜드도 홍보하는 성공적인 마케팅 사례라고 할 것이다.

'The Next Rembrandt' 전시회 광고물(출처 : ING)

창작 미술 인공지능

"구글 딥드림, 모방을 넘어 창작으로 넘어가다."

구글의 딥드림Deep Dream처럼, 입력된 이미지를, 인공지능이 학습한 그림 스타일로 변환해주는 서비스는 이제 스마트폰에서도 쉽게 사용할 수가 있을 정도로 익숙해져 버렸다. 촬영 앱의 필터 중 하나로 인식될 정도로 흔해져 버린 이러한 놀라운 기능들은, 인공지능 기술을 활용하여 유명한 화가 스타일을 모방하는 이미지를 만들어내는 것이지 새로운 이미지를 창작해내는 예술과는 다르다고 하겠다.

구글 딥드림Deep Dream 생성 이미지 (그림 출처 : 구글 리서치 블로그)

마치 꿈속에서 보는 환상적인 이미지와 유사하다고 해서 이름을 딥드림이라고 붙였다는데 이미지 중에 특정 부분을 왜곡하거나 과장해서 만든 이미지로, 멋지다거나 독창적이라는 생각이 들 수는 있지만 인간의 예술작품과 비교할 수는 없는 것들이라 하겠다.

그런데 2017년 6월 미국의 러거스^{Rutgers} 대학과 페이스북 인공지능 연구팀이 함께 창의적인 이미지를 생성해내는 인공지능을 개발하여 발표하였다.* 이 인공지능이 어떻게 모방을 넘어서는 창의적인 작품을 만들어낼 수 있었는지는 앞에서 웹툰의 인공지능 기술 적용을 설명할 때 이야기했던 GAN^{Generative Adversarial Network 생산적 적대 신경망}이라는 이름의 알고리즘을 기억해내야 한다. 잠깐 다시 설명하자면 이렇다. GAN은 어떠한 이미지를 만들어내는 것^{Generator}과 이렇게 만들어진 이미지를 평가하는 것^{Discriminator}을 쌍으로 만들고, 이들이 서로 대립^{Adversarial}하면서 서로의 성능을 점차 개선해나가는 과정을 통해서 진짜와 구별이 어려운 가상의 가짜 이미지를 만들어내는 인공지능을 말한다. 이 인공지능은 인간이 원하는 이미지와 거의 유사한, 세상에 없던 이미지를 만들어주기 때문에 실제 그림을 그려보라고 할 경우에 인간이 학습시킨 특정한 이미지와 유사한 그림을 창작해낼 수는 있지만 사실 이건 모방이지 창작은 아닌 것이다. 이런 문제점에서 출발한 이 연구팀은 정말 인공지능이 창의적인 이미지를 창작해낼 수 있는 새로운 방안을 만들어내게 되는데, 이 알고리즘의 이름을 GAN과 거의 비슷한 CAN^{Creative Adversarial Network 창의적 적대 신경망}이라고 명명했다.

GAN과 유사하지만 CAN은 약간의 변형으로 인공지능이 창의적인 예술 이미지를 만들어내도록 했는데 그 방식은 이렇다. 우선 이미지를 만들어내는 Generator는 GAN에서와 다를 것이 없이 이미지를 생성하는 역할을 한다. 그런데 만들어진 이미지를 평가하는 역할의 Discriminator는 수많은 미술 작품에 대해 학습시키는 것이다. 이렇게 열심히 학습한

....
* Machine Creativity Beats Some Modern Art (MIT Technology Review, 2017.6.30)
https://www.technologyreview.com/s/608195/machine-creativity-beats-some-modern-art/

Discriminator는 Generator가 생성한 이미지를 판단할 때 두 개의 정보를 만들어낸다. 하나는 생성된 이미지가 예술인가 아닌가를 판단한다. 그리고 또 하나는 이 이미지가 기존의 스타일과 유사한가를 판단한다. 이런 기준으로 생성된 이미지를 판단하여 Generator에게 계속 정보를 주게 되면 여러 번의 반복을 거쳐 나중에는 예술적인 수준을 갖추면서도 특정한 미술 스타일을 가진 창의적인 이미지가 만들어진다는 것이다.

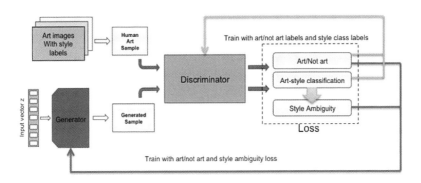

Figure 2: Block diagram of the CAN system.

CAN 설명 그림 (그림 출처 : Rutgers 대학)

CAN이 만든 이미지 (그림 출처 : Rutgers 대학)

위의 그림에서 보이는 이미지들은 연구팀에서 판정단을 구성하여 인간의 예술 작품과 함께 무작위로 어떤 것이 예술적인 작품인지를 선별하는 실험을 하였을 때 인간이 창작한 작품들보다 오히려 더 좋은 점수를 획득한 것들이라고 한다. 이제 인공지능이 예술이라고 하는 미술 작품을 창작해낼 수도 있는 시대에 우리가 살고 있는 것이다. 창의성이라고 하는 것에 대한 근본적인 질문이 필요해지는 상황이 발생하고 있는 것이다.

로봇 미술 대회

2016년 미국 시애틀에서는 아주 흥미로운 대회가 시작되었다. 미국 대학의 인공지능 로봇 연구팀들이 누가 만든 로봇이 가장 그림을 잘 그리는가로 자신들의 실력 대결을 펼친 것이다.* Robot Art Contest라는 이름으로 시작된 이 대회는 2018년 2월 세 번째 대회의 참가팀 접수를 받았다.

Annual Robot Art Competition

$100,000 in cash prizes

Signup at http://robotart.org

'Robot Art Contest' 페이스북 페이지 대표 이미지
(그림 출처 : https://www.facebook.com/robotartcompetition)

대회 로고 이미지는 어린이 미술 대회 같은 느낌을 주고 있지만, 이 대회는 시작부터 큰 관심을 끌어 많은 대학의 연구팀이 자신들의 연구 성과를 보여주고 있다. 특히 우승 상금이 꽤 많기 때문에 참여 열기가 높은 편이다.

....

* Vincent van Bot: the robots turning their hand to art (The Guardian, Nadja Sayej, 2016.4.19)

이 대회를 시작한 Andrew Conru는 초창기 인터넷 시절 큰돈을 번 사업가로 비영리 재단인 Compute.org라는 단체를 운영하면서 사회 전체에 의미가 있는 사업을 하는 스타트업에 지원하고 있다. 이 로봇 미술 대회도 그것과 맥을 같이 하는 것이라고 한다. 자신의 미술에 대한 사랑과 기술에 대한 사랑이 함께 모아져 이런 대회가 만들어졌다고 하는데 어쨌든 인공지능의 발전을 위해 큰 의미가 있는 행사라고 하겠다.

1회 로봇 미술 대회 우승팀 작품 (출처 : robotart.org)

2016년에 열린 1회 대회의 우승팀은 대만 국립대학팀이었는데, 인공지능 로봇이 붓을 들고 물감을 묻혀가면서 그림을 그리는 동영상이 유튜브에도 올려져 있어 누구나 어떤 과정으로 작품이 완성이 되었는지를 볼 수 있다.

대만 국립대학팀 인공지능 로봇의 그림 그리는 모습
(출처 : www.youtube.com/watch?v=nDp124yDr14)

2017년 열린 2회 대회 우승팀은 콜롬비아 대학 연구팀으로 'Man'이라는 제목의 그림을 그렸다. 이 대회 홈페이지에서 공개하고 있는 작품들을 보면 상금을 탄 팀들 이외의 작품들도 대부분이 수준급으로 인간의 작품이라고 해도 믿을만한 정도라고 생각된다. 2017년 대회에는 38개 팀에서 200여 개가 넘는 작품을 출품하였고, 페이스북 페이지를 통한 투표와 전문가 3인의 심사를 거쳐 순위가 결정되었기 때문에 대회 결과의 신뢰성은 믿을 만하다고 생각된다.

2회 대회 우승팀 작품 'Man' (출처 : robotart.org)

Chapter 10

게임/교육

들어가는 글

게임은 그 속성상 인공지능의 개발 초기 단계에서 활용이 용이하기 때문에, 게임 속 가상 환경을 이용하여 인공지능의 개발 초기에 일정 수준으로의 성능 향상을 시도하는 노력은 앞으로도 계속될 것이다. 마치 연구실에서 개발하고 나서 임상 실험을 진행하는 것처럼, 인공지능 입장에서는 게임이 연구실의 역할을 해주고 있다. 게임이라는 연구실에서 훈련된 인공지능이 현실 세계에서 적응하여 자신의 역할을 원활하게 수행하게 되면, 이렇게 성장한 인공지능으로 새로운 인공지능을 학습시킬 수 있는 선순환 시스템의 시작에, 게임이 존재하게 되는 것이다. 그리고 점점 더 게임 속 캐릭터가 정교해지고 게임 속 환경이 리얼해지면서 인공지능이 게임 개발에 중요한 역할을 차지하고 있다.

교육 문제는 우리의 미래를 결정하는 것임과 동시에 인간의 문화를 전달하는 것이기 때문에 인공지능이 과연 선생님의 자리를 대신할 수 있는가 하는 문제는 깊이 있는 토의가 필요한 문제다. 인공지능을 교육의 효과를 높이는 보조적인 도구로 활용하는 것은 대부분이 긍정적으로 보고 있기 때문에 현재는 교사와 학생을 보조하는 수준의 인공지능 도입이 주로 나타나고 있다.

게임 개발 인공지능

인공지능이 게임을 기획하고 개발하는 과정에 커다란 변혁을 만들어가게 될 전망이다. 그 가능성을 알고 있기에 세계적인 게임 회사들이 모두 인공지능 관련 연구팀을 신설하고 게임 개발에 적용하려는 노력하고 있다. 게임 속의 가상 환경을 사람이 아닌 인공지능이 만들어가게 하는 기술인 절차적 콘텐츠 생성 기술은 게임의 수준을 한 단계 높여주는 질적인 변화를 가져다주게 될 것이고, 게임 캐릭터 디자인 기술은 인공지능의 도입으로 보다 더 생생한 사실감을 가진 캐릭터를 탄생시키게 될 것이다.

교육 분야 인공지능 논란

인공지능에 대한 부정적인 의견은 인간이 인공지능의 엄청난 힘을 제대로 통제할 수 없을 것이라는 생각에 기인하고 있다. 인공지능의 발전 수준이 갈수록 빨라지면서 가까운 미래에 인공지능이 인간의 능력을 넘어서는 일이 가능해질 것이고 그에 비해 인간의 능력은 너무 미약해서 결국 영화에서 표현된 것처럼 인공지능이 지배하는 사회가 도래할 것이라는 비관론이 교육 분야에서도 상당한 지지를 얻고 있다. 특히 어린 아이를 교육시키는 일은 인간의 정신과 문화에 직접적인 관련이 있기 때문에 이것을 인공지능에게 맡기는 것은 위험한 행위라고 보고 있는 듯하다. 하지만 기존의 교육이 가지고 있는 여러 가지 문제점을 해결할 방안으로 인공지능을 활용해야 한다는 주장이 더 현실적으로 느껴진다. 새로운 기술이 혁신을 가져오기 위해서는 기존의 질서를 깨는 파괴적인 혁신이 필요하다. 교육 분야에 인공지능이 가져올 변화에도 필연적으로 기존의 틀을 깨는 것은 필요한 과정이다.

게임하는 인공지능

"우리 모두를 감탄시킨 인공지능의 '벽돌깨기' 게임법"

2016년 3월 알파고로 전 세계에 인공지능 신드롬을 몰고 온 딥마인드라는 회사는 이미 2015년 2월에 논문 한 편으로 모두를 놀라게 했던 기대주였다.

당시 딥마인드는 세계적인 과학 저널인 네이처에 게임하는 인공지능에 대한 논문을 발표하고, 유튜브에 인공지능이 게임을 배워가는 과정을 공개하여 큰 화제를 모았다.* 우리에게도 '벽돌깨기' 게임으로 친근한, 오래전에 아타리Atari라는 회사가 만든 유명 게임에 인공지능이 도전을 해서 놀랄만한 결과를 보여준 것이다.

벽돌깨기 게임을 하는 인공지능 영상
(출처 : https://www.youtube.com/watch?time_continue=15&v=V1eYniJ0Rnk)

---

* 구글 딥마인드, 게임법을 스스로 터득하는 'DQN' 개발 (IT World, Tim Hornyak, 2015.2.27.)

딥마인드에서 개발한 이 게임하는 인공지능은 DQN^{Deep Q-Network}이라고 하는 이름을 가졌는데, DQN은 딥러닝 기술과 강화 학습^{Reinforcement Learning} 기술을 결합하여 만든 인공지능의 학습 알고리즘이다. 특정 환경에서, 특정한 행동을 하도록 하고 이것의 결과에 따라 상벌을 주는 '강화 학습'은 머신러닝에서 오래전부터 사용해온 방식인데, 이것에 딥러닝을 결합하여 강화 학습의 효과를 극대화시킨 것이 바로 DQN이다.

딥마인드에서 이 방식으로 인공지능을 학습시켰더니, 인공지능이 처음에는 공을 제대로 맞추지도 못하다가 여러 번 게임을 할수록 점차 게임을 이해하고 되고 나중에는 전략을 세워서 게임을 하는 등 빠르게 학습하여 결국 인간이 게임할 때보다 더 좋은 결과를 만들어냈다는 것이 논문의 주요 내용이다. 물론 실험을 한 모든 게임에서 인간을 능가하는 기록을 세운 것은 아니고, 일부 특정 게임에서 좋은 결과를 보여준 것이지만, 단순히 게임의 룰만을 가르쳐주고 처음 게임하는 어린 아이처럼 내버려 두었는데도 인공지능 스스로 게임에 대해 이해를 하고 횟수가 더해질수록 게임을 하는 실력이 늘어간 것은 기계가 실제로 스스로 학습이 가능하다는 것을 보여준 사례로, 동영상이 처음 공개됐을 때 많은 전문가가 감탄하지 않을 수 없었다.

강화 학습으로 컴퓨터를 학습시킬 수 있다는 것은 이미 알려져 있다. 하지만, 딥러닝이 결합되기 전에는 인공지능에게 조금만 복잡한 사항이 주어져도 학습이 제대로 진행되지 않았었기 때문에 인공지능으로 새로운 돌파구를 만들어내는 것에 어려움을 겪고 있었다. 그러던 중에 DQN의 등장으로 강화 학습이 새로운 전기를 마련하게 된 것이다. 이런 과정을 거쳐 탄생한 딥마인드의 인공지능은 얼마 후 알파고로 인공지능 역사에 전환점을 만들어냈다.

알파고 이후에 딥마인드의 다음 목표는 스타크래프트가 될 것이라는 소문이 계속 있어왔고, 2017년 8월 관련 동영상이 공개되면서 이러한 새로운 도전은 사실로 밝혀졌다.*

스타크래프트2 게임을 학습 중인 딥마인드의 인공지능
(출처 : https://www.youtube.com/watch?v=WEOzide5XFc)

영상에서 공개된 인공지능의 게임 수준은 아직 초보 단계로, 앞으로 얼마나 빠르게 게임을 학습하고 인간과 대결할 때는 어느 정도의 실력을 보여줄지는 가름하기가 어렵다. 그럼에도 불구하고 일정 기간의 학습 이후에는, 알파고가 이세돌 9단과 대결을 했을 때와 같은, 경이로운 모습을 보여줄 수도 있을 것으로 다들 기대하고 있다.

---

* 알파고는 학습중! 구글 딥마인드, 유튜브 통해 스타2 플레이 영상 공개 (인벤, 윤홍만, 2017.8.12)

국내 게임 회사의 인공지능

"Blade & Soul, 야생의 Durango"

국내 게임 회사인 엔씨소프트는 'Blade & Soul'이라는 게임 안에 신규 콘텐츠인 '무한의 탑'을 새롭게 런칭하면서 여기에 인공지능 기술을 이용하여 인간과 인공지능이 게임 내에서 대결할 수 있도록 했다. 그동안 게임에서의 인공지능 활용은 바둑이나 체스 같은 1대1 대결에 주로 사용되었는데 이렇게 복잡한 MMORPG 게임에 인공지능을 적용한 것은 처음이라고 한다.*

엔씨소프트의 MMORPG 게임 'Blade & Soul' (그림 출처 : NCsoft)

엔씨소프트의 공식 블로그인 '우주정복'에서는 Blade & Soul 게임 내의 무한의 탑에 적용된 인공지능이 어떻게 개발되었는가를 자세하게 설명

---

* 블소와 AI #1 AI와 블소의 만남, 무한의 탑 (엔씨소프트 공식 블로그 우주정복)
http://blog.ncsoft.com/?p=13025

해주고 있다. 딥마인드에서 사용한 방식과 유사한 강화 학습에 딥러닝을 결합한 알고리즘이 사용되었다고 하는데, 참여한 개발자들이 인공지능을 마치 자신이 낳은 아이처럼 생각하고 키워내는 과정의 감정 변화에 대해서도 블로그에 자세하게 이야기하고 있어 흥미롭다. 그런데 이 게임에 적용된 인공지능은 알파고와는 다르게 무조건 상대방에게 이기는 경기를 하면 안 되는 운명을 타고 났다고 한다. 인공지능이 지나치게 게임을 잘하면 실제로 게임을 즐기는 사람들이 흥미를 잃을 수도 있기 때문에, 함께 게임하는 사람이 더 재미있게 느끼도록, 인공지능은 사람이 게임하는 수준에 맞추어 자신의 능력을 낮출 수 있어야 한다는 것이다.

이 블로그 글에서는 마치 접대 골프를 하는 것과 유사하다는 표현을 하고 있는데, 인공지능도 쓰임새에 따라 다른 운명이 주어지는구나 하는 생각이 든다. 인공지능의 실력이 너무 낮아서 함께 게임을 하는 경우에 상대하는 재미가 없는 것도 문제지만, 실력이 너무 높아서 전혀 이길 수 없는 경기를 하고 있다고 느끼게 하는 것도 흥미를 낮추게 하는 것이다. 그러므로 인공지능 개발팀은 사람들의 피드백을 받아 어느 정도 수준이 가장 흥미를 유발할 수 있는지를 찾아내고, 이런 기준에 인공지능을 맞춰야 하는 어려움도 있다는 것이다.

인공지능을 학습시키는 과정은 이러했다고 한다. 처음에는 인공지능 끼리 게임을 시켜서 게임 경험을 높여주다가, 어느 정도 수준이 되었는지 판단하기 위해 일정 레벨의 사람과 경기를 해서 테스트하고, 여기서 얻은 성적과 경험으로 한 단계 업그레이드된 인공지능을, 또 다른 인공지능과 경기를 시키는 방식으로 학습시켰다고 한다. MMORPG 게임이 상당히 복잡한 구조를 가지고 있어서 다른 경기의 데이터를 기계가 이해할 수 있는 형태로 구조화하는 것이 힘들기 때문에, 이렇게 게임을 시키는 강

화 학습을 통해서 인공지능이 게임의 룰을 습득하고 전략을 스스로 세우
도록 하는 과정이 필요하다고 한다. 이렇게 힘들게 1년 정도 학습한 인공
지능은 일반 게임 소비자들이 흥미를 가지고 경기를 진행할 수 있는 정도
가 되었다. 이렇게 무한의 탑은 인공지능과 대결하는 게임으로 서비스가
되고 있는 것이다.

넥슨의 게임 '야생의 땅, 듀랑고' (그림 출처 : 넥슨)

넥슨의 신작 게임 '야생의 땅, 듀랑고'에서는 절차적 콘텐츠 생성이
라고 하는 인공지능 기술이 적용되어 미래 게임 개발의 모습을 보여주고
있다. 게임 내에 등장하는 가상의 세계를 게임 개발자들이 일일이 만들어
내는 것이 아니라 인공지능이 알고리즘에 의해서 만들어가는 방식인데,
이러한 인공지능 기술의 적용으로 사람이 모든 것을 개발했을 때보다 더
게임 속 가상현실이 진짜인 것처럼 느껴지도록 만들 수가 있다고 한다.

넥슨은 게임을 출시하기 전에 미리 사람들의 호기심을 끌고 새로운 게임의 이미지를 홍보하고자, 이 게임이 인공지능을 활용하여 절차적 콘텐츠 생성이라는 기술로 게임 내의 환경을 만들어냈다는 것을 발표하였다.* 게임 내의 가상 환경은 수많은 섬들로 이루어져 있는데 많은 섬들을 일일이 다 게임 개발자가 만들어내기보다는 인공지능이 생성하는 방식을 이용하였다고 하면서, 어떠한 과정을 거쳤는지를 자세하게 발표했었다. 인공지능이 게임 속 환경을 개발하는 데 적용되면서 지리학, 식물학, 동물학 등 그동안 게임과는 관련이 없다고 여겨졌던 학문들이 게임 개발에서 중요한 부분을 차지하게 되었다고 하는데 이러한 통섭적인 지식의 필요성이 인공지능 시대가 오면서 더욱 더 강조될 것으로 보인다.

이제 인공지능이 게임 개발에 도입되면서 그동안 사람이 게임 개발을 하던 것과 비교하여 더욱 사실적인 게임 속 가상현실이 게임 애호가들에게 서비스될 것으로 기대를 모으고 있다.

게임으로 학습하는 인공지능

"가상 세계(게임)에서 훈련시킨 후 현실 세계로 내보낸다."

알파고를 만든 딥마인드에서 처음 인공지능을 학습시킨 방법은 게임이라는 가상의 공간에서 경험을 통해 배우도록 한 것이다. 인공지능이 현실 세계에서 보일 때에는 이미 상당 기간 게임이라는 가상의 공간에서 학습을

---

* 완벽한 생태계 구축! 야생의 땅: 듀랑고의 생태계 시뮬레이터 개발기 (This is Game, 안정빈, 2015.5.19.)

경험한 후이다. 이런 이유로 게임은 인공지능의 학습을 위해 너무나 중요한 환경이라고 할 수 있다.

게임을 통해 인공지능을 학습시키는 것은 여러 가지 장점이 있다고 한다.[*] 첫째는 개발자가 원하는 방식으로 인공지능을 학습시킬 수 있고, 둘째는 무한의 학습이 가능하다. 셋째는 가상 공간이기 때문에, 현실적인 제약이 없어서 인공지능이 학습하면서 문제를 일으키는 것을 방지할 수 있고, 넷째는 즉각적인 피드백을 얻을 수 있기 때문에 인공지능이 매우 빠른 속도로 학습하여 발전할 수 있다는 것이다. 이런 장점 때문에 인공지능을 연구하는 거대 IT 기업들은 게임이 만든 가상의 환경에서 인공지능을 훈련시킨 이후에 현실 세계에 적응을 시키고 있다. 알파고도 가상의 세계에서 바둑을 두는 게임으로 학습한 이후에 일정 수준의 바둑을 둘 수 있게 되었고, 그 이후에 사람과의 대국을 하여 현실 세계에서의 학습 과정을 거친 것이다.

알파고로 구글이 인공지능의 주도권을 확실하게 확보하는 것처럼 보이자, 페이스북은 바로 물타기 작전을 하듯이 자사의 인공지능인 토치[Torch]를 게임 속 가상 환경에서 학습할 수 있도록 'UETorch'라는 프로그램을 공개했다. 이 프로그램을 사용하면 인공지능이 우리의 실제 세상과 유사한 가상의 환경에서 학습할 수 있게 해주기 때문에 인공지능이 가상의 공간에서도 현실 세계를 학습할 수 있도록 해주는 기술이다.

....
* 게임으로 인공지능 학습시킨다. (The Science Times, 유성민 IT칼럼니스트, 2017.9.19)

아주 간단해 보이지만 실제 우리가 사는 환경과 거의 똑같은 가상의 환경을 만든다는 것은 중력, 바람, 습도 등의 환경을 가상 세계에서 조절할 수가 있어야만 가능한 것이다. 이처럼 우리가 사는 현실 세계와 거의 같은 환경을 가상으로 만들어두고 이 컴퓨터 안의 가상 환경에서 블록을 쌓은 후에 그것이 넘어질지 아닌지를 인공지능이 예측하는 실험을 진행했는데, 여러 번의 학습 이후에는 특정 형태로 블록이 쌓인 경우에 넘어질지 아닌지를 정확하게 판단했다고 한다.*

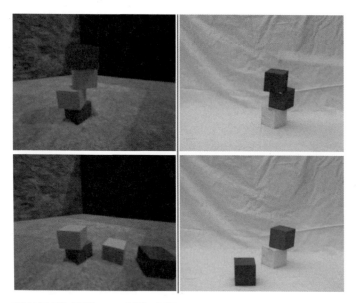

페이스북과 코넬 대학의 'UETorch' 활용 실험 (출처 : http://arxiv.org/abs/1603.01312)

게임 속 가상 환경을 실제의 현실과 똑같이 구현할 수 있다면, 인공지능을 게임 속에서 훈련시켜 일정 수준으로 능력을 높이고 실제 현실 세

---

* 구글, 너희가 인공지능의 최고라고? 천만의 말씀! (동아사이언스, 최순욱 IT 칼럼니스트, 2016.3.11)

계에서 적용 훈련을 하도록 하여 아주 효과적으로 인공지능을 학습시킬
수 있을 것이다.

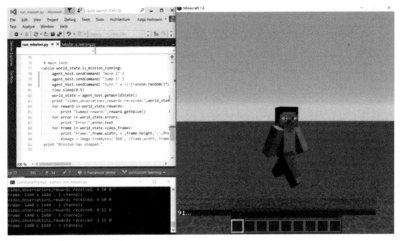

마이크로소프트 'Project Malmo' 소개 영상
(출처 : https://www.youtube.com/watch?time_continue=70&v=KkVj_ddseO8)

　　마이크로소프트에서도 '마인크래프트'라는 게임을 이용하여 인공지
능을 학습시키는 프로젝트 말모Project Malmo를 진행 중이다.* 게임 속 환경에
서 인공지능이 시행착오를 통해 학습하고, 게임을 즐기는 다른 사람들과
의 상호 작용을 통해서 능력을 높여나가도록 하는 실험을 진행 중인 것이
다. 게임 속에서 일어나는 일이기 때문에 혹시 인공지능이 문제가 생기는
경우에도 언제든 수정이 가능하다는 점에서 인공지능을 교육시키기에는
아주 좋은 환경인 셈이다.

....
* Microsoft's Project Malmo is teaching AI to build stuff in Minecraft (TechCrunch, Brian Heater,
　2016.7.8)

교육 분야의 인공지능 도입

"해외에서는 공교육 시장, 국내에서는 사교육 시장"

인공지능이 거의 모든 영역에 실험적으로 적용되면서 교육 분야에도 인공지능에 대한 논의가 활발하게 이루어지고 있다. 그런데 아이들을 교육시키는 선생님의 역할을 과연 인공지능이 할 수 있는가에 대해서는 의견이 분분하다.* 아이들에게 맞춤 교육을 할 수 있게 된다는 긍정론과 교사의 역할이 축소되어 일자리를 빼앗기는 문제가 발생하고, 인공지능이 인류의 미래를 파괴하게 될 것이라는 부정론이 함께 존재한다.

그동안 디지털 기술을 교육에 적극적으로 활용하는 것에는 긍정적인 평가를 하던 사람들도 선생님의 자리를 인간이 아닌 인공지능으로 대체하는 것은 인간성을 파괴하게 될 것이라고 생각하는 경우가 꽤 있는 것이다. 이런 우려가 있음에도 불구하고 현재까지의 교육 분야 인공지능 도입이, 주로 기존의 교육 방식을 효율화하는 정도의 수준이기 때문에, 국내의 사교육 시장을 중심으로는 별 거부감이 없이 경쟁 업체와의 차별성을 만들어내기 위한 방안으로 인공지능을 적극 도입하고 있다.

빨간펜 선생님으로 유명한 교원은 IBM의 인공지능 왓슨을 적용하는 방안을 추진 중이다.** 인공지능 왓슨의 국내 사업권을 보유한 SK C&C를 교원에서 새롭게 추진하는 인공지능 선생님 프로젝트의 우선협상대상자로 선정하여 2018년 시작을 목표로 준비 중이라고 한다.

....
* 교육현장에 인공지능 도입 '논란' (The Science Times, 이강봉 기자, 2016.3.14)
** IBM 인공지능 왓슨 '빨간펜 쌤' 된다 (매일경제, 오찬종 기자, 2017.6.21)

해법에듀는 모바일 메신저 라인^{Line}과의 제휴를 통해 초·중등 대상의 인공지능 모바일 메신저 학습지 '스마트해법'을 선보였다. 서비스를 시작하면 메신저를 통해 인공지능이 학생에게 몇 가지 질문을 하고, 이것을 통해 학생의 학습 수준을 자동으로 파악하여 매일 1:1 맞춤 문제를 제공한다.

모바일 메신저 학습지 '스마트해법' (그림 출처 : www.smarthaebub.com)

뤼이드^{Riiid}라는 회사는 AI 기술을 기반으로 최단 시간 안에 목표 점수를 달성할 수 있다는 마케팅과 함께 '산타토익'을 선보였다. 산타토익에 적용된 인공지능은 약 45만 명의 학습데이터와 3천만 건의 문제풀이 빅데이터를 딥러닝 방식으로 학습했다고 한다.[*] 이렇게 학습한 인공지능이 적용되었기 때문에, 학습지 사용자가 어떤 문제를 틀릴지 심지어 어떤 오답을 고를지 90% 이상의 적중률로 예측한다고 홍보하고 있다.

---

* 나는 네가 틀릴 문제를 알고 있다…교육계 AI 도입 '활발' (일간투데이, 임현지 기자, 2018.1.16)

해외에서도 인공지능을 교육 분야에 적용하려는 시도는 다양한 방식으로 진행되고 있다.* 그런데 국내의 교육 분야 인공지능과는 조금은 다른 모습을 보여주고 있다. 국내에서는 주로 사교육 시장을 중심으로 인공지능 기술을 도입하는 것이 두드러지고 있는 반면에 해외의 경우에는 공교육 현장에 인공지능을 도입하는 것도 진지한 토의와 함께 실질적인 진전이 생기고 있는 것이다. 주로 학생에게 맞춤 교육을 하는 것에 중점을 두고 인공지능 기술을 적용하는 서비스와 학생들을 가르치는 선생님들이 커리큘럼을 만드는 것을 도와주는 것에 중점을 두는 서비스로 나누어 개발되고 있다.

인공지능 영어 교육

"인공지능, 엄청난 수요가 있는 영어 교육 시장으로 진격 중"

영어가 실생활에서 사용되지 않는 나라들에서는 영어를 학습하는 시장이 크게 형성된다. 특히 아시아권의 한국, 일본, 중국은 영어를 배우는 사교육 시장의 규모도 엄청나다. 시장의 규모가 크기 때문에 다른 경쟁 업체에 비해 효과적으로 영어를 습득할 수 있는 방법을 제시하는 업체는 큰 성공을 거둘 수가 있고, 이러한 환경에서 인공지능을 사용한 영어 교육은 이 분야에 참여하고 있는 업체들에게 관심의 대상이 되고 있다.

미국 유학파 출신의 중국 청년 3명이 만든 인공지능 기반의 영어 학습 앱 잉위류리쉬英语流利说는 다른 영어 학습 방법보다 효과가 뛰어나다는

---

* 5 Examples of Artificial Intelligence In The Classroom (The Tech Edvocate, Matthew Lynch, 2017.8.22)

입소문으로 5천만 다운로드를 달성하며 크게 성공했다.* 사용하는 사람의 수준에 맞추어 영어를 학습하는 데 인공지능 기술이 적용되었다고 한다. 중국의 인공지능 기술 수준은 상당히 높은 것으로 알려져 있기 때문에 영어 학습 앱에 적용된 인공지능이 다른 나라의 언어로도 학습이 가능하다면 상당히 파괴력이 있는 서비스로 해외 시장에서 성공할 수 있을 것으로 보인다.

중국의 인공지능 영어 학습 앱 잉위류리숴英语流利说 (그림 출처 : www.liulishuo.com)

로봇 제조 기술이 발달한 일본은 로봇에 인공지능 기술을 적용하여 일선 학교의 영어 교육에 활용한 사례도 있다.** 인공지능 기술로 영어 학습을 시킬 수 있는 로봇 뮤지오Musio를 일본의 17곳의 초등학교 및 중학교에 배치하여 영어 수업에 활용했다고 하는데, 이 인공지능 영어 학습 로

....
* [대륙의 CEO] 학습 효과 3배! 신개념 인공지능 영어 회화 어플 (중앙일보, 이지연 기자, 2017.10.9.)
** AKA인텔리전스, 인공지능(AI) 학습 로봇 뮤지오, 일본 초등학교 및 중학교 영어 수업에 전격 도입 (인공지능신문, 최광민 기자, 2017.11.14.)

봇은 딥러닝 알고리즘을 바탕으로 대화의 문맥과 상황을 인지할 수 있으며 사용자와의 대화 내용을 기억하여 마치 다른 사람과의 영어 대화에서처럼 자연스러운 소통이 가능하다고 한다. 그리고 자체적인 감정 체계를 가지고 있기 때문에 감정이 표현되는 대화도 주고받을 수 있는 능력을 가지고 있다니 학습 효과가 상당히 높을 것으로 기대된다.

인공지능 로봇 뮤지오Musio (그림 출처 : themusio.com)

국내에서도 많은 업체들이 인공지능을 활용한 영어 교육을 시도하고 있는데, 거대 통신업체인 KT도 이 미래의 수익 사업에 뛰어들었다.* 인공지능이 아이들과 영어로 대화할 수 있는 기능을 TV의 인공지능 셋탑인 기가지니에 신설하여 영어 교육 사업을 시작한 것이다. SKT도 자사의 인공지능 스피커인 누구를 영어 교육에 활용하려는 시도를 하고 있는데, 이러한 움직임은 아마존의 인공지능 스피커 에코가, 많은 국내 가정에서 영어 공부 용도로 사용되고 있는 점에서 착안되었다고 하겠다.

....
* "AI로 유아 영어 교육"…KT, '스마트스터디'와 맞손 (국제신문, 이석주 기자, 2017.12.5.)

교육용 게임

구글에서는 인공지능과 관련된 많은 프로젝트들을 추진하고 있는데 그중에 퀵드로우 Quick Draw 라는 재미있는 게임이 있다. 일종의 유아용 교육 게임이라고 할 수 있는데 게임 은 아주 단순하다. 인공지능이 제시하는 단어가 화면에 나오면 게임을 하는 사람이 그 단어를 그림으로 표현하는 것이다.

머신 러닝 기술이 학습을 통해 낙서를 인식할 수 있을까요?
여러분의 그림으로 머신 러닝의 학습을 도와주세요. Google은 머신 러닝 연구를 위해
세계 최대의 낙서 데이터 세트 를 오픈소스로 공유합니다

인공지능 교육용 게임 'Quick Draw' (그림 출처 : https://quickdraw.withgoogle.com)

그림을 그리는 동안 인공지능은 사람이 그린 그림만 보고 그것이 무엇인지를 맞추게 된 다. 주어진 20초 안에 인공지능이 주어진 단어를 맞출 수 있도록 그림으로 잘 표현하면 되는 게임이다. 20초 동안 인공지능이 맞추지 못하면 다음 단어가 나온다.

이 게임은 주로 TV의 예능프로그램에서 연예인들이 많이 하는 게임을 인공지능과 사람이 함께 할 수 있도록 하고 있다. 구글이 인공지능을 연구하는 과정에서 개발한 이미지를 인식하는 인공지능을 일반 사용자에게 공개하여 인공지능에 대한 친근한 느낌을 주고자 한 것이다.

인공지능과 재미있게 게임을 하면서 좋은 느낌을 경험하도록 하는 것이 인공지능에 대한 긍정적인 생각을 갖도록 하는 가장 좋은 방법일 것이다. 구글은 이렇게 일반 사람들이 참여하는 게임을 통해 자사의 인공지능을 더욱 높은 수준으로 학습시킬 수 있는 일석이조의 효과도 얻을 수 있어 보인다.

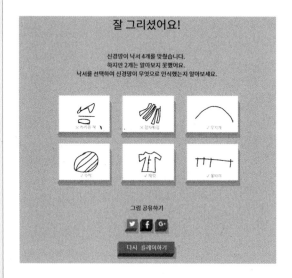

필자의 'Quick Draw' 게임 결과

필자의 그림 실력이 좋지 않아서 이 게임을 해보는 것을 망설이기는 했지만 그래도 직접 체험한 후에 글을 쓰는 것이 맞을 것 같아 도전해보았는데 성적이 아주 나쁘지는 않았다. 솔직히 내가 그린 그림을 맞춘 인공지능이 대단하다는 생각도 들었다.

아이들이 이 게임을 해본다면 재미도 있으면서 교육에도 도움이 될 것으로 생각한다. 필자가 그린 그림을 보고 6개의 문제 중에 인공지능은 4개의 문제를 맞혔다. 대단하다.

한국 업체 중에는 아마존, 구글, IBM, 마이크로소프트 등의 인공지능 서비스들을 활용하여 아이들이 재미있게 지능형 로봇을 만들 수 있는 교육용 블록을 만드는 곳이 있다.[*] 카메라, 마이크, 인식 센서 등의 기능을 가진 여러 블록을 서로 연결하여 게임을 하듯 로봇을 만들고, 이렇게 만들어진 로봇을 실제로 스마트폰의 앱을 이용하여 조정할 수도 있는 인공지능 기반의 교육용 블록 게임이다.

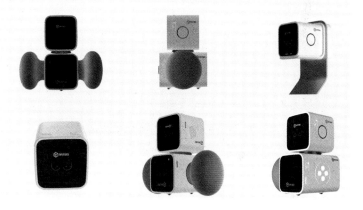

ARTIBO Artificial Intelligence Robotics

* 코딩 교육 큐브로이드 'CES 2018'서 인공지능 큐브로이드 첫 공개 (중앙일보, 2018.1.9)

Part

3

인공지능 콘텐츠 시대, 무엇을 준비해야 하는가?

Chapter 11

인공지능 콘텐츠 시대 생존법

들어가는 글

인공지능과 관련된 최고의 관심 키워드는 바로, 일자리다. 4차 산업 혁명이라는 정체불명의 유행어와 함께 우리 인간의 일자리가 인공지능으로 인해 사라질 것이라는 무서운 예언이 거의 기정사실로 받아들여지고 있다. 어떤 직업이 사라지게 될 것인지에 대한 예측도 제각각이기 때문에 모두가 혼란에 빠져있다. *

세계적인 석학들의 생각도 인공지능에 대해서는 긍정론과 부정론이 나누어져 있어서 일반 사람들에게 인공지능은 예측할 수 없는 미래의 불안 요소로 여겨지고 있다. 그런데 그동안 인간만이 할 수 있다고 여겨져 왔던 창작 영역에도 인공지능이 광범위하게 시도되고 있으며 가까운 미래에 우리의 실생활에도 도입될 것이 거의 확실해보인다. 인공지능이 창작 영역에도 적용되는 인공지능 콘텐츠 시대가 열리고 있는 것이다.

과연 인공지능이 창작하는 혁신적인 기술의 발달이 인간의 문화를 새로운 단계로 올려주는 인공지능 콘텐츠의 르네상스를 만들어줄 수 있을까? 아니면 인간의 감성으로 창작하는 예술인들을 냉정한 인공지능이 대체하면서 콘텐츠 산업의 일자리를 줄이는 위기와 함께 인간의 문화를 위축시키게 될까?

....

* 직업들이 사라진다는데 뭘 전공해야 안전할까요? (한겨레, 구본권 사람과디지털연구소장, 2016.6.20.)

생각보다 빠른 속도로 창작 분야에 인공지능이 도입되고 있다. 이제 창작자들은 인공지능 기술이 적용된 미래를 받아들여야만 하는 상황이다. 인공지능 기술과 이에 따른 환경의 변화를 이해하지 못한다면 다른 산업 분야와 마찬가지로 콘텐츠 분야에서도 경쟁자들에게 뒤쳐질 수밖에 없다.

처음 인공지능이 창작 분야에 적용되던 시기에 논의되었던 기계가 창의성을 가질 수 있느냐 하는 질문은 이제 더 이상은 의미가 없어졌다. 우리 인류는 너무나 빠르게 인공지능 콘텐츠 세상으로 진화하고 있다. 인공지능은 마치 공기처럼 우리의 모든 곳에 원래 존재했었던 당연한 것으로 자리를 잡게 될 것이고, 인류가 그동안 알아채지 못하던 부분들을 알려주는 존재로 그 진가를 발휘하게 될 것이다.

"두려움을 버리고, 도전하라."

인공지능 시대에 우리가 해야 할 일은 자명하다. 필자가 강조하고 싶은 것도 동일하다.

이제는 두려움을 버리고 인공지능과의 협업을 어떻게 해야 하는가에 대한 진지한 고민이 필요한 시점이다.

인공지능 콘텐츠 시대

"'인공지능이 도입되어도 일자리가 줄지 않는다'는 말은 거짓이다."

대체재인가? 보조재인가?

콘텐츠 산업의 영역에서 인공지능은 창작자들을 대체하면서 인간의 자리를 빼앗을 것인가? 아니면 창작자들이 보다 더 좋은 환경에서 새로운 것을 만들어낼 수 있도록 보조하는 역할에 머무르게 될 것인가?

이러한 걱정은 사실 인공지능이 앞으로 영향을 미칠 모든 분야에서 공통적으로 등장할 질문이다. 인공지능이 어느 분야의 일자리를 대체하게 될 것인가에 대한 예측은 두 갈래로 나타나고 있다.

우선 로봇의 등장으로 그동안 대체되었던 단순 노동직이 인공지능의 발달과 함께 더욱 위기에 처해질 거라는 분석이다. 고속도로 톨게이트에서 요금을 수금하던 일이 사람이 없는 무인 시스템으로 바뀌어가고 있고, 공장에서 부품을 조립하던 일이 얼마 전부터 로봇에게 그 자리를 양보하고 있는 추세를 생각해보면 합리적인 추론으로 보인다.

그런데 단순 노동보다는 전문 지식을 필요로 하는 노동이 로봇으로 대체될 경우가 경제적인 효율성이 더 높기 때문에 인공지능은 전문직의 일자리를 대체하게 될 것이라는 예측도 논리적이다. 단순 노동을 대체하던 과거의 로봇이 이제 인공지능을 품게 되었기 때문에, 대체하면 경제적으로 더 효과가 있는 전문직이 사라지게 될 거라는 예측이 많은 지지를 받고 있기도 한다.

아마존이 무인 매장에 도입한 인공지능으로 인해 마트에서 물건을 계산하는 일자리는 가까운 미래에 사라지게 되었다. 게다가 의사, 법조인, 금융인 등 전문 지식을 바탕으로 하는 화이트칼라 계층의 일자리도 실제로 인공지능으로 대체되면서 서서히 사라질 위기에 있다. 인공지능은 단순 노동이나 전문직 노동을 모두 대체할 수 있는 위력을 보여주고 있는 것이다. 단순 노동이든 전문직 노동이든 간에 로봇과 인공지능의 가격이 인간의 임금보다 낮아지면 대체될 것이다.

물론 현실적인 이유로 인해서 인공지능이 도입되는 시기와 그 형태는 매우 다양할 것으로 보인다. 육체노동 분야에 적용되는 경우에는 로봇이라는 실체와 함께 결합되면서 기존의 업무를 대체하는 형식으로 도입될 것이고, 전문직 노동의 대체는 로봇처럼 눈에 보이지는 않지만 클라우드 서비스로 제공되는 무형의 인공지능에 의해 대체될 것이다. 어느 분야든 인공지능이 도입되는 데 인간의 일자리가 줄지 않는다고 이야기하는 것은 사실 거짓이다. 이것은 우리가 곧 마주칠 현실이고 우리는 이 현실을 인정해야만 한다.

인공지능으로 새로운 일자리가 늘어나게 된다는 주장도 맞다. 그런데 일자리가 늘어나는 것과 일자리가 줄어드는 것에는 시차가 존재한다. 먼저 일자리가 줄어들고 사람들이 실직자가 된 이후에 인공지능으로 전체 경제가 재편되면서 새로운 일자리를 만들어내는 것이 순리이기 때문이다. 그러므로 이 변혁의 시기에 상당히 많은 사람은 불안에 휩싸이며 고통의 시간을 보내야만 한다. 인공지능에 대한 대비를 아무리 잘하더라도 어쨌든 새로운 일을 학습해야 하는 어려움과 함께 일정 시간 동안의 실업을 경험하는 것을 완전히 피할 수는 없다는 것이 진실에 가까울 것이다.

요즘은 혁신이라는 말 앞에 파괴적이라는 수식어를 붙인다. 아주 솔직한 표현이라고 생각한다. 혁신은 기존의 안정을 파괴하면서 나타날 수밖에 없다는 것을 인정해야만 한다. 인공지능이 새롭게 만들어낼 일자리로, 빼앗은 일자리를 보충하기 위해서는 시간 간격이 있기 때문에 그 기간 동안 발생할 삶의 문제나 새로운 기술의 학습 문제는 인공지능이 생산한 이익으로 해결하는 것이 합리적이다. 이런 이유에서 '로봇세'가 진지하게 논의되고 있는 것이다.[*] 이와 같은 맥락에서 인공지능의 4인방 중 한 명인 앤드류 옹Andrew Ng은 인공지능의 일자리 대체 문제를 해결하기 위한 새로운 뉴딜New New Deal[**]이 필요하다고 주장한다. 인공지능의 일자리 대체가 미국의 대공황과 유사할 것이라는 의미로도 해석되는 이 용어는 정부가 인공지능의 일자리 대체 문제에 적극적으로 개입해야 한다고 주장하는 것이다. 인공지능으로 일자리를 잃은 노동자들이 새로운 일자리를 찾거나 새로운 기술을 배우기 위해 필요한 자금을, 뉴딜 정책을 추진했던 것처럼 정부가 투입해야 한다는 의미인 것이다.

인공지능이 산업 현장에 투입되는 초기에는 대체보다는 인공지능의 보조를 받는 형식으로 도입될 가능성이 크다. 일자리 대체에 대한 사람들의 반발이 상당히 크기 때문에 이를 처음부터 전격적으로 도입하는 것은 여러 가지 문제점을 양산할 수 있기 때문이다. 특히 변호사, 의사, 회계사 등 전문직 노동자 중에 전문 지식에 대해 국가가 공인 자격을 발급하는 직업은 인공지능의 노동력 대체를 자신들의 협회나 단체가 가진 힘으로 일

[*] '실업, 로봇세, 근로자 재교육······.' 인공지능 시대 떠오르는 쟁점 (CIO Korea, Charlotte Jee | Techworld, 2017.11.10)

[**] Andrew Ng Wants a New "New Deal" to Combat Job Automation (MIT Technology Review, Rachel Metz, 2017.11.7.)

정 시간 동안은 막아낼 수 있을 것으로 보인다. 하지만 경제적인 효율성을 앞세운 인공지능의 노동력 대체는 이제 막을 수 없는 흐름이기 때문에 저항하는 것은 시간이 지나면 오히려 퇴보를 자초하는 일이 될 것이다.

초기에 인간의 노동을 보조해주는 역할로 현장에 투입된 인공지능들은 시간이 지남에 따라 자연스럽게 인간의 노동을 대체하게 될 것이기 때문에, 지금부터 인공지능에 대한 대비를 해서 주어진 시간 안에 사람들이 새로운 일자리에 대한 준비를 할 수 있도록 해주는 것이 변화를 가장 슬기롭게 받아들이는 자세라 하겠다.

지금까지 콘텐츠 산업의 종사자는 육체노동과 전문 지식이 함께 혼합되어 있는 독특한 분야라는 인식이 많았다. 특히 개인의 개성이 일을 하는데 상당히 중요한 요소로 작용하기 때문에 인공지능으로도 당장 대체하기가 어렵다는 것이 얼마 전까지도 대부분의 전문가 예측이었다. 그런데 인공지능이 창작의 분야에서도 적용되는 사례가 늘어가면서 콘텐츠 분야도 안심할 수가 없는 영역이 되었다. 더 이상 어느 분야도 인공지능의 영향력에서 자유로운 영역은 없다. 이제 인공지능은 우리의 모든 곳에 적용될 것으로 예측된다. 그나마 콘텐츠 산업 분야에 적용되는 인공지능은 상당 기간 동안 대체하기보다는 보조적인 역할이 강조될 것으로 생각된다.

다른 분야에의 인공지능은 생산성과 효율성이 인간의 노동을 대체하는 기준으로 작용하겠지만, 창작의 영역인 콘텐츠 산업은 생산성이나 효율성도 중요하지만, 여전히 창의성이 더욱 강조되는 분야이기 때문이다. 인공지능의 발달이 아주 고도화되어 인간 수준을 넘어서는 창의성을 발휘하기 전까지는 단순히 빨리 생산하고 돈이 덜 투입된다는 이유만으로 기존의 창작 인력을 대체할 수는 없다. 물론 인공지능의 발달 속도가 워낙 빨라서 미래를 위해 준비할 수 있는 시간이 많이 남아 있지 않다는 점은 명심해야 한다.

낙관론과 비관론

인공지능이 미래의 우리 인간에게 어떠한 영향을 미칠 것인가에 대한 예측은 낙관론과 비관론이 팽팽하게 맞서고 있다.

인공지능에 대해 비관적인 미래를 예측하는 대표적인 인물은 미국의 전기차 제조사 테슬러의 CEO인 엘론 머스크와 스티븐 호킹 박사다. 두 사람 모두 세계적으로 인류의 미래에 대한 높은 식견을 가지고 있는 것으로 존경받고 있는 인물이기 때문에 비관론이 인공지능에 대한 단순한 불안에서 나오는 예측은 아닌 것이다. 반면 페이스북의 CEO인 마크 저크버그는 인공지능에 대한 비관론을 무책임하다고 비난하며 인공지능이 우리의 삶을 윤택하게 만들어줄 수 있는 기술이라고 믿는다고 했다.*

낙관론은 그동안의 기술 발전이 인류의 문화에 기여했던 것처럼 인공지능 기술도 우리의 지혜로 균형점을 잡아서 우려가 되는 부분은 상호 견제 하에 공존의 길을 찾아낼 것이라는 주장을 한다. 여기에 반해서 비관론자들은 인공지능이 인간의 통제를 벗어나게 되는 순간이 결국은 오게 되고 인류의 문화가 위험에 처하게 될 거라고 본다. 낙관론이, 가까운 미래에 인공지능으로 인해 여러 분야에서 인간의 편의성을 증진시킬 제품이나 서비스가 등장하게 될 것이라는 점을 강조하고 있다면 비관론은, 조금 더 먼 미래에 인공지능이 인간의 능력을 넘어서는 능력을 가지게 될

....

* 저커버그 VS 머스크 'AI 설전' (한국경제, 추가영 기자, 2017.7.25)

경우를 대비해서 지금부터 인공지능의 개발에 대한 방향을 숙고해야 한다는 점을 강조하고 있다. 인공지능 기술이 가져다줄 가까운 미래의 긍정적인 면에 대해서는 대부분이 공감하고 있는 것이다. 하지만 너무나 엄청난 위력과 잠재력을 가지고 있기 때문에 그것의 적용에 관한 기준을 인공지능이 본격적으로 실생활에 도입되기 전인 지금부터 엄격하게 만들어둘 필요가 있다는 점도 대부분 동의하고 있다.

이런 이유로 '로봇 3원칙'처럼 인공지능이 지켜야할 원칙을 제정하여 인류 모두가 이 기준에 부합되는 인공지능의 연구를 해야 한다는 공감대 아래 여러 논의가 활발하게 이루어지고 있다. 그중 가장 유명한 것이 아실로마 인공지능 원칙Asilomar AI Principles이다. 2017년 1월, 전 세계 인공지능 학자들이 미국의 캘리포니아주 아실로마에 모여 인공지능이 가져올 미래 가능성과 위협에 대해 논의를 하는 '유익한 AI, 2017' 컨퍼런스를 개최하였고, 이것의 결과물로 발표한 것이 아실로마 인공지능 원칙이다.*

아실로마 인공지능 원칙 (Asilomar AI Principles)

연구 이슈 **Research Issues**	1) 연구 목표 : 인공 지능(AI) 연구의 목표는 지향하는 바가 없는 지능이 아니라 유익한 지능을 창출하는 것입니다. 2) 연구비 지원 : AI에 대한 투자에는 다음과 같이 컴퓨터 과학, 경제, 법, 윤리 및 사회 연구 등의 어려운 질문을 포함한, 유익한 사용을 보장하는 연구를 위한 기금이 동반되어야 합니다. – 미래의 인공지능 시스템이 오작동이나 해킹 없이 우리가 원하는 것을 수행할 수 있도록 매우 탄탄하게 만들 수 있는 방안은 무엇입니까? – 인류의 자원과 목적을 유지하면서 자동화를 통해 우리가 계속 번영할 수 있는 방안은 무엇입니까?

....

* 인공지능 재앙 막는 23가지 원칙 (한겨레, 곽노필 기자, 2017.3.16)

연구 이슈 **Research Issues**	– AI와 보조를 맞추고 그와 관련된 위험을 관리하기 위해 법률 시스템을 보다 공정하고 효율적으로 업데이트할 수 있는 방안은 무엇입니까? – AI는 어떠한 가치들에 따라야 하며, 그것이 가져야 하는 법적, 윤리적 상태는 무엇입니까? 3) 과학 · 정책 관계 : AI 연구자와 정책 입안자 간에 건설적이고 건전한 교류가 있어야 합니다. 4) 연구 문화 : AI의 연구자와 개발자 간에 협력, 신뢰, 투명성의 문화가 조성되어야 합니다. 5) 경쟁 회피 : AI 시스템을 개발하는 팀들은 안전 기준에 대한 질 낮은 해결책을 피하기 위해 적극적으로 협력해야 합니다.
윤리/가치 **Ethics and Values**	6) 안전 : AI 시스템은 작동 수명 전반에 걸쳐 안전하고 안정적이어야 하며, 적용과 실현이 가능하다면 검증할 수 있어야 합니다. 7) 오류 투명성 : AI 시스템이 해를 입히는 경우 그 이유를 확인할 수 있어야 합니다. 8) 사법의 투명성 : 사법 결정에 있어 자동화된 시스템이 개입할 경우, 권한 있는 인간 기관이 감사할 수 있는 충분한 설명을 제공해야 합니다. 9) 책임성 : 고급 AI 시스템의 설계자와 제조자는 그것의 사용, 오용 및 행위의 도덕적 함의에 있어서, 그것을 형성할 책임과 기회가 있는 이해관계자입니다. 10) 가치의 준수 : 고도로 자율적인 AI 시스템은 그것이 작동하는 동안 목표와 행동이 인간의 가치와 반드시 일치하도록 설계되어야 합니다. 11) 인간의 가치 : AI 시스템은 인간의 존엄성, 권리, 자유 및 문화 다양성의 이상과 양립할 수 있도록 설계되고 운영되어야 합니다. 12) 개인 정보 보호 : AI 시스템이 개인정보 데이터를 분석하고 활용할 수 있는 경우, 사람들은 자신이 생성한 데이터에 접근해 관리 및 제어할 권리를 가져야 합니다. 13) 자유와 개인 정보 : 개인정보에 대한 AI의 적용이 사람들의 실제 또는 인지된 자유를 부당하게 침해해서는 안 됩니다. 14) 이익 공유 : AI 기술은 가능한 많은 사람들에게 혜택을 주고 역량을 강화해야 합니다. 15) 공동 번영 : AI에 의해 만들어진 경제적 번영은 모든 인류에게 이익이 되도록 널리 공유되어야 합니다. 16) 인간 통제 : 인간은 인간이 선택한 목적을 달성하기 위해, 의사 결정을 AI 시스템에 위임할 것인지 여부와 방법에 대해 선택할 수 있어야 합니다.

윤리/가치 **Ethics and Values**	17) 비전복 : 고도로 발전된 AI 시스템의 통제를 통해 부여되는 권력은 건강한 사회가 의존하는 사회적 시민적 과정을 전복하기보다, 존중하고 개선해야 한다. 18) AI 무기 경쟁 : 치명적인 자동화 무기의 군비 경쟁은 피해야 합니다.
장기 이슈 **Longer-term Issues**	19) 능력치에 대한 주의 : 합의가 없으므로, 미래 AI의 능력 상한선에 대한 강한 가정은 피해야 합니다. 20) 중요성 : 고급 AI는 지구 생명체의 역사에서 중대한 변화를 나타낼 수 있으며, 그에 상응하는 관심 및 자원을 통해 계획되고 관리되어야 합니다. 21) 위험 요소 : AI 시스템이 초래하는 위험, 특히 치명적인 또는 실존적 위험은 예상되는 영향에 상응하여 대비하고 완화 노력을 기울여야 합니다. 22) 재귀적 자기 개선 : 질과 양을 빠르게 증가시킬 수 있도록 스스로 개선 또는 복제할 수 있도록 설계된 AI 시스템은 엄격한 안전 및 통제 조치를 받아야 합니다. 23) 공동선 : 초지성은 광범위하게 공유되는 윤리적 이상에만 복무하도록, 그리고 한 국가 또는 조직보다는 모든 인류의 이익을 위해 개발되어야 합니다.

이 원칙은 연구 이슈 5개 항, 윤리와 가치 관련 13개 항, 장기 이슈 5개 항으로 총 23가지의 원칙이 3개의 범주로 나뉘어 있다. 로봇이 인간에게 혜택을 주는 것 이외에 위협이 될 수도 있다는 관점에서 만들어졌던 로봇 3원칙보다도 더 여러 가지 사항에 대해 지켜야할 원칙들을 제시하고 있다는 점이 대부분의 관련 학자가 인공지능의 미래 잠재력을 얼마나 위력적으로 생각하고 있는가를 느낄 수 있게 해준다. 인공지능에 대해 낙관론을 주장하고 있는 학자들도 이러한 원칙을 만들고 준수하려는 노력이 필요하다는 것에는 대부분 동의하고 있는 것이다. 이 회의에는 100여 명이 넘는 인공지능 관련 전문가들이 참여해서 90% 이상의 참석자가 이 원칙에 동의한다는 서명을 했다.

물론 낙관론자 중에는 어떠한 형태로도 로봇이나 인공지능에 대한 연구에 제한을 두는 것이 옳지 않다고 주장하는 사람도 있다. 그 어떤 규제도 관련 산업의 발전을 저해하는 요소로 작용하게 될 것이라고 주장하면서 로봇세의 도입 등 인공지능의 개발에 규제가 되는 어떠한 움직임에도 반대하는 목소리가 분명히 존재한다. 시장이 가지고 있는 자율적인 기능에 의해서 인공지능이 발전하도록 해야 하고, 인간이 여기에 개입하는 것은 왜곡된 결과를 만들어내게 된다는 주장인 것이다. 여기에 반해 비관론자 중에는 이미 시작되고 있는 일자리 대체의 공포를 이유로 인공지능의 개발이 더 이상 진행되어서는 안 된다고 주장하기도 한다. 인공지능의 일자리 대체는 거의 확실하기 때문에 모든 인류가 단합하여 인공지능의 개발과 도입을 막아야 한다는 것이다.

필자는 인공지능이 우리에게 천국을 가져다줄 것이라고 믿지 않지만, 그렇다고 해서 인공지능이 우리의 문화를 끝장내버릴 종말의 주범이라고도 여기지 않는다. 인공지능이 우리의 미래에 위협적인 요소로 작용할 여지가 조금이라도 있다고 하면 이것에 대해 미리 대비를 하는 것은 우리가 보험을 드는 것처럼 상식적인 일이다. 또한 인공지능은 인류가 발전시켜온 수많은 기술 중 하나일 뿐이며, 아무리 엄청난 위력을 가지고 있다고 하더라도 이것을 개발하고 발전시키는 것은 바로 우리 인류이다. 인류가 서로의 지혜를 모아 우리가 개발한 기술을 유용하게 사용하는 것 또한 당연하다. 그리고 현실적으로 이미 개발되어 있는 인공지능을 모두가 합의해서 쓰지 않는 일은 발생하기 어려운 시나리오이다. 다른 경쟁자들보다 더 효율적인 방식으로 좋은 제품이나 서비스를 제공하려는 사업자들은 개발된 인공지능을 적극적으로 도입할 것이며, 이러한 변화에 동참하지 않는 쪽은 산업 혁명 시기에 변화에 참여하지 못한 나라나 조직, 개인들이 경험했던 뼈아픈 역사를 되풀이해야만 할 것이다.

창의성이라고 하는 인간의 고유 영역에 인공지능이 도전하는 것도 기술의 발전을 어떻게 문화의 새로운 도약으로 연결시킬 것인가라고 하는 긍정적인 시선으로 바라볼 필요가 있다. 물론 '아실로마 인공지능 원칙'을 제정한 것처럼, 창작의 분야에서도 인공지능이 위협적인 요인이 아닌 인간에게 새로운 가능성을 열어줄 동력으로 작용할 수 있도록 하는 공동의 지혜가 필요할 것이다.

인공지능의 민주화

인공지능 기술이 발전하면서 최근 들어 강조되고 있는 것이, 원하는 누구나 인공지능을 편리하고 저렴하게 사용 가능하도록 인공지능 기술이 개발되어야 한다는 점이다. 엄청난 기술과 자본력을 필요로 하는 것처럼 보이던 인공지능이 이제는 마치 필요한 부품을 구입해서 사용하듯이 우리의 일상생활과 가까워지고 있는 것이다. 이러한 인공지능 기술의 흐름은 인공지능의 민주화 AI Democratization라는 용어가 대변해주고 있다.*

구글, 아마존, 마이크로소프트 등 인공지능 기술을 선도하고 있는 기업들이 자신들의 목표를 인공지능의 민주화라고 앞다투어 표현하면서 많이 회자되고 있는 이 표현은 민주화라는 것의 정의가 다양한 것처럼 회사마다 강조하는 부분이 조금씩 다르다.

가장 일반적으로는 인공지능 기술이 모든 사람에게 같은 기회와 혜택을 제공하겠다는 것을 의미한다고 볼 수 있지만 이미 전 세계 대부분의

....
* 2018 Will Mark the Beginning of AI Democratization (Gartner, Laurence Goasduff, 2017.12.19.)

인공지능 전문가를 독점적으로 확보하고 있는 거대 기업들이 이러한 용어를 사용하는 것이 아니러니하다. 민주화라는 거창한 용어를 사용하고 있는 이 기업들은 사실은 자신들의 인공지능 기술이 독점적으로 모든 곳에 사용되어지기를 원하고 있기 때문에, 자사의 인공지능 기술이 가장 뛰어나며 누구나, 쉽고 저렴하게 사용할 수 있도록 만들어졌다는 점을 강조하고 있다. 그런데 인공지능의 대중화라든지, 인공지능의 일반화 같은 표현 대신에 인공지능의 민주화라는 표현을 사용하고 있는 것은 의미심장한 점이 있다. 인공지능 기술을 선도하는 기업들이 단순히 자사의 인공지능 기술을 손쉽게 사용하도록 하여 시장을 선점한다는 목표를 강조하는 것 이외에 인공지능으로 사회의 문제점들을 해결하겠다는 의지를 보이면서 기업의 이미지를 높이려 하고 있는 것이다. 기업의 사회적 책임이 담겨있는 표현이라고도 해석할 수 있겠다.

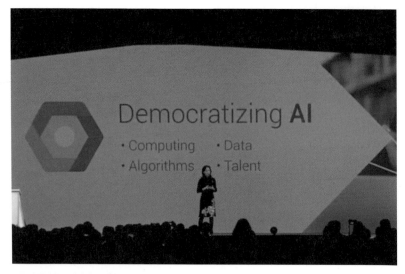

구글의 클라우드 개발자 컨퍼런스 'Cloud Next 2017' (자료 출처 : 구글)

구글은 2017년 9월 클라우드 개발자 컨퍼런스인 'Cloud Next 2017'에서 인공지능의 민주화를 목표로 내걸고 높은 진입 장벽을 낮추어 모든 개발자와 사용자에게 혜택이 가도록 하겠다는 비전을 밝혔다. 여기서 구글은 자사 인공지능 서비스의 우월함이나 가격 경쟁력 이외에 'Kaggle'이라는 인공지능 기술을 증진시키기 위한 순수 학술 분야의 투자 부분을 강조하며, 인공지능 기술의 발전을 위한 기업의 사회적 책임을 보여주는 모습도 함께 연출하였다. 이러한 모습은 인공지능의 민주화를 내걸고 있는 다른 거대 IT 기업인 마이크로소프트나 아마존의 경우도 비슷하다. 인공지능 기술 발전을 위한 학술 분야나 스타트업 육성 등 사회적인 책임을 다하는 기업의 모습을 보일 수 있는 곳에 투자를 진행하면서 인공지능이 일부 거대 기업의 이익을 늘려주는 도구가 아니라 모든 인류에게 혜택이 돌아가게 될 것이라는 점을 보여주려고 하고 있다.

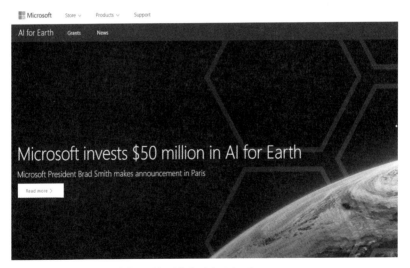

마이크로소프트의 'AI for Earth' 홈페이지 (그림 출처 : 마이크로소프트)

여기서 더 나아가 인공지능이 인류가 당면해있는 난제들을 해결해줄 미래의 기술이라는 것을 적극적으로 역설하기도 한다.

마이크로소프트는 환경 문제를 해결하기 위해 인공지능 기술을 활용하는 프로젝트 'AI for Earth'에 5천만 달러(우리 돈으로 500~600억)를 투자한다고 밝혔다.* 마이크로소프트의 관련 페이지(https://www.micro-soft.com/en-us/aiforearth)에 들어가면 이 프로젝트로 어떠한 일들이 진행되고 있는지를 한눈에 알 수 있도록 정보를 공개하고 있다.

인공지능의 민주화를 주창하고 있는 거대 IT 기업들의 움직임이 그저 자신들의 인공지능 기술을 판매하기 위한 마케팅에 지나지 않는다고 부정적인 시선으로 바라볼 수도 있지만, 현실적으로 이 거대 기업들이 어떻게 하느냐에 인공지능의 미래가 달려있는 것이 사실이다. 그들이 인공지능으로 인해 가장 큰 이익을 얻는 것도 사실이지만, 인공지능 기술이 인류 모두에게 혜택을 주는 기술이 되기 위해서는 이들 기업의 공익적인 인공지능 활용이 절실한 것도 사실이다. 인공지능에 대한 비관론으로 잘 알려진 스티븐 호킹 박사도 최근에는 기후 변화를 막거나 질병 퇴치와 같은 일을 할 수 있는 AI의 가능성에 대해 낙관적이라고 말하기도 했다.** 인공지능이 인류를 종말로 이끌 수도 있지만 인류가 큰 도약을 하도록 할 수도 있는 양면성을 가지고 있다고 본 것이다. 거의 모든 분야에서 이러한 거대 기업들의 인공지능 기술이 독과점적으로 사용될 가능성이 높은데, 몇몇 업체의 인공지능 기술을 모든 사람이 사용할 수 있게 되는 것을 우리가 민주화라는 단어로 표현하는 것이 합당하지는 않을 것이다. 인공지능 기술

---

* MS, "AI로 지구 환경 문제 해결하자" (블로터, 이기범 기자, 2017.12.14)
** AI democratization depends on tech giants (VentureBeat, Khari Johnson, 2017.12.28)

이 인류의 과제들을 해결하는 것에 꼭 필요한 수단으로 이용되는 것도 함께 이루어져야만 우리는 인공지능의 민주화를 이야기할 수 있을 것이다.

콘텐츠 분야의 인공지능에서 민주화라는 표현을 사용하는 것도 단순히 모든 사람이 손쉽게 인공지능으로 창작을 할 수 있다는 것만으로는 부족하다. 인공지능의 도입으로 인류가 그동안 생각하지 못했던 새로운 창작의 가능성이 열릴 수 있어야 한다. 석기 시대에 돌을 수단으로 창작하던 것에서 금속을 사용할 수 있게 되면서 전혀 새로운 창작이 가능해진 것처럼 인공지능이 그동안 인류가 한계에 갇혀 만들어내지 못하던 전혀 다른 차원의 창작물을 탄생시킬 수 있어야 한다는 의미이다. 또한 인류의 문화가 모든 사람에게 향유될 수 있도록 하는 인공지능 콘텐츠의 공익적 기능이 발휘될 수 있어야만 콘텐츠 분야에서도 진정한 의미로 '인공지능의 민주화'라는 용어가 사용될 수 있을 것이다.

인공지능 콘텐츠 저작권

"인공지능에게도 저작인격권을 인정해야 하는가?"

창작자는 누구인가?

그동안 인간만이 가능하다고 여겨졌던 창작물 제작 과정에 인공지능이 도입되면서 법적으로 복잡한 문제가 발생하게 되었다. 저작권의 문제다.

창작 과정의 결과인 창작물에 대해서 배타적인 권리를 부여하여 창작 행위를 육성하려는 의도로 대부분의 나라에서는 저작권의 개념을 법체계 안에 도입하고 있다. 국내의 저작권법 제2조(정의) 1항에서도 저작물을 "인간의 사상 또는 감정을 표현한 창작물을 말한다"라고 정의하고 있다. 우리의 법률 체계에 의하면 저작물은 인간의 사상과 감정을 표현한 것이기 때문에 인공지능이 창작한 창작물은 그 대상에 포함되지 않는다. 물론 인공지능에게 학습시키는 것은 결국 인간이기에 인공지능의 창작물이 인간의 사상과 감정을 표현한 것이라고 논리적으로 주장할 수 있겠지만, 미래 콘텐츠 분야의 법체계를 명확하게 하기 위해서는 인공지능의 개념을 법 안에 도입시킬 수 있도록 법체계를 변화시켜야 하는 것이 당면한 과제가 되었다. 그리고 특정 저작물의 저작권은 창작을 한 저작권자에게 있다고 법에 명시되어 있는데, 인공지능의 창작물 경우에는 인공지능을 만든 사람이 저작권자인지, 아니면 인공지능이 저작권자인지를 결정해야 하는 문제도 있다.

여기에 더 복잡한 부분은 저작인격권이라고 하는 조항이다. 저작인격권은 창작물이 창작자의 사상과 감정을 표현한 것이라는 점에서 창작자의 인격과 불가분의 관계라고 보는 것이다. 창작물에 대해 인간이 보유한 인권에 준하는 권리를 부여해주고 이러한 정신적인 권리를 법으로 지켜주어야 한다는 것을 명시하고 있다. 그러면 인공지능의 창작물은 저작인격권이 부여될 수 있을까? 이건 참 어려운 문제라고 하겠다.

해외의 사례를 먼저 살펴보자. 저작권에 관한 국제 협약인 '베른협약'에서는 저작자의 자격에 대해 명확하게 정의를 내리지 않아, 저작자가 반드시 자연인이어야 할 필요는 없다고 한다. 그리고 영국의 저작권법은 인공지능이 만들어낸 창작물의 경우에 해당 저작물에 기여한 사람을 저작자로 간주하는 법 조항을 가지고 있다.* 영국의 경우에는 발 빠르게 인공지능의 저작권에 관한 부분을 법체계 안에 포함하고 있으며 인공지능을 컴퓨터 소프트웨어와 같은 것으로 보고 이와 유사한 논리를 법으로 규정하고 있는 것이다. 예를 들어 포토샵이라는 사진 편집 프로그램으로 특정 창작물을 만든 경우에는 그 창작물을 편집 소프트웨어를 이용하여 작업한 사람에게 저작권이 부여된다는 것을 의미한다. 이러한 법적인 논리의 연장선상에서 '인공지능 창작물에 대한 저작권의 주체'라는 논문에서는 약한 인공지능의 경우에는 인공지능 개발자에게 저작권이 있고, 스스로 자의식을 가지고 창작이 가능한 강한 인공지능이나 초인공지능의 경우에는 이용자가 저작권을 가져야한다고 주장하고 있다.

현재 인공지능 기술이 적용되어 서비스 중인 스노우 같은 사진 앱의 경우 법적으로는 저작권이 그 앱을 사용한 사람들에게 있는 것이 아니라 앱을 만든 개발자에게 있다고 생각하면 된다. 지금 단계의 창작에 적용된 인공지능들은 아직은 개발자들의 의도가 사용자들보다는 강하게 작용되고 있기 때문에 좀 더 창작물에 기여도가 높은 개발자에게 저작권이 주어져야 한다는 것이 논리적이라는 의미다. 물론 아직 국내에서는 인공지능과 관련한 법체계가 정비되어 있지 않기 때문에 실제로 인공지능이 적용된 창작물의 저작권 분쟁이 발생할 경우에는 법원의 판단에 맡길 수밖에 없다.

----

* 인공지능 창작물에 대한 저작권의 주체 (문화 · 미디어 · 엔터테인먼트 법 11권1호 117–137(21pages), 최재원, 2017년 06월)

앞으로 인공지능의 창작 행위를 법체계 안으로 받아들이기 위한 저작권법 개정이 추진된다면 우선적으로 생각해야 할 것이 인공지능으로 인해 창작 행위가 더욱 활발해지고 인류의 이익에 부합되는 방향으로 법이 바뀌어야 한다는 점일 것이다. 그런 점에서 손승우 교수의 〈인공지능 창작물의 지식 재산 보호, 명암과 해법〉에서 주장한 인공지능 창작물에 대한 차별적 법 적용*이라는 아이디어도 의미가 있어 보인다. 인공지능의 창작이 인간의 창작에 비해 빠른 시간에 이루어지기 때문에 인간의 창작을 위축시키고 독점의 위험성을 가지고 있다고 보고, 인공지능 창작물에 대한 보호를 인간의 창작물에 비해 약하게 할 것을 건의하고 있다. 인간의 창작물이 인공지능 창작물의 저작권을 침해하는 경우에도 처벌은 하지 말고, 보상금을 전제로 인공지능 창작물을 제한 없이 이용하게 하여, 누구나 인공지능 창작물을 활용하도록 장려하는 것이 공익에 부합한다는 주장은 상당히 실리적이라고 생각된다.

그런데 만약 인공지능이 크게 발전하여 강 인공지능 시대가 되었을 때 이용하는 사람의 의도와 상관없이 인공지능이 창작물을 만들어낸다면 그때는 인공지능이 창작물의 저작권을 부여받을 수 있을까?

이럴 경우에 인공지능이 저작권의 주체가 되는 것인데 과연 그것이 가능하고 또 실익이 있는 것일까?

---

* "AI가 '생산' 하는 창작물, 엄격한 저작권 보호 불필요" (연합뉴스, 김태균 기자, 2017.7.6.)

인공지능의 권리

유럽연합[EU] 의회는 2017년 1월, 인공지능 로봇의 법적 지위를 전자인간 Electronic Personhood으로 지정하는 결의안을 찬성 17표, 반대 2표, 기권 2표로 통과시켰다.[*] 이것은 인류 역사상 인간들의 공동체인 '법인'을 제외하면 사람이 아닌 존재가 법적 지위를 가진 최초의 사례다.

그렇다면 왜 유럽연합은 인공지능에게 법적 지위를 부여하여 권리를 가지게 했을까?

인공지능 로봇은 그동안 인간이 만들어낸 기계처럼 인간에게 부속되어진 소유물 중 하나라고 여겨질 수도 있다. 그런데도 인간이 만들어낸 창조물인 인공지능에 법적인 지위를 부여한 것은, 큰 그림을 그리고 있기 때문일 것이다. 인공지능은 기존의 인간이 만든 기계들과 무엇이 다르며, 왜 우리가 다르게 취급해야 하는가 하는 점이 바로 인공지능의 권리를 논해야 하는 지점이다. 단순히 인간과 비슷하게 사고 체계를 갖추고 있다는 감성적인 이유로 법적 지위가 주어진 것은 아니라는 점이다.

인공지능의 법적인 지위 문제가 많이 논의되는 지점은 인공지능을 사용한 기계로 인해 인간이 신체 상해나 재산상 손해가 발생하였을 경우에 누구에게 책임을 물을 수 있는가 하는 질문이다.

최근 많은 관심을 받고 있는 자율주행차의 경우를 생각해보자. 구글의 무인자동차를 구매하여 운행 중에 사고가 난 경우에 누가 책임을 져야 하느냐 하는 질문은 조만간 다가올 자율주행차 시대에 빠르게 법적인 정비가 필요한 부분이다. 차의 소유주가 책임을 져야 할까? 그런데 구글이

....

[*] 똑똑해지는 인공지능… 단순 기계인가 별도 인격체인가 (동아일보, 전승민 기자, 2017.2.25.)

파는 자율주행차를 믿고 구매를 하였는데 아무런 귀책사유가 없는 소유주가 책임을 지는 것은 부당해보인다. 그러면 자율주행차를 만든 구글이 책임을 져야할까? 자신들이 만든 인공지능 제품에 하자가 발생한 경우이기 때문에 당연히 구글이 책임을 지는 것이 맞다고 보인다. 자율주행차를 실질적으로 운행한 인공지능에게 책임을 물을 아무런 실익이 없기 때문에, 이 경우에는 인공지능에게 법인격을 부여해야할 이유가 없다. 그런데 왜 유럽연합은 인공지능 로봇에게 법적 지위를 부여했을까? 아마도 그 이유는 로봇세와 연관이 있을 것이다.

인공지능이 인간의 노동력을 대체하면서 일자리를 가져가게 될 것으로 대부분의 전문가는 예상하고 있다. 물론 인공지능으로 인해 새로운 일자리 또한 생기겠지만 아무래도 없어지는 일자리가 먼저 발생하기 때문에 직장을 잃은 사람들을 새롭게 생긴 일자리에 투입하기까지는 일정 기간의 실업을 피할 수 없을 것이고, 새로운 일을 하기 위한 교육도 필요하게 될 것이다. 이 경우에 막대한 재원이 필요하고 각국 정부는 이것에 필요한 자금을 어디선가 구해야 한다. 그래서 나온 아이디어가 바로 노동력을 대체하는 인공지능 로봇에게 세금을 매기자는 것이다.

인공지능으로 인해 생긴 일자리 문제이기 때문에 원인을 제공한 곳에서 세금을 거두는 것이 합리적이라는 생각이 든다. 아무래도 새롭게 세금을 거둘 곳을 찾게 되면 반발이 있을 테니 인공지능으로 이익을 보는 회사들에 돈을 달라고 하는 것이 수월하다는 계산도 있었을 것이다. 그런데 인공지능 로봇에게 세금을 거두려면 인공지능이 독자적으로 경제적인 행위를 하는 주체라고 인정해야만 법적인 체계 안에서 가능하다. 세금이라는 의무를 부여하기 위해서 법적 지위를 인공지능에게 준 것이라고 보면 되겠다.

그런데 법적 지위를 인공지능이 가지게 되면 법인의 경우처럼 소유권이나 기타 다른 권리들도 차차 생기는 방향으로 법이 개정될 가능성이 있다. 미래 사회에서 인공지능에게 일정 범위의 권리를 부여하는 것이 인류에게 더 많은 혜택을 주게 된다면 법인의 권리를 준용한 인공지능의 권리가 법적으로 확정될 수 있을 것이다. 이 경우에 인공지능이 창작물의 저작권을 소유할 수 있게 법적인 정비가 이루어질 수도 있다. 물론 인공지능이 저작권을 소유하는 것이 실익이 있는가에 대한 면밀한 토론과 검토가 있은 후에 가능한 일일 것이다. 손승우 교수가 주장한 의견을 따라 인공지능 창작물의 저작권을 인간 저작물보다 약하게 보장할 경우에는 인공지능에게 저작권을 소유할 수 있도록 하는 것은 실익이 있어 보인다. 이렇게 하면 인공지능 저작물과 인간 창작물의 저작권이 명확하게 구별되어 창작에 종사하는 사람들이 다른 창작물을 편리하게 재사용할 수 있는 체계가 마련될 수 있기 때문이다. 물론 인공지능이 저작권을 소유하는 법체계가 생기더라도 저작인격권에 대해서는 신중한 접근이 필요해보인다.

인공지능 시대에 콘텐츠 제작자로 살아남기

"두려움을 버리고 도전하라"

인공지능 API 이용

인공지능 기술이 투자 단계에서 이제는 서서히 시장 만들기 단계로 진입하고 있다. 인공지능 관련 기술을 확보하고 있는 기업들이 이제는 자사의 기술을 오픈 소스 형태로 공개하거나 클라우드 서비스를 이용한 API를 공개하여 자신들의 인공지능 기술과 플랫폼을 확장하고 시장을 선점하려는 움직임이 확연하다. 이러한 움직임은 이미 몇 년 전부터 시작되었으며 갈수록 그런 흐름이 더욱 강해지고 있다.

　　아래의 그림이 실린 2016년 12월 6일자 중앙일보 〈퍼준 만큼 번다, AI 기술 '대방출' 나선 구글·아마존·MS〉라는 제목의 기사에서는 미리 투자하여 인공지능 기술을 확보한 거대 IT 기업들이 이제는 기술을 공개하여 플랫폼과 영향력을 확장하려는 전략을 구사하고 있다고 소개하고 있는데, 이러한 움직임이 인공지능 기술의 확산에 필수적인 기업 고객층을 선점하려는 경쟁이라고 보고 있다.* 이러한 흐름은 이제 인공지능 API를 이용하여 참여 회사들과 공동으로 본격적인 서비스를 제공하는 단계에까지 발전하게 되었다.

인공지능(AI) 기술 영토 넓히는 기업들　　　　　　　　　　　　　　　자료: 각 업체

기업명	인공지능 서비스·제품	생태계 확장 시도
구글	▶구글번역 ▶구글포토 ▶음성비서 '구글어시스턴트' 탑재 제품(검색, 메신저 알로, 스피커 구글홈) ▶G메일(스팸차단, 스마트답장) 등	▶구인구직·번역·이미지인식등AI 서비스 API(앱 프로그래밍 인터페이스)를 공개 ▶머신러닝 엔진 '텐서플로' 공개
마이크로 소프트	▶음성비서 '코타나' ▶클라우드(애저)·보안·윈도우10 등 MS 서비스 전반에 AI 융합	▶시각·음성인식·자연어처리 등 API 공개 ▶비영리기구 '오픈AI'에 AI 연구개발 도구 제공
아마존	▶AI 음성비서 '알렉사' 탑재된 스피커 '에코' 개발자용 AI 서비스 3종 (아마존 렉스·폴리·레코그니션)	▶'알렉사' API 공개 ▶알렉사 펀드(1억 달러) 스타트업에 투자
IBM	▶헬스케어 분야 특화된 AI '왓슨 포 온콜로지(암)' 비롯해 금융·유통·서비스 분야 AI 확대	▶'왓슨' API 공개 ▶SK C&C 등 글로벌 파트너통해 7개 국어로 '왓슨' 서비스(내년초 한국어 왓슨공개)
SK텔레콤	▶음성비서 탑재 스피커 '누구'	▶스피커 '누구'에 멜론·T맵 탑재 ▶ '누구' API 공개 예정
네이버	▶음성비서 '아미카' 공개	▶외부 개발자에게 '아미카' API 공개
솔트룩스	▶AI플랫폼 '아담' 및 아담 관련 서비스 3종공개 ▶'아담'과 VR의 융합 서비스(개발 중)	▶'아담' AI의 API 600여개 공개 ▶ '아담' 관련 데이터 공개

기업별 인공지능 API 공개 내용 정리 (출처 : 중앙일보, 2016. 12월)

　　아마존은 인공지능 음성 스피커 에코의 성공으로 스마트홈 시대의 패권자로 부상하고 있는데, 특히 아마존 인공지능 3종 세트라고 불리는 아마존 레코그니션^Amazon Rekognition, 아마존 폴리^Amazon Polly, 아마존 렉스^Amazon Lex를 API 형태로 제공하여 원하는 모든 개인이나 기업이 아마존의 인공지

* 퍼준 만큼 번다, AI 기술 '대방출' 나선 구글·아마존·MS (중앙일보, 박수련 기자, 2016.12.6.)

능 플랫폼인 알렉사를 적용한 서비스를, 인공지능 스피커를 매개로 소비자에게 판매할 수 있도록 하고 있다.* 전 세계의 인공지능 스피커 시장을 선점한 아마존이 만들어낸 새로운 시장으로 인해 참여 기업들은 인공지능을 활용한 사업 아이디어를 마음껏 펼칠 수 있게 되었고, 이를 통해 아마존의 인공지능 '알렉사'는 점점 더 강력한 힘으로 시장을 넓혀가고 있으니 서로에게 이익이 되는 상생 구조가 만들어지고 있는 것이다.

구글은 아예 인공지능을 직접 개발하거나 운영할 수 없는 중소 규모의 회사들을 겨냥하여, 관련 서비스를 구현하려는 각 업체의 사정에 맞는 인공지능을 만들어주는 인공지능인 'AutoML'을 공개했다.** 이 서비스를 이용할 경우에는 인공지능에 대한 지식이 깊지 않더라도 마치 우리가 소프트웨어 프로그램을 이용하듯이 간단한 기능만을 알면 나에게 맞는 인공지능을 개발하고 학습시켜서 사용할 수 있다.

네이버는 2018년 1월 자사의 인공지능 플랫폼인 클로바Clova를 우아한 형제들, 띵스플로우, 미래에셋대우, LG유플러스, LG전자 총 5개 업체에 제공하여 시범 서비스를 진행한다고 밝혔다.*** 네이버의 인공지능 스피커를 통해 이 5개 업체의 서비스에 음성 인식을 적용해서 사용 가능해졌다는 의미다. 우아한 형제들에서는 운영하는 음식 배달 앱 '배달의 민족' 이용자들이 네이버의 인공지능 스피커를 통해 음성으로 음식을 주문할 수 있게 되었다는 것을 홍보하기 위한 이벤트도 진행했다. 배달의 민족 앱

*   인공지능을 개발하고 싶다면 아마존으로 오라 (IT동아, 강일용 기자, 2017.1.18)
** AI를 만드는 AI '구글 AutoML' (벤처스퀘어, 김재희 기자, 2018.1.18)
*** 네이버, AI 기술 개방 확대한다. (아이뉴스24, 민혜정 기자, 2018.1.19)

을 스마트폰에서 켜지 않고도 인공지능 스피커에 음성으로 "치킨 시켜줘"와 같이 편하게 주문할 수 있도록 서비스를 연동하였다는 것만으로 네이버의 인공지능 스피커가 더 많이 팔리거나 배달의 민족 사용자가 더 증가하지는 않을 것이다. 하지만 인공지능에 대한 사람들의 인식을 조금은 긍정적으로 바꾸어줄 수도 있을 멋진 협업이라고 보인다.

클로바와 배달의민족 공동이벤트 (그림 출처 : 네이버 클로바)

　　인공지능 전문가가 아니더라도 인공지능을 활용하여 자신이 원하는 것을 구현할 수 있게 하는 기술이 2018년을 기점으로 대중화되는 양상을 보일 것으로 예상되고 있다. 이런 흐름이 창작자들이 이용할 수 있는 콘텐츠 창작 관련 인공지능 API의 보급에도 영향을 주어 좀 더 빠른 시간 안에 많은 창작자들이 손쉽게 인공지능을 접할 수 있는 환경이 만들어지게 될 것이다. 이제 콘텐츠 창작자들도 인공지능 콘텐츠 시대를 준비해야 한다. 인공지능을 몰라서, 그리고 이제 인공지능을 공부하기에는 늦은 것 같다는 생각 때문에 시대의 흐름인 'AI First'가 어렵다면 우리에게는 'API First'라는 대안이 생긴 것이다.

창작자 인공지능 학습

인공지능 기술이 발달하면서 점차 대중화되고 있으며 누구나 쉽게 인공지능 기술을 활용할 수 있도록 해주는 방안들이 만들어지고 있다. 이제 가까운 미래에 인공지능에 대한 지식이 많지 않은 콘텐츠 창작자의 경우에도 인공지능을 이용하여 창작할 수 있게 관련 서비스들이 나타날 것으로 보인다.

그럼에도 불구하고 다른 창작자들보다 조금 더 빨리, 그리고 조금 더 적극적으로 인공지능 기술을 창작에 활용하고 싶다는 의욕을 가진 사람이라면 인공지능에 대한 기본적인 학습이 필요하다. 앞에서 여러 가지 사례를 소개한 것처럼 이미 상당수의 창작자들이 선도적으로 인공지능을 활용한 창작물을 선보이고 있으며, 그 성과도 의미 있는 수준까지 올라와 있다. 많은 창작자들이 인공지능 전문가들과 협업으로 새로운 도전을 진행하고 있는데, 이런 협업이 가능하기 위해서는 창작자들이 일정 정도의 인공지능 관련 지식을 가지고 전문가들과 소통할 수 있어야만 할 것이다. 직접 인공지능을 개발하고 학습시키는 일을 수행하지는 않더라도 인공지능이 어떠한 특성을 가지고 있으며, 창작물의 어느 영역에 영향을 줄 수 있는지에 대한 기본적인 이해는 있어야 한다는 의미이다.

데이터 시각화 아티스트라고 본인을 소개하는 민세희 씨는 창작자로서 인공지능을 활용하고자 하는 시도를 하면서 느꼈던 점들을 글로 써서

남기고 있다. 그중 〈창작자를 위한 인공지능 공부법〉이라는 글에서 인공
지능을 공부하고자 하는 창작자들에게 진 코겐의 '아티스트를 위한 머신
러닝'(https://ml4a.github.io)을 추천하고 있다.* 이곳에 방문하면 다양
한 인공지능 관련 교육 자료와 정보 그리고 진 코겐의 인공지능을 활용한
창작물도 볼 수가 있다. 그리고 여기에는 한국어로 된 자료도 있어서 반
가운 생각마저 든다.

ml4a   guides   demos   classes   code   slack   @

Machine Learning for Artists

ml4a is a collection of free educational resources devoted to machine learning for artists.

It contains an in-progress book which is being written by @genekogan and can be seen in draft
form here. An estimated target release date is mid-2018. Two chapters are complete and others are
in varying stages of progress or just stubs containing links.

The book is complemented by a set of 30+ instructional guides maintained by collaborators, along
with interactive demos and figures, and video lectures.

about   contribute   github.com/ml4a

'아티스트를 위한 인공지능' 홈페이지 화면 (그림 출처 : https://ml4a.github.io)

　　대학에서 응용 수학을 전공한 후에 미디어 아티스트를 하고 있는 진
코겐Gene Kogan은 2016년 11월부터 2017년 1월까지 진행되었던 아트센터
나비의 'AI와 휴머니티 : 아직도 인간이 필요한 이유' 참가 작가이기도 하
다.** 한국 방문 당시 그는 자신의 인공지능 기술 활용 작품에 대해서 인터
뷰를 하기도 했다.
　　이 전시에 큐비스트 미러Cubist Mirror라는 제목으로 소개된 작품은 인공
신경망 알고리즘을 이용해 작품을 바라보는 관람자의 모습을 하나의 미

----

* 창작자를 위한 인공지능 공부법 (TechM, 민세희, 2017.5.1.)
** 인공지능 시대에 아직도 인간이 필요한 이유 (Platum, 손요한 기자, 2016.11.14.)

술 스타일로 변형하여 실시간 송출하는 인터랙티브 작품이다. 이렇게 인공지능 기술을 이용한 창작 행위를 직접 하면서, 창작자들에게 어떠한 인공지능 관련 지식이 필요한지 그리고 그러한 지식을 어떻게 습득하는 것이 가장 효과적인지를, 자신의 경험으로 직접 채득하여 이를 다른 창작자들에게 전파하는 교육 관련 업무도 하고 있는 것이다.

진 코겐 작품 큐비스트 미러Cubist Mirror (그림 출처 : https://vimeo.com/167910860)

다만, 직접 인공지능을 활용하여 창작하고 있는 전문가가 교육 자료를 올려둔 것이라고 하더라도 인공지능에 대한 기본적인 지식이 없으면 사실 이곳의 자료들은 초보자가 이해하기에는 조금 어렵다. 인공지능에 대한 지식이 전혀 없는 경우에는 인공지능이 무엇이고, 어떠한 역사를 거쳐 발전했는지 그리고 머신러닝이란 어떠한 의미인지를 이해하는 기본 단계의 학습이 필요한데, 필자의 경험상 관련 서적을 몇 권 구입해서 읽어보고 나서 유튜브의 인공지능 관련 강좌 동영상을 찾아보는 것이 가장 유용했다.

유튜브에서 '인공지능 강좌'라고 검색하면 2018년 2월 현재 19,700개의 관련 동영상이 검색된다. 이 중에 본인이 가장 이해하기 쉬운 동영상을 찾아서 보면 된다. 처음에 이해가 되지 않는 부분이 나오더라도 포기하지 말고 그냥 끝까지 보는 것이 중요하다.

유튜브 인공지능 강좌 검색 화면 (그림 출처 : 유튜브)

여러 개의 동영상 강좌를 들으면 이해가 되지 않았던 부분을 쉽게 설명해주는 동영상들이 나오기 때문에, 많이 볼수록 자연스럽게 기본적인 수준의 이해는 할 수 있게 된다. 동영상이 줄 수 없는 교육적인 효과가 텍스트 자료에 있기 때문에 동영상을 보는 도중에 관련 자료들을 구글로 찾아서 같이 읽으면 효과가 배가 된다.

필자도 처음 인공지능에 관심을 가지고 알아보려고 할 때, 인공지능이 어떠한 의미인지를 이해하기 위해서 다양한 글과 동영상 자료를 찾아보았다. 한동안은 이해가 되지 않는 부분이 있더라도 반복해서 읽고 보았다. 여러 번 관련 자료를 읽고 보았더니 자연스럽게 조금씩 인공지능에 대한 개괄적인 이해가 생기기 시작하는 것이 느껴졌다. 쉽지 않은 공부 과정일 수도 있지만 다른 사람들보다 인공지능을 조금 더 깊이 이해하고 활용하려면 시간을 투자해서 공부해야만 한다.

두려움을 버리고 도전하라

인공지능을 활용한 창작 작업을 시도할 때 가장 어려운 점은 무엇일까? 세계 최초로 인공지능 음반 레이블 'AIM'을 만들어 국내 음악 시장에 런칭한 엔터아츠EnterArts의 박찬재 대표는 이러한 질문에 대하여 한 인터뷰에서 이렇게 대답했다.*

> "AI에 대한 두려움이 가장 어려웠던 부분이다.
> 통상적으로 깔려있는 AI와 인간의 대결 구도에 대한 편견이 장애물이 됐다.
> 잘못된 인식인 것 같다. 같이 일할 수 있는 좋은 파트너일 뿐인데
> 두려움이 강하다고 느꼈다."

사실 잘 모르는 것에 대해 두려움을 갖게 되는 것은 인간이라면 당연한 일일 것이다. 게다가 자신이 정확하게 알지 못하는 것에 도전해야 한다면 그 두려움은 더욱 커지게 된다. 하지만 우리가 두려워하는 미지의 세계는 도전하는 순간 이제 더 이상 미지의 세계가 아니다. 인공지능이라는 미지의 세계를 두려워하지만 말고 도전 정신을 가지고 시도해보는 것이 지금 단계에서는 너무나 중요한 일이다. 이제 막, 창의적인 일에도 인공지능이 활용이 되어가고 있는 지금 이 순간에 인공지능의 세계에 도전하는 사람들이 바로 미래의 주인공이 될 가능성이 너무나 크기 때문이다.

....
* [인터뷰] 박찬재 엔터아츠 대표 "AI로 누구나 작곡가 된다" (시사저널e, 변소인 기자, 2018.1.26)

창작의 도구로만 여겨졌던 컴퓨터가 이제는 창작의 주체로 변화하는 시기에 그러한 변화를 선도하는 작업을 할 수 있다는 것은 우리 세대가 받은 행운이다. 인공지능으로 인해 현실의 높은 장벽으로 자신의 꿈을 펼치지 못했던 많은 뮤지션들이 새로운 세상에서 자신의 작품 세계를 만들어 갈 수 있게 되면서 신흥 창작 집단이 무수히 생겨나게 될 것이다. 첫 걸음이 두렵고 어려운 것이지 이제 시작한 이 변화는 창작을 꿈꾸는 많은 젊은 이에게 무한한 가능성을 선사하게 될 것이다.

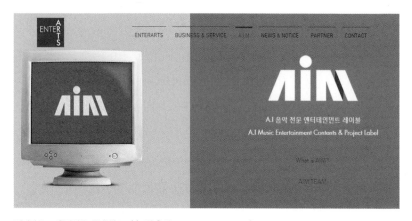

엔터아츠 AI 음악전문 레이블 'AIM' (그림 출처 : www.enterarts.net)

인공지능 음악 라디오 서비스로 세계 시장 진출을 선언한 스타트업 미디어스코프의 금기훈 대표도 인공지능 같은 새로운 기술을 음악 시장에 도입하는 것을 큰 기회라고 여기고 있다.* 그는 인터뷰에서 디지털 음악 시장을 3개의 세대로 구분하고, 지금을 초연결이 키워드인 3세대 음악 시장의 시작이라고 진단한다. 그러면서 영상 콘텐츠를 위한 AR, VR, 음

---

* "AI 음악 라디오 서비스로 세계 시장 진출하겠다. (Platum, 정새롬 기자, 2018.2.21)

악 추천을 위한 인공지능, 음원 유통을 위한 블록체인 등 새로운 기술들이 결합하고 있는 지금이 기회의 시간이라고 보고 있다. 역사적으로 시장이 크게 바뀔 때마다 스타트업이 시장에 진입할 기회가 왔고, 지금이 그 시기라고 보는 것이다. 인공지능 기술이 음악 시장의 기존 시스템을 흔들고 스타트업인 이 회사가 성과를 낼 수 있도록 만들어줄 수 있을지는 조금 더 지켜봐야 하겠지만 새로운 도전의 적절한 시간이 지금이라는 것은 오랜 사업가의 현명한 선택으로 보여진다.

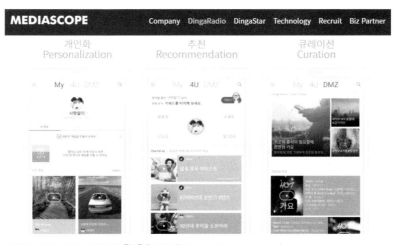

인공지능 라디오 서비스 딩가라디오[DingaRadio] (그림 출처 : http://mediascope.kr)

커다란 변화가 일어나는 시기는 항상 불안감을 동반한다. 그동안의 안락했던 시스템이 무너져내리고 새로운 질서가 아직 세워지지 않는 위태로운 상황에서 두려움은 어쩔 수 없는 상태이다. 그런데 누군가 그 두려움을 깨고 도전하게 되면 변화 뒤에 찾아오는 기회를 다른 사람들보다 먼저 잡을 수 있는 행운을 얻게 되는 것이다.

자, 두려움을 버리고 새로운 도전을 즐겨보자.

인공지능과 협업하기

새로운 것을 만들어내는 창작자에게 인공지능은 어떠한 의미를 주는가?

참 답변이 어려운 질문이다. 은유적이지만 그나마 의미가 있는 답변을 위해서 처음 인공지능 이야기를 시작했던 알파고를 떠올려보자. 2016년 3월 인공지능의 시대가 열렸음을 보여준 알파고의 숨겨진 이야기들을 보여주는 다큐멘터리가 2017년 11월에 공개되었다. 다큐멘터리에서는 알파고라는 인공지능이 그저 특정 분야에서만 인간을 초월하는 능력을 가진, 조금은 불안정한 존재라는 것을 보여준다. 컴퓨터가 여러 대 연결되어 있는 기계 덩어리인 인공지능은 전원을 꺼버리면 멈춰버리는 약한 존재인 것이다.

다큐멘터리 '알파고' 포스터 (그림 출처 : 구글코리아)

그런데 우리는 왜 알파고에게 충격을 받은 것일까? 그건 바로 인간이 학습시킨 것을 넘어서 창의적인 바둑의 '수'를 만들어낼 수 있는 인공지능을 모두가 TV 화면으로 지켜보았기 때문이다. 인간이 그동안 생각하지 못했던 새로운 바둑의 수를 알파고가 두는 순간, 우리 모두가 놀랐다.

창의성이 더 이상 인간의 전유물이 아니라는 사실이 TV로 눈앞에 펼쳐지는 순간, 인류는 새로운 깨달음을 얻게 된 것이다.

인공지능은 인간 뇌의 구조를 본떠서 만들어진 기계이다. 그런데 이 기계를 인간이 만들고 발전시키면서 우리 인류는 전혀 새로운 경험을 하게 된다. 우리의 생각이 미치지 못하는 부분이 있었고 그걸 인공지능이 찾아줄 수 있다는 사실을 느끼게 된 것이다. 인공지능의 창의성은 인간의 그것과는 다른 모습이다. 인간이 가진 감정이나 습성을 가지지 않는 새로운 차원의 창의성은 서로의 분야가 겹치지 않을 수 있기 때문에 멋진 하모니를 만들어낼 수가 있다. 창작을 하는 콘텐츠 산업 분야에서 인간과 인공지능의 협업이 가능하고 또 중요한 이유가 바로 여기에 있다.

생각보다 빠른 속도로 창작 분야에 인공지능이 도입되고 있다. 이제 창작자들은 인공지능 기술이 적용된 미래를 받아들여야만 하는 상황이다. 인공지능 기술과 이에 따른 환경의 변화를 이해하지 못한다면 다른 산업 분야와 마찬가지로 콘텐츠 분야에서도 경쟁자들에게 뒤쳐질 수밖에 없다.

처음 인공지능이 창작 분야에 적용되던 시기에 논의되었던 기계가 창의성을 가질 수 있느냐 하는 질문은 이제 더 이상은 의미가 없어졌다. 우리 인류는 너무나 빠르게 인공지능 콘텐츠 세상으로 진화하고 있다. 인공지능은 마치 공기처럼 우리의 모든 곳에 원래 존재했었던 당연한 것으로 자리를 잡게 될 것이고, 인류가 그동안 알아채지 못하던 부분들을 알려주는 존재로 그 진가를 발휘하게 될 것이다. 이제는 두려움을 버리고 인공지능과의 협업을 어떻게 해야 하는가에 대한 진지한 고민이 필요한 시점이다.